D0874300

=== **Premières** ===

# Lectures Littéraires

# DES MÊMES AUTEURS

**Nouvelles Lectures Littéraires**, *avec notes et notices*, précédées d'une préface par L. Petit de Julleville, professeur à la Faculté des lettres de l'Université de Paris. — *16ᵉ édition*, 1 vol. in-16 cartonné.

L'accueil si flatteur fait à nos *Premières Lectures Littéraires* pour les classes élémentaires nous a déterminés à publier un nouveau recueil à l'usage des classes de sixième et de cinquième : 1ᵉʳ Cycle, Divisions A et B.

Le présent ouvrage ne comprend pas moins de deux cents lectures empruntées à nos meilleurs écrivains ; il renferme donc largement la matière de deux années d'étude.

Nous avons, dans ses lignes principales, conservé le plan de notre précédent volume. C'est ainsi que les *Nouvelles Lectures Littéraires* sont divisées en sept chapitres : contes et légendes, fables, anecdotes et récits, lettres, études morales, portraits et caractères, scènes et tableaux de la nature.

**Récitations et Lectures Enfantines,** pour les classes enfantines et préparatoires des lycées et collèges et pour les écoles primaires. 1 vol. in-16, illustré de sept frontispices. — *6ᵉ édition*, 1 vol. in-16 cartonné.

On trouvera, dans les deux cents morceaux choisis qui composent cet ouvrage, des récitations variées et d'un genre très simple : poésies, fables, histoires en prose. Le dernier chapitre est consacré à quelques-uns de ces chants qui ont égayé notre enfance et qui méritent d'être sauvés de l'oubli. Faisons remarquer que ce petit volume vient à son heure et qu'il répond à un besoin de l'enseignement. Les programmes de 1902, en effet, prescrivent un recueil de morceaux choisis pour les classes préparatoires.

**Grammaire française,** *avec textes et exercices*, pour les classes de 6ᵉ et de 5ᵉ (garçons), les 1ʳᵉ, 2ᵉ et 3ᵉ années secondaires (jeunes filles) et le Cours supérieur des Écoles primaires, par MM. E. Bauer et Fischer-Dedet. — *2ᵉ édit.*, 1 vol. in-16 cartonné.

**Petite Grammaire française,** *avec leçons, textes et exercices*, pour les classes de 8ᵉ et de 7ᵉ (garçons), les 1ᵉ 2ᵉ et 3ᵉ années primaires (jeunes filles) et le Cours moyen des Écoles primaires, par MM. E. Bauer, E. de Saint-Étienne, Fischer-Dedet, 1 vol. in-16 cartonné.

16-23. — Corbeil. Imprimerie Crété.

# Premières

# Lectures Littéraires

## AVEC NOTES ET NOTICES

PAR MM.

**EUGÈNE BAUER**     **E. de SAINT-ÉTIENNE**

PROFESSEURS A L'ÉCOLE ALSACIENNE

VINGT-TROISIÈME ÉDITION

OUVRAGE COURONNÉ
PAR LA SOCIÉTÉ POUR L'INSTRUCTION ÉLÉMENTAIRE

**MASSON ET Cie, ÉDITEURS**
120, BOULEVARD SAINT-GERMAIN, PARIS
1923

# AVERTISSEMENT POUR LA PREMIÈRE ÉDITION

« *Il faut*, a dit un philosophe, *apprendre la grammaire par la langue, et non la langue par la grammaire. Si ce principe est vrai pour les idiomes anciens, à plus forte raison l'est-il pour la langue maternelle.*

« *Pour enseigner le français à vos élèves, faites-les parler, encore parler, toujours parler. Ayez des livres français dont vous ferez lecture à haute voix : choisissez-les intéressants, pour que l'enfant ait plaisir à écouter et prenne goût à la lecture. Après avoir lu un morceau, — quelque chose de simple et de familier, un chapitre de Robinson Crusoé, par exemple, ou un conte de Perrault, — faites-le répéter de mémoire par un élève. Naturellement vous vous adresserez d'abord à un écolier dont la mémoire soit heureuse et l'esprit alerte. Quand un fait lui échappera, les autres élèves lui viendront en aide. Chacun se rappellera une circonstance du récit.*

« *Pourquoi l'auteur a-t-il mis cela ? et que veut dire cette expression ? N'avez-vous pas oublié quelque chose ? Que chaque élève soit autorisé à prendre la parole dès que la mémoire faiblit ou que l'expression devient incorrecte.*

« *La classe apprendra plus de français à cet exercice que par tous les traités de grammaire. Donnez ensuite à rapporter ce morceau par écrit, ou faites-le répéter à la classe suivante, en ayant soin que les élèves le sachent couramment et mettent le ton convenable.* »

Nous ne pouvions mieux faire que de placer, en tête de cet ouvrage, les conseils que donne aux maîtres de nos écoles l'éminent auteur de « Quelques mots sur l'instruction publique en France ».

Nous nous sommes efforcés, comme il le demandait,

de rassembler des lectures intéressantes, simples et familières, qui fussent en même temps des modèles pour les élèves.

Ces lectures sont groupées de façon à former des tableaux vivants et pittoresques, parlant à l'esprit et à l'imagination des écoliers. Nous avons en outre, quand l'occasion s'est présentée, mis en parallèle quelques-uns de nos grands écrivains, poètes ou prosateurs, dont le génie s'est exercé sur les mêmes sujets.

Faire un livre que l'élève prendra plaisir à se rappeler quand il sera sorti de l'école, lui inspirer le goût de la lecture : telle a été notre ambition. Nous souhaitons d'avoir réussi.

Cette édition — la vingtième — comporte quelques améliorations notables : nous introduisons dans ce volume près de cinquante pages nouvelles et nous y faisons figurer, au bas de certains morceaux, des sujets de composition française directement suggérés par le texte qu'ils accompagnent.

Nous nous en sommes tenus là en fait d'indications de devoirs, ne voulant ni restreindre la liberté des maîtres, ni risquer d'affaiblir par des gloses grammaticales, par des exercices systématiques d'analyse, les œuvres de nos bons écrivains.

Nous remercions bien sincèrement auteurs et éditeurs de la bonne grâce avec laquelle ils nous ont permis de puiser dans les ouvrages qui leur appartiennent. Vive est notre gratitude.

E. DE St-É. — E. B.

———————

# NOTICES LITTÉRAIRES

**Le Moine de Saint-Gall**, chroniqueur anonyme, écrivit, en 885, les *Gestes de Charlemagne* ; il dédia son livre à Charles le Gros.

**Jean, sire de Joinville**, sénéchal de Champagne (1224-1319), fut le conseiller et l'ami du roi Louis IX qu'il accompagna dans sa première croisade (1248). Fait prisonnier avec le roi, il partagea ses souffrances et lui inspira une affection inaltérable.

Sur la fin de sa vie, il écrivit des *Mémoires* et une *Histoire de Saint Louis*.

**Le Continuateur de Nangis** est un chroniqueur du XIVᵉ siècle. Ses chroniques font suite à celles de Guillaume de Nangis, comme lui moine de l'ordre de Saint-Benoît.

**Le Loyal Serviteur**, Jacques de Mailles, secrétaire de Bayard et archer de sa compagnie, a écrit, au XVIᵉ siècle, l'*Histoire du gentil seigneur de Bayard*. Paris, 1527.

**François Rabelais**, né vers la fin du XVᵉ siècle à Chinon, mort vers 1553 à Paris, fut surtout apprécié de ses contemporains comme érudit, comme médecin, et n'est connu de la postérité que par son *Gargantua* et son *Pantagruel* (1533 à 1552) où il a fait la satire de la société humaine en général et celle du XVIᵉ siècle en particulier, mêlant les considérations les plus graves et les plus profondes à des bouffonneries trop souvent grossières.

## XVIIᵉ SIÈCLE

**François de Malherbe**, poète lyrique français (1555-1628), est né à Caen. Il s'attacha à purifier la langue de tous les éléments étrangers, à rendre la versification plus sévère et plus correcte. Boileau a dit :

> Enfin Malherbe vint, et, le premier en France,
> Fit sentir dans les vers une juste cadence,
> D'un mot mis en sa place enseigna le pouvoir,
> Et réduisit la muse aux règles du devoir.

**Hardouin de Beaumont de Péréfixe** (1605-1670) fut précepteur de Louis XIV, évêque de Rodez, puis membre de l'Académie française et archevêque de Paris. Auteur d'une *Vie de Henri IV*.

**Jean de la Fontaine** (1621-1695) naquit à Château-Thierry. Il s'est immortalisé par ses *Fables* que tout le monde doit savoir par cœur. On l'a surnommé « l'Homère de l'écolier français ».

Il fut l'ami de Molière, de Boileau, de Racine, du surintendant Fouquet auquel il demeura fidèle dans sa disgrâce.

**Molière (Jean-Baptiste Poquelin**, surnommé) (1622-1673) est né et mort à Paris. Le plus grand de nos poètes comiques était directeur d'une troupe de comédiens dont il était en même temps le principal acteur. Ses comédies les plus célèbres sont : *les Précieuses ridicules, Don Juan, le Misanthrope, le Médecin malgré lui, Tartufe, l'Avare, le Bourgeois gentilhomme, les Fourberies de Scapin, les Femmes savantes, le Malade imaginaire.*

Il mourut à l'issue de la représentation de cette dernière pièce où il jouait le rôle du malade.

**Sévigné (Marie de Rabutin-Chantal**, marquise de) (1626-1694) naquit à Paris. Elle est l'auteur de *Lettres* célèbres qui lui ont fait une place parmi les écrivains les plus parfaits du XVIIᵉ siècle. La plupart de ces lettres sont adressées à sa fille, Mᵐᵉ de Grignan.

**Charles Perrault** (1628-1703) est né à Paris. Littérateur et poète, il doit sa célébrité la plus durable à ses *Contes de ma mère l'Oye* ou *Histoires du temps passé*.

**Jean Racine** (1639-1699) est né à la Ferté-Milon. C'est le plus parfait de nos poètes tragiques. Il a écrit une comédie : *les Plaideurs*, et de nombreuses tragédies : *Andromaque, Britannicus, Bérénice, Bajazet, Mithridate, Iphigénie, Phèdre* ; enfin *Esther* et *Athalie*, composées à la prière de Mᵐᵉ de Maintenon pour les demoiselles de Saint-Cyr.

Sa *Correspondance*, avec ses amis et avec son fils, n'est pas une des parties les moins intéressantes de son œuvre.

**David-Augustin Brueys** (1640-1723), né à Aix en Provence, a composé, avec son ami **Jean Palaprat** (1650-1721), plusieurs comédies en prose ; *le Grondeur* est la plus connue.

**Jean de La Bruyère** (1645-1696), né à Paris, avocat au Parlement, fut chargé, sur la recommandation de Bossuet, d'enseigner l'histoire et la philosophie au petit-fils du grand Condé. Dans cette maison, il vit le monde, étudia les hommes et écrivit ses *Caractères*.

L'ouvrage parut en 1688, modestement présenté comme une traduction des anciens, il eut un succès prodigieux.

**Fénelon (François de Salignac de la Mothe**) (1651-1715) naquit au château de Fénelon, dans le Périgord. Il écrivit pour son élève, le duc de Bourgogne, petit-fils de Louis XIV, des *Fables*, des *Dialogues des morts*, le *Télémaque*.

Ce dernier ouvrage fut une des causes de sa disgrâce auprès du roi. Nommé archevêque de Cambrai, en 1695, il se retira dans son diocèse et vécut dans la retraite pendant les vingt dernières années de sa vie.

On doit aussi à Fénelon un *Traité de l'éducation des filles*.

## XVIIIe SIÈCLE

**René Lesage** (1668-1747) est né à Sarzeau, près de Vannes. Après avoir longtemps lutté contre la pauvreté, il eut quelques succès au théâtre en faisant jouer *Crispin rival de son maître* et *Turcaret*. Il est l'auteur de deux romans de mœurs : *le Diable boiteux* et l'*Histoire de Gil Blas de Santillane*.

Lesage a presque égalé Molière dans la peinture des vices, des travers et des ridicules de la société.

**Saint-Simon (Louis de Rouvray**, duc de) (1675-1755) vécut longtemps à la cour de Louis XIV; il joua un rôle politique sous la régence du duc d'Orléans, puis se retira dans ses terres en 1726. Dès l'âge de dix-neuf ans, il conçut le projet d'écrire, jour par jour, tout ce qu'il verrait et entendrait. De là ses *Mémoires*, remplis d'anecdotes, de tableaux, de portraits qui font revivre pour nous la fin du xviie et le commencement du xviiie siècle.

**Voltaire (François-Marie Arouet,** connu sous le nom de) (1694-1778) naquit à Paris. Il passa une grande partie de sa vie dans sa terre de Ferney, sur la frontière suisse. Parmi ses principaux ouvrages en prose, citons : le *Siècle de Louis XIV*, l'*Histoire de Charles XII*, le *Dictionnaire philosophique*, l'*Essai sur les mœurs et l'esprit des nations*, ses *Romans*, ses *Contes*, une *Correspondance* de plus de vingt volumes. Voltaire a fait, en outre, un poème épique: la *Henriade*, dont Henri IV est le héros; un grand nombre de tragédies dont la meilleure est *Zaïre* ; des *satires*, des *poésies familières*.

Le génie de Voltaire domine tout le xviiie siècle ; il fut, avec J.-J. Rousseau, un des précurseurs de la Révolution française.

**Jean-Jacques Rousseau** (1712-1778) est né à Genève. Venu à Paris, à l'âge de vingt-neuf ans, il se fit connaître, pour la première fois, par le *Discours* qu'il adressa à l'Académie de Dijon pour répondre à cette question : « Le progrès des arts et des sciences a-t-il contribué à corrompre ou à épurer les mœurs? » Il publia ensuite ses principaux ouvrages : *le Contrat social*, la *Nouvelle Héloïse*, l'*Émile*, etc.

Voltaire, Montesquieu, Rousseau ont déterminé cet irrésistible mouvement d'opinion qui a amené la Révolution française.

**Sébastien Chamfort** (1741-1794), né à Clermont-Ferrand, fut célèbre par son esprit, ses reparties piquantes, ses exquises anecdotes.

**Florian (Jean-Pierre,** chevalier de) (1755-1794), né au château de Florian, en Languedoc, est l'auteur de *Pastorales* et de *Fables* qui le placent immédiatement après La Fontaine.

## XIXe SIÈCLE

**Jean-Stanislas Andrieux** (1759-1833), né à Strasbourg, est l'auteur de *Comédies*, de *Contes* et de *Fables*.

**Xavier de Maistre** (Le comte) (1764-1839) est né à Chambéry. On lui doit le *Voyage autour de ma chambre* et des Nouvelles attachantes : *le Lépreux de la cité d'Aoste*, les *Prisonniers du Caucase*, la *Jeune Sibérienne*.

**Chateaubriand (François-René**, vicomte de) (1768-1848), est né à Saint-Malo. Peintre enthousiaste de la nature, il a écrit, dans une langue éloquente et colorée : *le Génie du Christianisme*, *Atala*, *René*, *les Martyrs*, l'*Itinéraire de Paris à Jérusalem*, les *Mémoires d'outre-tombe*, etc.

**Paul-Louis Courier**, né à Paris en 1772, fut officier d'artillerie sous la République et l'Empire ; il abandonna la carrière militaire pour se consacrer aux belles-lettres. On a de lui des *Pamphlets* et des *Lettres* qui ont eu un grand retentissement. Il mourut en 1825, assassiné par un de ses gardes-chasse.

**Charles Nodier** (1780-1844), né à Besançon, est un de nos plus charmants conteurs. Il entra à l'Académie française en 1834. Ses principales œuvres sont ses *Contes de la veillée*, ses *Souvenirs*, etc.

**Pierre-Jean Béranger** (1780-1857), né à Paris, a été le chansonnier le plus populaire de France.

**Philippe de Ségur** (Le comte) (1780-1873) fut aide de camp de Napoléon, général, membre de l'Académie française : *Histoire de Napoléon et de la Grande Armée*, *Mémoires*...

**Félicité-Robert de Lamennais** (1782-1854) est né à Saint-Malo. Ses principaux ouvrages sont : *les Paroles d'un Croyant*, *Une voix de prison*, *le Livre du peuple*, etc., écrits éloquents et passionnés.

**Barante (Guillaume-Prosper Brugière**, baron de) (1782-1866) a écrit un *Tableau de la littérature française au* XVIIIe *siècle* et une *Histoire des ducs de Bourgogne*.

**Marceline Desbordes-Valmore** (1787-1859), née à Douai, a publié plusieurs volumes de *poésies* d'une belle inspiration.

**Alexandre Guiraud** (1788-1847) est né à Limoux (Aude). Tout le monde connaît son *Petit Savoyard*, mais personne ne lit plus ses tragédies. On lui doit encore *Flavien* et quelques autres romans historiques.

**Alphonse de Lamartine** (1790-1869), né à Mâcon, est le plus grand poète du XIXe siècle après Victor Hugo. Il publia d'abord les *Premières Méditations*, son chef-d'œuvre ; puis les *Nouvelles Méditations*, les *Harmonies*, les *Recueillements*, *Jocelyn*, etc. Ses principaux ouvrages en prose sont : le *Voyage en Orient*, l'*Histoire des Girondins*, les *Confidences*, etc.

Lamartine fut également orateur politique de premier ordre et l'un des fondateurs de la deuxième République, en 1848.

**Siméon Pécontal** (1793-1857), né à Montauban, a recueilli et mis en vers beaucoup de vieilles *Ballades et Légendes* françaises.

**Augustin Thierry** (1795-1857), né à Blois, a été le rénovateur des études historiques en France. Ses principaux ouvrages sont : *Lettres sur l'histoire de France, Conquête de l'Angleterre par les Normands, Récits mérovingiens*, etc.

Devenu aveugle, il n'en poursuivait pas moins ses travaux et dictait ses dernières œuvres.

**François Mignet** (1796-1884) est né à Aix. Historien, membre de l'Académie française, il fut ami et collaborateur de Thiers. On lui doit : une remarquable *Histoire de Marie Stuart* et des études sur la *Rivalité de François Ier et de Charles-Quint*, etc.

**Alfred de Vigny** (1797-1863), né à Loches, est l'auteur des *Poèmes antiques et modernes* ; de *Cinq-Mars*, roman historique ; de *Servitude et grandeur militaires*. Poète original et puissant, Alfred de Vigny n'a pas toute la réputation qu'il mérite.

**Louis-Adolphe Thiers** (1797-1877) est né à Marseille. Historien, membre de l'Académie française, il a écrit l'*Histoire de la Révolution française*, l'*Histoire du Consulat et de l'Empire*, etc. Thiers a également joué un rôle politique considérable : premier ministre sous Louis-Philippe, il devint, en 1871, président de la République française.

**Jules Michelet** (1798-1874) est né à Paris. On doit à l'éminent historien une *Histoire de la Révolution française* et une *Histoire de France* qui est un des monuments de notre langue. En 1856, Michelet commença d'écrire des livres d'un genre tout différent et qui eurent un immense succès : *l'Oiseau, l'Insecte, la Mer, la Femme*, etc.

**Émile de Bonnechose** (1801-1875), né en Hollande, de parents français, est connu surtout par son *Histoire de France*.

**Victor Hugo** (1802-1885), né à Besançon, est le plus grand poète du XIXe siècle. Son œuvre est immense. — Poésie : *Odes et Ballades, les Orientales, les Feuilles d'automne, les Chants du crépuscule, les Voix intérieures, les Rayons et les Ombres, les Châtiments, les Contemplations, la Légende des siècles, les Chansons des rues et des bois*, etc.

Drame : *Cromwell, Hernani, le Roi s'amuse, Ruy Blas, les Burgraves*, etc.

Prose : *Notre-Dame de Paris, les Misérables, Histoire d'un crime*, etc.

Victor Hugo, proscrit sous l'Empire, s'était retiré dans l'île de Jersey, puis à Guernesey. Après le 4 septembre 1870 il vécut à Paris, objet d'un culte universel. La France lui a fait de magnifiques funérailles ; son corps repose au Panthéon.

**Alexandre Dumas** (1803-1870) est né à Villers-Cotterets. Célèbre auteur dramatique et romancier très populaire, doué d'une étonnante fécondité, il a écrit : *les Trois Mousquetaires, Vingt ans après, le Comte de Monte-Cristo, la Dame de Montsoreau*, etc. Ses pièces de théâtre les plus connues sont : *la Tour de Nesles, Charles VII chez ses grands vassaux, Don Juan de Maraña, le Chevalier de Maison-Rouge*, etc.

On lui doit encore d'intéressants volumes de *Voyages*.

**Prosper Mérimée**, né à Paris en 1803, mort en 1870, est un écrivain élégant et précis. Auteur de *Voyages*, de *Contes* et de *Nouvelles* (*Colomba, la Mosaïque*, etc.).

**George Sand**, de son vrai nom Aurore Dupin, baronne Dudevant (1804-1876), est née à Paris. Illustre écrivain ; auteur d'un grand nombre de romans et de lettres où se trouvent de magnifiques descriptions inspirées par un sentiment très vif de la nature : *la Mare au Diable, la Petite Fadette, François le Champi, l'Homme de neige*, etc.

**Auguste Brizeux** (1806-1858), né à Lorient, a fait des poésies pastorales : *les Fleurs d'or, les Bretons, les Pêcheurs*, etc. Son chef-d'œuvre est *Marie*, charmante idylle bretonne.

**Ernest Legouvé** (1807-1903), né à Paris. Poète, romancier et auteur dramatique ; membre de l'Académie française. *La Femme en France au XIXe siècle, les Pères et les Enfants, Souvenirs*, etc.

**Alphonse Karr** (1808-1890), né à Paris. Écrivain satirique : *Geneviève, Voyage autour de mon jardin*, etc.

**Hégésippe Moreau** (1810-1838), né à Paris. Poète élégiaque ; auteur du *Myosotis*.

**Henri Martin** (1810-1885), né à Saint-Quentin. L'un de nos meilleurs historiens, auteur d'une monumentale *Histoire de France*.

**Théophile Gautier** (1811-1872), né à Tarbes, poète, romancier et critique, est un peintre incomparable du monde visible : *Emaux et Camées, Contes et Nouvelles, le Capitaine Fracasse, Voyages*, etc.

**Louis Blanc** (1811-1882), né à Paris. Célèbre historien et publiciste : *Histoire de dix ans, Histoire de la Révolution française, Lettres sur l'Angleterre*, etc.

**Victor Duruy** (1811-1895), né à Paris. Membre de l'Académie française, ancien ministre de l'Instruction publique, éminent historien : *Histoire de France, Histoire des Romains, Histoire des Grecs*.

**Stahl** (pseudonyme de **Jules Hetzel**) (1814-1886) est né à Chartres. Auteur et éditeur, il a publié de nombreux ouvrages pour les enfants : *Maroussia ; la Morale familière ; le Magasin d'éducation et de récréation*, journal illustré dont il fut le collaborateur principal.

Stahl a été, chez nous, le véritable créateur de la littérature de l'enfance et de la jeunesse.

**Eugène Labiche** (1815-1888), né à Paris. Auteur de *Comédies* amusantes et spirituelles : *Voyage de M. Perrichon, la Grammaire*, etc.

**Ivan Tourguenef** (1818-1883), célèbre romancier russe, a vécu en France pendant de longues années et écrivait notre langue avec une rare perfection : *Petits poèmes en prose. Récits d'un chasseur*, etc.

**Pierre Dupont** (1821-1870), né aux environs de Lyon. Chansonnier le plus populaire de France après Béranger.

**Édouard Plouvier** (1821-1876), né à Paris, auteur de *poésies familières*.

**Henri Murger** (1822-1861), né à Paris. Auteur des *Scènes de la vie de bohème*, etc.

**Erckmann-Chatrian (Émile Erckmann** et **Alexandre Chatrian,** dits), littérateurs français, nés : le premier à Phalsbourg, 1822-1899 ; le second à Soldatenthal (Meurthe), 1826-1890. Auteurs des célèbres *Romans nationaux*, idylles intimes ou patriotiques dont le succès fut immense.

**Ernest Mourin**, né à Sisteron (1822-1898). Recteur de l'académie de Nancy ; auteur d'une *Histoire des comtes de Paris.*

**Théodore de Banville** (1823-1891), né à Moulins, fut un poète d'une souplesse et d'une verve extraordinaires: *Odes funambulesques.*

**Hippolyte Taine**, né à Vouziers (1828-1893). Philosophe et critique, membre de l'Académie française ; auteur d'un *Essai sur les fables de La Fontaine*, d'un *Voyage aux Pyrénées*, des *Origines de la France contemporaine*, etc., ouvrages écrits dans une langue précise et élégante.

**André Theuriet** (1833-1907), né à Marly-le-Roi. Membre de l'Académie française ; romancier, poète souple et gracieux, se plaît à peindre les bois et les champs, et aussi les mœurs de la province : *le Chemin des bois, Nos oiseaux*, etc.

**Sully-Prudhomme** (1839-1907), né à Paris. Membre de l'Académie française ; poète-philosophe d'une grande élévation morale: *Stances et poèmes, Solitudes...*

**Gaston Paris** (1839-1903), né à Avenay (Marne), fils du célèbre érudit Paulin Paris, a publié des études sur la poésie française du moyen âge : *Histoire poétique de Charlemagne...*

**Alphonse Daudet** (1840-1897), né à Nîmes. Célèbre romancier ; auteur du *Petit Chose*, des *Lettres de mon moulin*, de *Tartarin de Tarascon*, des *Contes du Lundi*, etc.

**Catulle Mendès** (1841-1909), né à Bordeaux, poète et prosateur d'une grande virtuosité : *drames, romans, nouvelles...*

**José-Maria de Hérédia** (1842-1905) est né à Santiago de Cuba, dans les Antilles. Membre de l'Académie française, il a écrit des sonnets d'une originalité puissante : *les Trophées.*

**Anatole France**, de son vrai nom Anatole Thibaut, est né à Paris en 1844. Membre de l'Académie française. L'un des premiers écrivains de ce temps : *Nos Enfants, le Livre de mon ami, le Crime de Sylvestre Bonnard, Pierre Nozière, le Petit Pierre, la Vie en fleur,* etc.

**Paul Déroulède,** né à Paris (1846-1914). Auteur des *Chants du Soldat,* poésies patriotiques inspirées par la guerre de 1870.

**Maurice Rollinat** (1846-1903), né à Châteauroux, célébra les paysages du Berry : *Dans les Brandes, la Nature.*

**Jean Aicard,** de l'Académie française, poète et romancier contemporain, né à Toulon (1848-1921). *La Chanson de l'enfant, le Livre des petits,* etc.

**Gabriel Vicaire,** né à Belfort (1848-1900). Délicat poète des *Emaux bressans.*

**Jean Richepin,** de l'Académie française, est né à Médéa en 1849. Poète, romancier et auteur dramatique d'un talent vigoureux. Théâtre : *Par le Glaive, le Flibustier, le Chemineau...*

**Pierre Loti,** pseudonyme de Julien Viaud, romancier contemporain, officier de marine, né à Rochefort en 1850. Membre de l'Académie française. *Mon frère Yves, Pêcheurs d'Islande,* etc.

**Albert Samain,** né à Lille (1858-1900), a laissé une œuvre poétique faite d'harmonie et de douceur : *Aux flancs du vase, le Chariot d'or,* etc.

**Jules Renard** (1864-1910), né à Chalons-sur-Mayenne, a créé un réalisme classique d'une étonnante vérité : *Histoires naturelles.*

**Auguste Bailly,** né à Lons-le-Saunier en 1878, professeur et romancier, écrivain élégant et analyste subtil. Principales œuvres : *Les Divins Jongleurs, les Chaines du Passé, l'Histoire d'une Ame...*

o◊o

# PREMIÈRES
# LECTURES LITTÉRAIRES

## PREMIÈRE PARTIE

## CONTES ET LÉGENDES

> Si *Peau d'Ane* m'était conté,
> J'y prendrais un plaisir extrême.
> La Fontaine.

⌀

### Le Petit Poucet.

Il était une fois un bûcheron et une bûcheronne qui avaient sept enfants, tous garçons ; l'aîné n'avait que dix ans et le plus jeune n'en avait que sept.

Ils étaient fort pauvres, et leurs sept enfants les incommodaient beaucoup, parce que chacun d'eux ne pouvait encore gagner sa vie. Ce qui les chagrinait encore, c'est que le plus jeune était fort délicat et ne disait mot : prenant pour bêtise ce qui était une marque de la bonté de son esprit. Il était fort petit, et, quand il vint au monde, il n'était guère plus gros que le pouce, ce qui fit qu'on l'appela le Petit Poucet.

Ce pauvre enfant était le souffre-douleur de la maison et on lui donnait toujours le tort. Cependant il était le plus fin et le plus avisé de tous ses frères, et, s'il parlait peu, il écoutait beaucoup.

Il vint une année très fâcheuse, et la famine fut si grande que ces pauvres gens résolurent de se défaire de leurs enfants. Un soir que ces enfants étaient couchés, et que le bûcheron était auprès du feu avec sa femme, il lui dit, le cœur serré de douleur : « Tu vois bien que nous ne pouvons plus nourrir nos enfants ; je ne saurais les voir mourir de faim devant mes yeux, et je suis résolu de les mener perdre demain au bois, ce qui sera bien aisé, car, tandis qu'ils s'amuseront à fagoter[1], nous n'avons qu'à nous enfuir sans qu'ils nous voient. — Ah ! s'écria la bûcheronne, pourrais-tu toi-même mener perdre tes enfants? » Son mari avait beau lui représenter leur grande pauvreté, elle ne pouvait y consentir ; elle était pauvre, mais elle était leur mère.

Cependant, ayant considéré quelle douleur ce lui serait de les voir mourir de faim, elle y consentit et alla se coucher en pleurant.

Le Petit Poucet ouït tout ce qu'ils dirent, car, ayant entendu, de dedans son lit, qu'ils parlaient d'affaires, il s'était levé doucement et s'était glissé sous l'escabelle de son père pour les écouter sans être vu. Il alla se recoucher et ne dormit point du reste de la nuit, songeant à ce qu'il avait à faire. Il se leva de bon matin et alla au bord du ruisseau, où il emplit ses poches de petits cailloux blancs, et ensuite revint à la maison. On partit, et le Petit Poucet ne découvrit rien de tout ce qu'il savait à ses frères.

Ils allèrent dans une forêt fort épaisse, où, à dix pas de distance, on ne se voyait pas l'un l'autre. Le bûcheron se mit à couper du bois, et ses enfants à ramasser des broutilles pour faire des fagots. Le père et la mère, les voyant occupés à travailler, s'éloignèrent d'eux insensiblement, et puis s'enfuirent tout à coup par un sentier détourné.

Lorsque ces enfants se virent seuls, ils se mirent à crier et à pleurer de toute leur force. Le Petit Poucet les laissait crier, sachant bien par où il reviendrait à la maison, car, en marchant, il avait laissé tomber le long

---

1. *Fagoter :* faire des fagots.

du chemin les petits cailloux blancs qu'il avait dans ses poches. Il leur dit donc : « Ne craignez point, mes frères ; mon père et ma mère nous ont laissés ici, mais je vous ramènerai bien au logis ; suivez-moi seulement. »

Ils le suivirent, et il les mena jusqu'à leur maison, par le même chemin qu'ils étaient venus dans la forêt. Ils n'osèrent, d'abord, entrer, mais ils se mirent tous contre la porte, pour écouter ce que disaient leur père et leur mère.

Dans le moment que le bûcheron et la bûcheronne arrivèrent chez eux, le seigneur du village leur envoya dix écus, qu'il leur devait il y avait longtemps, et dont ils n'espéraient plus rien. Cela leur redonna la vie, car les pauvres gens mouraient de faim. Le bûcheron envoya sur l'heure sa femme à la boucherie. Comme il y avait longtemps qu'elle n'avait mangé, elle acheta trois fois plus de viande qu'il n'en fallait pour le souper de deux personnes. Lorsqu'ils furent rassasiés, la bûcheronne dit : « Hélas ! où sont maintenant nos pauvres enfants ? Ils feraient bonne chère de ce qui nous reste là. Mais aussi, Guillaume, c'est toi qui les as voulu perdre ; j'avais bien dit que nous nous en repentirions. Que font-ils maintenant dans cette forêt ? Hélas ! mon Dieu, les loups les ont peut-être déjà mangés ! Tu es bien inhumain d'avoir perdu ainsi tes enfants ! »

Le bûcheron s'impatienta, à la fin ; car elle redit plus de vingt fois qu'ils s'en repentiraient, et qu'elle l'avait bien dit. Il la menaça de la battre si elle ne se taisait. Ce n'est pas que le bûcheron ne fût peut-être encore plus fâché que sa femme ; mais c'est qu'elle lui rompait la tête, et qu'il était de l'humeur de beaucoup d'autres gens qui aiment fort les femmes qui disent bien, mais qui trouvent très importunes celles qui ont toujours bien dit.

La bûcheronne était tout en pleurs : « Hélas ! où sont maintenant mes enfants, mes pauvres enfants ? » Elle le dit une fois si haut que les enfants, qui étaient à la porte, l'ayant entendu, se mirent à crier tous ensemble : « Nous

voilà ! nous voilà !» Elle courut vite leur ouvrir la porte,
et leur dit en les embrassant : « Que je suis aise de vous
revoir, mes chers enfants ! Vous êtes bien las, et vous
avez bien faim ; et toi, Pierrot, comme te voilà crotté !
viens que je te débarbouille.» Ce Pierrot était son fils
aîné, qu'elle aimait plus que tous les autres, parce qu'il
était un peu rousseau et qu'elle était un peu rousse.

Ils se mirent à table, et mangèrent d'un appétit qui
faisait plaisir au père et à la mère, à qui ils racontaient
la peur qu'ils avaient eue dans la forêt, en parlant presque
toujours tous ensemble. Ces bonnes gens étaient ravis
de revoir leurs enfants avec eux, et cette joie dura tant
que les dix écus durèrent. Mais, lorsque l'argent fut
dépensé, ils retombèrent dans leur premier chagrin,
et résolurent de les perdre encore ; et, pour ne pas manquer
leur coup, de les mener bien plus loin que la première fois.

Ils ne purent parler de cela si secrètement qu'ils ne
fussent entendus par le Petit Poucet, qui fit son compte
de sortir d'affaire comme il avait déjà fait ; mais, quoiqu'il
se fût levé de grand matin pour aller ramasser de petits
cailloux, il ne put en venir à bout, car il trouva la porte
de la maison fermée à double tour. Il ne savait que faire,
lorsque, la bûcheronne leur ayant donné à chacun un
morceau de pain pour leur déjeuner, il songea qu'il
pourrait se servir de son pain, au lieu de cailloux, en le
jetant par miettes le long des chemins où ils passeraient :
il le serra donc dans sa poche.

Le père et la mère les menèrent dans l'endroit de la
forêt le plus épais et le plus obscur ; et, dès qu'ils y furent,
ils gagnèrent un faux-fuyant [1] et les laissèrent là. Le
Petit Poucet ne s'en chagrina pas beaucoup, parce qu'il
croyait retrouver aisément son chemin par le moyen
de son pain, qu'il avait semé partout où il avait passé ;
mais il fut bien surpris lorsqu'il ne put en retrouver
une seule miette : les oiseaux étaient venus, qui avaient
tout mangé.

---

1. Endroit détourné, écarté, par où l'on peut s'en aller sans être vu.

Les voilà donc bien affligés ; car, plus ils marchaient, plus ils s'égaraient et s'enfonçaient dans la forêt. La nuit vint, et il s'éleva un grand vent qui leur faisait des peurs épouvantables. Ils croyaient n'entendre, de tous côtés, que les hurlements de loups qui venaient à eux pour les manger. Ils n'osaient presque se parler, ni tourner la tête. Il survint une grosse pluie qui les perça jusqu'aux os ; ils glissaient à chaque pas, et tombaient dans la boue, d'où ils se relevaient tout crottés, ne sachant que faire de leurs mains *.

Le Petit Poucet grimpa au haut d'un arbre, pour voir s'il ne découvrirait rien ; ayant tourné la tête de tous côtés, il vit une petite lueur, comme d'une chandelle, mais qui était bien loin par delà la forêt. Il descendit de l'arbre, et, lorsqu'il fut à terre, il ne vit plus rien ; cela le désola. Cependant, ayant marché quelque temps, avec ses frères, du côté où il avait vu la lumière, il la revit en sortant du bois.

Ils arrivèrent enfin à la maison où était cette chandelle ; non sans bien des frayeurs, car souvent ils la perdaient de vue, ce qui leur arrivait toutes les fois qu'ils descendaient dans quelque fond. Ils heurtèrent à la porte, et une bonne femme vint leur ouvrir. Elle leur demanda ce qu'ils voulaient. Le Petit Poucet lui dit qu'ils étaient de pauvres enfants qui s'étaient perdus dans la forêt, et qui demandaient à coucher par charité. Cette femme, les voyant tous si jolis, se mit à pleurer, et leur dit : « Hélas ! mes pauvres enfants, où êtes-vous venus? Savez-vous bien que c'est ici la maison d'un Ogre qui mange les petits enfants? — Hélas ! madame, lui répondit le Petit Poucet, qui tremblait de toute sa force aussi bien que ses frères, que ferons-nous? Il est bien sûr que les loups de la forêt ne manqueront pas de nous manger, cette nuit, si vous ne voulez pas nous retirer chez vous ; et, cela étant, nous aimons mieux que ce soit Monsieur

---

* **Composition française** : *Vous est-il arrivé de vous trouver, la nuit, dans un bois ou sur une route déserte ? Dire vos impressions.*

qui nous mange ; peut-être qu'il aura pitié de nous si vous voulez bien l'en prier.»

La femme de l'Ogre, qui crut qu'elle pourrait les cacher à son mari jusqu'au lendemain matin, les laissa entrer, et les mena se chauffer auprès d'un bon feu, car il y avait un mouton tout entier à la broche pour le souper de l'Ogre.

Comme ils commençaient à se chauffer, ils entendirent heurter trois ou quatre grands coups à la porte : c'était l'Ogre qui revenait. Aussitôt sa femme les fit cacher sous le lit, et alla ouvrir la porte. L'Ogre demanda d'abord si le souper était prêt, et si on avait tiré du vin, et aussitôt se mit à table. Le mouton était encore tout sanglant, mais il ne lui en sembla que meilleur. Il flairait à droite et à gauche, disant qu'il sentait la chair fraîche. «Il faut, lui dit sa femme, que ce soit ce veau que je viens d'habiller [1] que vous sentez. — Je sens la chair fraîche ! te dis-je encore une fois, reprit l'Ogre, en regardant sa femme de travers ; et il y a ici quelque chose que je n'entends pas [2].» En disant ces mots, il se leva de table et alla droit au lit.

«Ah ! dit-il, voilà donc comme tu veux me tromper, maudite femme ! Je ne sais à quoi il tient que je ne te mange aussi : bien t'en prend d'être une vieille bête. Voilà du gibier qui me vient à propos pour traiter trois ogres de mes amis qui doivent me venir voir ces jours-ci.»

Il les tira de dessous le lit, l'un après l'autre. Ces pauvres enfants se mirent à genoux en lui demandant pardon ; mais ils avaient affaire au plus cruel de tous les ogres, qui, bien loin d'avoir de la pitié, les dévorait déjà des yeux, et disait à sa femme que ce seraient de friands morceaux, lorsqu'elle leur aurait fait une bonne sauce.

Il alla prendre un grand couteau, et, en approchant de ces pauvres enfants, il l'aiguisait sur une longue pierre qu'il tenait à sa main gauche. Il en avait déjà empoigné un, lorsque sa femme lui dit : « Que voulez-vous faire à l'heure qu'il est? N'aurez-vous pas assez de temps de

---

1. *Habiller*, terme de cuisine : préparer pour la cuisson.
2. Que je ne comprends pas.

main? — Tais-toi ! reprit l'Ogre, ils en seront plus mor-
tifiés [1]. — Mais vous avez encore là tant de viande, reprit
sa femme ; voilà un veau, deux moutons et la moitié
d'un cochon ! — Tu as raison, dit l'Ogre ; donne-leur
bien à souper, afin qu'ils ne maigrissent pas, et va les
mener coucher. »

La bonne femme fut ravie de joie et leur porta bien à
souper ; mais ils ne purent manger, tant ils étaient saisis
de peur. Pour l'Ogre, il se remit à boire, ravi d'avoir de
quoi si bien régaler ses amis. Il but une douzaine de
coups de plus qu'à l'ordinaire : ce qui lui donna un peu
dans la tête et l'obligea de s'aller coucher.

L'Ogre avait sept filles qui n'étaient encore que des
enfants. Ces petites ogresses avaient toutes le teint fort
beau, parce qu'elles mangeaient de la chair fraîche,
comme leur père ; mais elles avaient de petits yeux gris
et tout ronds, le nez crochu, et une fort grande bouche,
avec de longues dents fort aiguës et fort éloignées l'une
de l'autre. Elles n'étaient pas encore fort méchantes,
mais elles promettaient beaucoup, car elles mordaient
déjà les petits enfants pour en sucer le sang.

On les avait fait coucher de bonne heure, et elles étaient
toutes sept dans un grand lit, ayant chacune une couronne d'or sur la tête. Il y avait, dans la même chambre,
un autre lit de la même grandeur : ce fut dans ce lit
que la femme de l'Ogre mit coucher les sept petits garçons ; après quoi, elle s'alla coucher auprès de son mari.

Le Petit Poucet, qui avait remarqué que les filles de
l'Ogre avaient des couronnes d'or sur la tête, et qui craignait qu'il ne prît à l'Ogre quelque remords de ne les
avoir pas égorgés dès le soir même, se leva vers le milieu
de la nuit, et, prenant les bonnets de ses frères et le sien,
il alla tout doucement les mettre sur la tête des sept filles
de l'Ogre, après leur avoir ôté leurs couronnes d'or qu'il
mit sur la tête de ses frères et sur la sienne, afin que
l'Ogre les prît pour ses filles, et ses filles pour les garçons

1. *Mortifier la viande :* faire qu'elle devienne plus tendre.

qu'il voulait égorger. La chose réussit comme il l'avait pensé ; car l'Ogre, s'étant éveillé sur le minuit, eut regret d'avoir différé au lendemain ce qu'il pouvait exécuter la veille. Il se jeta donc brusquement hors du lit, et, prenant son grand couteau : « Allons voir, dit-il, comment se portent nos petits drôles ; n'en faisons pas à deux fois [1]. »

Il monta donc à tâtons à la chambre de ses filles, et s'approcha du lit où étaient les petits garçons qui dormaient tous, excepté le Petit Poucet, qui eut bien peur lorsqu'il sentit la main de l'Ogre qui lui tâtait la tête comme il avait tâté celle de tous ses frères. L'Ogre, qui sentit les couronnes d'or : « Vraiment, dit-il, j'allais faire là un bel ouvrage ! je vois bien que je bus trop hier au soir. » Il alla ensuite au lit de ses filles, où, ayant senti les petits bonnets des garçons : « Ah ! les voilà, dit-il, nos gaillards ; travaillons hardiment. » En disant ces mots, il coupa, sans balancer, la gorge de ses sept filles. Fort content de cette expédition, il alla se recoucher auprès de sa femme.

Aussitôt que le Petit Poucet entendit ronfler l'Ogre, il réveilla ses frères et leur dit de s'habiller promptement et de le suivre. Ils descendirent doucement dans le jardin et sautèrent par-dessus les murailles. Ils coururent presque toute la nuit, toujours en tremblant, et sans savoir où ils allaient.

L'Ogre, s'étant éveillé, dit à sa femme : « Va-t'en là-haut habiller ces petits drôles d'hier au soir. » L'Ogresse fut fort étonnée de la bonté de son mari, ne se doutant point de la manière qu'il entendait qu'elle les habillât, et croyant qu'il lui ordonnait de les aller vêtir. Elle monta en haut, où elle fut bien surprise lorsqu'elle aperçut ses sept filles égorgées et nageant dans leur sang.

Elle commença par s'évanouir, car c'est le premier expédient que trouvent presque toutes les femmes en pareilles rencontres. L'Ogre, craignant que sa femme ne

---

1. *N'en pas faire à deux fois :* se décider sur-le-champ.

fût trop longtemps à faire la besogne dont il l'avait chargée, monta en haut pour lui aider. Il ne fut pas moins étonné que sa femme lorsqu'il vit cet affreux spectacle. « Ah ! qu'ai-je fait là? s'écria-t-il. Ils me le payeront, les malheureux, et tout à l'heure ! »

Il jeta aussitôt une potée d'eau dans le nez de sa femme, et, l'ayant fait revenir : « Donne-moi vite mes bottes de sept lieues, lui dit-il, afin que j'aille les attraper. » Il se mit en campagne, et, après avoir couru bien loin de tous les côtés, il entra enfin dans le chemin où marchaient ces pauvres enfants qui n'étaient plus qu'à cent pas du logis de leur père. Ils virent l'Ogre qui allait de montagne en montagne, et qui traversait des rivières aussi aisément qu'il aurait fait le moindre ruisseau. Le Petit Poucet, qui vit un rocher creux proche où ils étaient, y fit cacher ses six frères et s'y fourra aussi, regardant toujours ce que l'Ogre deviendrait. L'Ogre, qui se trouvait fort las du chemin qu'il avait fait inutilement (car les bottes de sept lieues fatiguent fort leur homme), voulut se reposer ; et, par hasard, il alla s'asseoir sur la roche où les petits garçons s'étaient cachés.

Comme il n'en pouvait plus de fatigue, il s'endormit, après s'être reposé quelque temps, et vint à ronfler si effroyablement que les pauvres enfants n'eurent pas moins peur que quand il tenait son grand couteau pour leur couper la gorge. Le Petit Poucet en eut moins de peur, et dit à ses frères de s'enfuir promptement à la maison, pendant que l'Ogre dormait bien fort, et qu'ils ne se missent point en peine de lui. Ils crurent son conseil et gagnèrent vite la maison.

Le Petit Poucet, s'étant approché de l'Ogre, lui tira doucement ses bottes et les mit aussitôt. Les bottes étaient fort grandes et fort larges ; mais, comme elles étaient fées, elles avaient le don de s'agrandir et de s'apetisser selon la jambe de celui qui les chaussait : de sorte qu'elles se trouvèrent aussi justes à ses pieds et à ses jambes que si elles eussent été faites pour lui.

Il alla droit à la maison de l'Ogre, où il trouva sa femme

qui pleurait auprès de ses filles égorgées. « Votre mari, lui dit le Petit Poucet, est en grand danger ; car il a été pris par une troupe de voleurs qui ont juré de le tuer s'il ne leur donne tout son or et tout son argent. Dans le moment qu'ils lui tenaient le poignard sur la gorge, il m'a aperçu et m'a prié de vous venir avertir de l'état où il est, et de vous dire de me donner tout ce qu'il a de vaillant, sans en rien retenir, parce qu'autrement ils le tueront sans miséricorde. Comme la chose presse beaucoup, il a voulu que je prisse ses bottes de sept lieues que voilà, pour faire diligence, et aussi afin que vous ne croyiez pas que je sois un affronteur [1]. »

La bonne femme, fort effrayée, lui donna aussitôt tout ce qu'elle avait ; car cet Ogre ne laissait pas d'être fort bon mari, quoiqu'il mangeât les petits enfants. Le Petit Poucet, étant donc chargé de toutes les richesses de l'Ogre, s'en revint au logis de son père où il fut reçu avec bien de la joie [2].

### MORALITÉ.

On ne s'afflige point d'avoir beaucoup d'enfants
    Quand ils sont tous beaux, bien faits et bien grands,
        Et d'un extérieur qui brille ;
    Mais, si l'un d'eux est faible, on ne dit mot,
    On le méprise, on le raille, on le pille [3] ;
Quelquefois, cependant, c'est ce petit marmot
Qui fera le bonheur de toute la famille.

CHARLES PERRAULT.

(*Histoires ou Contes du temps passé.*)

---

1. *Affronteur* : du verbe affronter, sens de tromper effrontément.
2. Il y a des gens qui ne demeurent pas d'accord de cette dernière circonstance, et qui prétendent que le Petit Poucet n'a jamais commis ce vol ; qu'à la vérité il n'avait fait conscience de prendre ses bottes de sept lieues à l'Ogre qui ne s'en servait que pour courir après les petits enfants. Chaussé de ces bottes, le Petit Poucet alla offrir ses services au roi. Après avoir fait le métier de courrier, et y avoir ramassé du bien, il revint chez son père et mit toute sa famille à son aise. (CH. PERRAULT.)
3. On le maltraite, on le houspille.

## Le géant Polyphème.

Nous aperçûmes, dans l'endroit le plus reculé, assez près de la mer, une caverne profonde et entourée de lauriers épais. Elle était fermée par de grosses pierres et ombragée de grands pins et de hauts chênes. C'était l'habitation d'un énorme géant qui paissait seul ses troupeaux, loin des autres cyclopes avec qui il n'avait nul commerce [1]. Toujours à l'écart, il mène une vie brutale et sauvage. Ce monstre est étonnant : il ne ressemble à aucun mortel, mais à une montagne de bois [2] qui s'élève au-dessus des autres montagnes, ses voisines.

Alors je choisis douze des plus courageux d'entre mes compagnons, et je m'avançai, portant avec moi une outre remplie d'un vin délicieux. J'en pris une autre bien pleine, et je l'emportai avec quelques provisions ; car j'avais une sorte de pressentiment que l'homme que j'allais chercher était d'une force prodigieuse, et qu'il méconnaissait également toutes les lois de l'humanité, de la justice et de la raison.

En peu de temps nous arrivons dans sa caverne. Il n'y était pas ; il avait mené ses troupeaux aux pâturages. Nous entrons dans son antre, nous le visitons, et nous y trouvons tout dans un ordre admirable. Des corbeilles pleines de fromages, des bergeries remplies d'agneaux et de chèvres, mais séparées et différentes pour les différents âges et les différents animaux. D'un côté étaient les petits, de l'autre les plus grands, d'un autre ceux qui ne faisaient que de naître. De grands vases étaient pleins de lait caillé ; tout était rangé ; les bassins, les terrines déjà disposés pour traire les troupeaux quand il les ramènerait du pâturage.

Nous demeurâmes dans la caverne ; nous y allumâmes

---

1. Avec lesquels il n'entretenait aucune relation d'amitié ou d'affaires.
2. Ce monstre est moins semblable à un homme qu'à une montagne couverte de forêts. (HOMÈRE.)

du feu pour offrir aux dieux des sacrifices [1], et, en attendant notre hôte, nous mangeâmes quelques fromages. Il
arrive enfin : il portait une énorme charge de bois sec
pour préparer son souper ; il la jette à terre en entrant,
et cette charge tombe avec un si grand fracas que la
peur nous saisit tous et que nous allons nous cacher dans
un coin de la caverne. Polyphème y introduit ses troupeaux, et, après avoir bouché sa demeure avec un rocher
que vingt charrettes attelées de bœufs les plus forts
auraient à peine ébranlé, il s'assied, sépare les boucs et
les béliers des brebis qu'il se met à traire lui-même.
Il fait ensuite approcher les agneaux de leurs mères, par-
tage son lait, dont il verse une partie dans des corbeilles
pour en faire des fromages, et se réserve l'autre pour le
boire à son souper.

Tout ce ménage étant fini, il allume du feu, nous aperçoit et nous crie : « Étrangers, qui êtes-vous? d'où venez-
vous? Est-ce pour le négoce que vous voguez sur la mer?
Étiez-vous sur les flots à l'aventure pour piller inhumainement comme des pirates, et au péril de votre honneur
et de votre vie? » Il dit : la crainte glaça notre cœur ;
son épouvantable voix, sa taille prodigieuse, nous firent
trembler.

Cependant, je me déterminai à lui répondre : « Nous
sommes Grecs, nous revenons de Troie [2] ; des vents contraires nous ont fait perdre la route de notre patrie,
après laquelle nous soupirons : traitez-nous comme vos
hôtes ; faites-nous les présents d'usage [3] ; nous nous jetons
à vos genoux ; respectez les dieux, nous sommes vos sup-

---

1. Les anciens, soit pour se rendre leurs divinités favorables, soit
pour les remercier de bienfaits reçus, immolaient sur leurs autels des
bœufs, des moutons et autres animaux domestiques.
2. Celui qui raconte cette aventure, Ulysse, roi d'Ithaque, revenait
du siège de Troie, où il s'était signalé par sa prudence et sa ruse : *cheval
de Troie.*
3. L'hospitalité était très largement pratiquée chez les anciens ; on
accueillait le voyageur avec beaucoup d'empressement, on lui lavait les
pieds, on préparait pour son repas ce qu'il y avait de meilleur, et on
lui fournissait la lumière, le feu et le sel pendant toute la durée de son
séjour.

pliants; souvenez-vous que le maître des dieux protège
les étrangers et punit ceux qui les outragent.

— Malheureux ! répondit cet impie, il faut que tu
viennes d'un pays bien éloigné, où l'on n'ait jamais
entendu parler de nous, puisque tu m'exhortes à craindre
les dieux et à traiter les hommes avec humanité. Les
cyclopes se mettent peu en peine de Jupiter et des autres
immortels. Nous sommes plus forts et plus puissants
qu'eux. »

Le barbare étend ses bras monstrueux, se saisit de
deux de mes compagnons, et les écrase contre une roche
comme de jeunes faons. Leur cervelle rejaillit de tous
côtés, leur sang inonde la terre. Il les déchire en plusieurs
morceaux, en prépare son souper, les dévore comme un
lion qui a couru les montagnes sans trouver de proie. Il
mange non seulement les chairs, mais les entrailles et
les os. A cette vue, nous élevons les mains au ciel, nous
tombons dans un affreux désespoir. Pour le cyclope,
content de ce repas détestable et de plusieurs cruches de
lait qu'il avale, il se couche dans son antre et s'endort
paisiblement au milieu de ses troupeaux.

Cent fois je fus tenté de me jeter sur ce monstre et de
lui percer le cœur de mon épée. Ce qui me retint, ce fut
la crainte de périr dans cette caverne. En effet, il nous
eût été impossible de repousser l'énorme rocher qui en
fermait l'ouverture.

Nous attendîmes donc, dans l'inquiétude et dans la
douleur, le retour de l'aurore. Dès qu'elle parut, dès qu'elle
commença à dorer la cime des montagnes, le cyclope
allume du feu, se met à traire ses brebis, approche d'elles
leurs agneaux, fait son ouvrage ordinaire, et massacre
deux autres de mes compagnons dont il fait son dîner.
Il ouvre ensuite sa caverne, fait sortir ses troupeaux,
sort avec eux, referme la porte sur nous avec cet horrible
rocher qu'il remue avec la même aisance que si c'eût
été le couvercle d'un carquois.

Vers le coucher du soleil, Polyphème revint. Il fait
entrer tous ses troupeaux dans son antre. Après qu'il eut

fermé la caverne, il s'assoit, trait ses brebis à son ordinaire, et, quand tout fut fait, se saisit encore de deux de mes compagnons dont il fait son souper.

Dans ce moment, je m'approche de lui et lui présente une coupe, en lui disant : « Prenez, cyclope, et buvez de ce vin ; vous devez en avoir besoin pour digérer la chair humaine que vous venez de manger. J'en avais sur mon vaisseau une grande provision, et je destinais le peu que j'en ai sauvé à vous faire des libations comme à un dieu [1], si, touché de compassion pour moi, vous daigniez m'épargner et me fournir les moyens de retourner dans ma patrie. » Le monstre prend la coupe, la vide sans daigner me répondre, et m'en demande un second coup. « Verse, ajoute-t-il, sans l'épargner, et dis-moi ton nom, pour que je te fasse un présent d'hospitalité en reconnaissance de ta délicieuse boisson. Notre terre porte de bon vin, mais il n'est pas comparable à celui que je viens de boire. »

Ainsi parla le cyclope. Je lui versai de cette liqueur jusqu'à trois fois, et trois fois il eut l'imprudence de vider son énorme coupe. Elle fit son effet ; ses idées se brouillèrent. Je m'en aperçus, et, m'approchant alors, je lui dis d'une voix douce :

« Vous m'avez demandé mon nom, il est assez connu dans le monde ; je vais vous l'apprendre, et vous me ferez le présent que vous m'avez promis. Je m'appelle Personne [2]. C'est ainsi que me nomment mon père, ma mère et tous mes amis. — Oh ! bien, répliqua-t-il avec brutalité, tous tes compagnons seront dévorés avant toi, et Personne sera le dernier que je mangerai. Voilà le présent d'hospitalité que je lui destine. »

Il dit, et tombe à la renverse : le sommeil, qui dompte tout, s'empare de lui. Je tire aussitôt du fumier un pieu que j'y avais caché pendant son absence, je le fais chauffer et durcir dans le feu, je parle à mes compagnons pour

---

1. Les libations se faisaient avec du vin, du lait, de l'huile, du miel, etc., qu'on répandait sur le feu en l'honneur de certaines divinités
2. Personne (en grec *oudeis*) se prononce à peu près comme Ulysse (en grec *Odusseus*) ; de là l'équivoque créée par l'artificieux Ulysse.

les soutenir et les encourager. Le pieu s'échauffe : tout
vert qu'il est, il allait s'enflammer. Je le saisis, et me
fais suivre de quatre de mes compagnons.

Un dieu nous inspire une intrépidité surhumaine.
Nous prenons le pieu, nous l'appuyons par la pointe sur
l'œil du cyclope [1] ; je pèse dessus, je l'enfonce et je le fais
tourner. Nous agitons la pointe embrasée de l'énorme
pieu, en la faisant pénétrer jusqu'au fond de l'œil du
cyclope. Le sang sort en abondance : les sourcils, les
paupières, la prunelle deviennent la proie du feu ; on
entend un sifflement horrible, et semblable à celui dont
retentit une forge, lorsque l'ouvrier plonge, dans l'eau
froide, une hache ou une scie ardente pour les tremper
et les endurcir. Le tison siffle de même dans l'œil de
Polyphème. Le monstre en est réveillé et pousse un cri
horrible qui fait mugir les voûtes de l'antre.

Nous nous retirons épouvantés. Il arrache ce bois tout
dégouttant de sang, il le jette loin de lui, et appelle à son
secours les cyclopes qui habitaient sur les montagnes
voisines. Ils accourent en foule à l'épouvantable son de
sa voix ; ils s'approchent de sa caverne et lui demandent
quelle est la cause de sa douleur :

« Que vous est-il arrivé, Polyphème ? Qui vous a mis
dans cet état ? — *Personne* », répond Polyphème, du fond
de son antre. Plus il leur dit *Personne*, plus ils sont
trompés par cette équivoque. « Si ce n'est personne,
lui répètent-ils, vos maux viennent sans doute de Jupiter ;
et que pouvons-nous faire pour vous délivrer ? Adressez-
vous à Neptune ; c'est de lui, non de nous, qu'il faut
attendre du secours : ainsi nous nous retirons. »

Le cyclope en gémit, et, rugissant de rage et de douleur,
il s'approche en tâtonnant de la porte de sa caverne ;
il repousse le rocher qui la bouchait, s'assoit au milieu
de l'entrée, et tient les bras étendus, dans l'espérance de
nous saisir tous quand nous voudrions sortir avec ses

---

1. Les cyclopes étaient des géants qui n'avaient qu'un œil au milieu
du front.

troupeaux. Mais c'eût été s'exposer à une mort inévitable.
Je me mis donc à penser au moyen d'échapper à ce danger. La crise était violente, il s'agissait de la vie : aussi
y a-t-il peu de ruses et de stratagèmes qui ne me vinssent
à l'esprit. Voici enfin le parti que je crus devoir prendre.

Il y avait, dans les troupeaux du cyclope, des béliers
très grands, bien nourris, couverts d'une laine violette
fort grande et fort épaisse. Je choisis les plus grands, je
les liai trois à trois avec les branches d'osier qui servaient
de lit à ce monstre. Le bélier du milieu portait un homme,
les deux autres l'escortaient et servaient à mes compagnons de rempart contre Polyphème. Il y en avait un
d'une grandeur et d'une force extraordinaires ; il marchait toujours à la tête du troupeau ; je le réservai pour
moi. Je me glissai sous son ventre et m'y tins collé, comme
mes autres compagnons, en empoignant avec les deux
mains son épaisse toison.

Quand le jour parut, le cyclope fit sortir ses troupeaux
pour les envoyer dans leurs pâturages accoutumés, et,
malgré la douleur qu'il ressentait, il passait la main sur
le dos de ses moutons à mesure qu'ils sortaient ; mais
jamais il ne lui vint dans la pensée de la passer sous le
ventre.

Le bélier sous lequel j'étais sortit le dernier, et vous
pouvez croire que je n'étais pas sans alarme. Il le tâta
comme les autres, et, surpris de sa lenteur, il la lui reprocha
en ces termes :

« D'où vient tant de paresse, mon cher bélier? Pourquoi sors-tu le dernier de mon antre? N'est-ce point à
toi à guider les autres? N'avais-tu pas coutume de marcher à leur tête? Quelle est la cause de ce changement?
Serais-tu sensible à la perte de mon œil? Un méchant,
nommé Personne, me l'a crevé, avec le secours de ses
détestables compagnons. Le perfide avait pris, avant, la
précaution de m'enivrer. Ah ! qu'ils en seraient tous
bientôt punis, si tu pouvais parler et me dire où ils se
cachent pour se dérober à ma fureur ! Je les écraserais
contre ces rochers. Ah ! quel soulagement pour moi, si

leur sang était répandu, si leur cervelle était dispersée dans mon antre, si je pouvais me venger des maux que m'a faits ce scélérat de Personne ! »

Après ce discours, qui me parut bien long, il laissa passer le bélier. Dès que nous fûmes assez éloignés de la caverne pour ne rien craindre, je me détachai le premier de dessous le bélier ; j'allai délier ensuite mes compagnons, et, sans perdre de temps, nous choisîmes ce qu'il y avait de meilleur dans les troupeaux, que nous conduisîmes avec nous jusqu'à notre vaisseau. Je leur fis signe de s'embarquer, sans délai, avec notre proie et de s'éloigner promptement de ces tristes bords *.

FÉNELON.
(Tiré de l'*Odyssée*.)

ఇ § ఇ

## Le géant.

O guerriers ! je suis né dans le pays des Gaules.
Mes aïeux franchissaient le Rhin comme un ruisseau.
Ma mère me baigna dans la neige des pôles
Tout enfant, et mon père, aux robustes épaules,
De trois grandes peaux d'ours décora mon berceau.

Car mon père était fort ! L'âge à présent l'enchaîne.
De son front tout ridé tombent ses cheveux blancs.
Il est faible ; il est vieux. Sa fin est si prochaine,
Qu'à peine il peut encor déraciner un chêne
      Pour soutenir ses pas tremblants !

C'est moi qui le remplace ! et j'ai sa javeline [1],
Ses bœufs, son arc de fer, ses haches, ses colliers ;
Moi qui peux, succédant au vieillard qui décline,
Les pieds dans le vallon, m'asseoir sur la colline,
Et de mon souffle au loin courber les peupliers !

---

   1. *Javeline :* arme de trait, sorte de javelot au dard long et menu.
   * **Composition française :** *Polyphème invoque Neptune et lui demande vengeance.* Il lance un rocher dans la mer sans atteindre les fugitifs.

A peine adolescent, sur les Alpes sauvages,
De rochers en rochers je m'ouvrais des chemins ;
Ma tête ainsi qu'un mont arrêtait les nuages ;
Et souvent, dans les cieux épiant leurs passages,
      J'ai pris des aigles dans mes mains.

Je combattais l'orage, et ma bruyante haleine
Dans leur vol anguleux éteignait les éclairs ;
Ou, joyeux, devant moi chassant quelque baleine,
L'Océan à mes pas ouvrait sa vaste plaine,
Et mieux que l'ouragan mes jeux troublaient les mers.

J'errais, je poursuivais d'une atteinte trop sûre
Le requin dans les flots, dans les airs l'épervier ;
L'ours, étreint dans mes bras, expirait sans blessure,
Et j'ai souvent, l'hiver, brisé dans leur morsure
      Les dents blanches du loup-cervier [1].

Ces plaisirs enfantins pour moi n'ont plus de charmes.
J'aime aujourd'hui la guerre et son mâle appareil,
Les malédictions des familles en larmes,
Les camps, et le soldat, bondissant dans ses armes,
Qui vient du cri d'alarme égayer mon réveil.

Dans la poudre et le sang, quand l'ardente mêlée
Broie et roule une armée en bruyants tourbillons,
Je me lève, je suis sa course échevelée,
Et, comme un cormoran [2] fond sur l'onde troublée,
      Je plonge dans les bataillons !

Sans assiéger les forts d'échelles inutiles,
Des chaînes de leurs ponts je brise les anneaux.
Mieux qu'un bélier [3] d'airain je bats leurs murs fragiles.
Je lutte corps à corps avec les tours des villes.
Pour combler les fossés, j'arrache les créneaux.

1. Nom vulgaire du lynx, sorte de gros chat sauvage.
2. Oiseau de mer assez semblable aux fous et aux frégates.
3. Machine de guerre dont se servaient les anciens pour battre en
brèche les murs d'une place assiégée.

Oh ! quand mon tour viendra de suivre mes victimes,
Guerriers ! ne laissez pas ma dépouille au corbeau ;
Ensevelissez-moi parmi des monts sublimes *,
Afin que l'étranger cherche en voyant leurs cimes
    Quelle montagne est mon tombeau !

Victor Hugo.

(*Odes et Ballades.*)

∽◊∾

## Les fées.

Il était une fois une veuve qui avait deux filles : l'aînée
lui ressemblait si fort d'humeur et de visage que, qui la
voyait, voyait la mère. Elles étaient toutes deux si désa-
gréables et si orgueilleuses qu'on ne pouvait vivre avec
elles. La cadette, qui était le vrai portrait de son père
pour la douceur et l'honnêteté, était avec cela une des
plus belles filles qu'on eût su voir.

Comme on aime naturellement son semblable, cette
mère était folle de sa fille aînée et, en même temps, avait
une aversion effroyable pour la cadette. Elle la faisait
manger à la cuisine et travailler sans cesse. Il fallait,
entre autres choses, que cette pauvre enfant allât, deux
fois le jour, puiser de l'eau à une grande demi-lieue du
logis, et qu'elle en rapportât plein une grande cruche.

Un jour qu'elle était à cette fontaine, il vint à elle une
pauvre femme qui la pria de lui donner à boire. « Oui
dà, ma bonne mère », dit cette belle fille. Et, rinçant
aussitôt sa cruche, elle puisa de l'eau au plus bel endroit
de la fontaine et la lui présenta, soutenant toujours la
cruche, afin qu'elle bût plus aisément.

La bonne femme, ayant bu, lui dit : « Vous êtes si belle,
si bonne et si honnête, que je ne puis m'empêcher de
vous faire un don, — car c'était une fée qui avait pris la
forme d'une pauvre femme de village, pour voir jusqu'où

---

* **Composition française :** *Composer une épitaphe pour le tombeau
du géant.*

irait l'honnêteté de cette jeune fille. — Je vous donne
pour don, poursuivit la fée, qu'à chaque parole que
vous direz, il vous sortira de la bouche ou une fleur, ou
une pierre précieuse. »

Lorsque cette belle fille arriva au logis, sa mère la
gronda de revenir si tard de la fontaine. « Je vous
demande pardon, ma mère, dit cette pauvre fille, d'avoir
tardé si longtemps. » Et, en disant ces mots, il lui sortit
de la bouche deux roses, deux perles et deux gros diamants. « Que vois-je là? dit sa mère tout étonnée ; je
crois qu'il lui sort de la bouche des perles et des diamants.
D'où vient cela, ma fille? » (Ce fut là la première fois
qu'elle l'appela sa fille.)

La pauvre enfant lui raconta naïvement tout ce qui lui
était arrivé, non sans jeter une infinité de diamants.
« Vraiment, dit la mère, il faut que j'y envoie ma fille.
Tenez, Fanchon, voyez ce qui sort de la bouche de votre
sœur, quand elle parle ; ne seriez-vous pas bien aise d'avoir
le même don? Vous n'avez qu'à aller puiser de l'eau à la
fontaine, et, quand une pauvre femme vous demandera
à boire, lui en donner bien honnêtement. — Il me ferait
beau voir, répondit la brutale, aller à la fontaine ! — Je
veux que vous y alliez, reprit la mère, et tout à l'heure. »

Elle y alla, mais toujours en grondant. Elle prit le
plus beau flacon d'argent qui fût dans le logis.

Elle ne fut pas plus tôt arrivée à la fontaine qu'elle vit
sortir du bois une dame magnifiquement vêtue, qui vint
lui demander à boire. C'était la même fée qui avait apparu
à sa sœur, mais qui avait pris l'air et les habits d'une princesse, pour voir jusqu'où irait la malhonnêteté de cette
fille. « Est-ce que je suis ici venue, lui dit cette brutale
orgueilleuse, pour vous donner à boire? Justement j'ai
apporté un flacon d'argent tout exprès pour donner à
boire à Madame? J'en suis d'avis : buvez à même [1] si vous
voulez. — Vous n'êtes guère honnête, reprit la fée, sans
se mettre en colère. Eh bien, puisque vous êtes si peu

---

1. Buvez à même la fontaine.

obligeante, je vous donne pour don qu'à chaque parole que vous direz il vous sortira de la bouche ou un serpent, ou un crapaud. »

D'abord que sa mère l'aperçut, elle lui cria : « Eh bien, ma fille ! — Eh bien, ma mère ! » lui répondit la brutale, en jetant deux vipères et deux crapauds. « O ciel, s'écria la mère, que vois-je là ? C'est sa sœur qui en est la cause, elle me le payera. » Et aussitôt elle courut pour la battre.

La pauvre enfant s'enfuit et alla se sauver dans la forêt prochaine. Le fils du roi, qui revenait de la chasse, la rencontra, et, la voyant si belle, lui demanda ce qu'elle faisait là toute seule et ce qu'elle avait à pleurer. « Hélas ! Monsieur, c'est ma mère qui m'a chassée du logis. »

Le fils du roi, qui vit sortir de sa bouche cinq ou six perles et autant de diamants, la pria de lui dire d'où cela lui venait. Elle lui conta son aventure. Le fils du roi en devint amoureux ; et, considérant qu'un tel don valait mieux que tout ce qu'on pouvait donner en mariage à une autre, l'emmena au palais du roi son père, où il l'épousa.

Pour sa sœur, elle se fit tant haïr que sa propre mère la chassa de chez elle ; et la malheureuse, après avoir bien couru sans trouver personne qui voulût la recevoir, alla mourir au coin d'un bois *.

### MORALITÉ.

Les diamants et les pistoles [1]
Peuvent beaucoup sur les esprits ;
Cependant, les douces paroles
Ont encor plus de force et sont d'un plus grand prix.

CHARLES PERRAULT.
(*Histoires ou Contes du temps passé.*)

---

1. Ancienne pièce de monnaie valant dix francs.
\* **Composition française :** *Racontez — en supprimant l'intervention de la fée — l'histoire de « Deux sœurs » de caractères très différents.*

∽§∽

## Comme quoi la fée des pleurs fut changée en blanche sourette.

Un jour, jour de printemps et de nouvelle lune, il se fit un grand mouvement dans le royaume des fées. Les sylphides [1] s'éveillaient avant l'aurore pour se parfumer avec la poussière des lis ; les ondines [2] cherchaient, pour se mirer, l'endroit le plus clair de leur fontaine ; les dames des bois [3] oubliaient d'agacer et d'égarer les voyageurs, pour se couronner de violettes et d'ané-mones ; car toutes étaient conviées à une grande fête que donnait, le soir même, la reine des fées à son peuple.

A l'heure convenue, comme vous le pensez bien, ces dames arrivèrent en foule, exactes et empressées, cha-cune voyageant à sa manière, l'une dans une conque de saphir [4] attelée de papillons, l'autre dans une feuille de rose emportée par le vent ; d'autres enfin, et ce fut le plus grand nombre, chevauchant en croupe, tout bonne-ment, comme de simples reines, avec un chevalier de la Table-Ronde [5].

Une seule manquait au rendez-vous. Dès le matin, l'une des suivantes de la reine, Angélina, surnommée *la Fée des Pleurs* à cause de sa pitié vigilante pour toutes les infortunes, était sortie furtivement du palais. L'organe de l'ouïe, chez elle plus délicat encore que chez ce fameux géant *Fine-Oreille, qui entendait lever le blé* dit l'his-toire, lui faisait distinguer de loin les plus timides palpi-tations des cœurs souffrants, et jamais un appel de cette nature ne l'avait jusqu'alors trouvée sourde ou négligente.

Or, des cris plaintifs, des cris d'enfant l'avaient éveillée

1. Esprits de l'air qu'on représentait avec des ailes transparentes.
2. Fées des eaux, gardiennes des fontaines, des lacs et des fleuves.
3. Fées des bois ou dames blanches qui ne sortaient que la nuit.
4. Coquillage en saphir, pierre précieuse d'une belle couleur bleue.
5. Les chevaliers de la Table-Ronde formaient un ordre, célèbre dans les romans de chevalerie. Selon les légendes de la Grande-Bre-tagne, il fut institué, à la fin du Ve siècle, par le roi Arthur, d'après le conseil de l'enchanteur Merlin. Les plus célèbres de ces chevaliers sont : Amadis de Gaule, Tristan et Lancelot du Lac.

en sursaut, et soudain elle s'était dirigée vers l'endroit
d'où venait le bruit : les cheveux au vent, vêtue d'une
robe flottante or et azur, tenant à la main la baguette
d'ivoire, marque de sa puissance, et voltigeant plutôt
qu'elle ne marchait sur la pointe des gazons et des fleurs.
Elle avait adopté cette allure, de peur, disait-elle à ceux
qui s'en étonnaient, de mouiller ses brodequins dans la
rosée, mais en effet parce qu'elle craignait d'écraser ou
de blesser, par mégarde, la cigale qui chante dans le sillon
et le lézard qui frétille au soleil ; car elle était si prodigue
de soins et d'amour, la bonne fée ! qu'elle en répandait
sur les plus humbles créatures de Dieu.

Après avoir marché longtemps de la sorte, elle s'arrêta
enfin devant une petite cabane, sur la lisière d'une forêt.
Il serait inutile de vous en faire la description, car je
soupçonne fort que vous avez eu, comme moi, le bonheur
d'y faire plus d'un voyage en compagnie de l'enchanteur
Perrault. Vous croyez la reconnaître, et vous ne vous
trompez pas : cette cabane de bûcheron est bien celle de
Petit Poucet.

Ce grand personnage historique était alors bien jeune,
et ne préludait pas encore au rôle important qu'il joua
depuis dans le monde. C'était lui, c'étaient ses frères
dont les plaintes avaient éveillé Angélina : leurs parents,
occupés au loin dans la forêt, y avaient passé la nuit
pour être prêts au travail dès l'aurore, et, ne les voyant
pas revenir à l'heure accoutumée, la jeune famille avait
eu grand'peur.

La visite de la fée, que ces pauvres enfants connaissaient déjà, ramena pour quelque temps la paix et la
joie dans la cabane. A la chute du jour, Angélina se souvint que la fête allait commencer et voulut partir ; mais
tous, rendus familiers par sa complaisance, la rappelaient
et la retenaient à l'envi, qui par un pan de sa robe, qui
par une tresse de ses cheveux, qui par le bout de sa
baguette magique ; et la bonne fée résistait un peu
d'abord, puis souriait et cédait.

Cependant un grillon, venu on ne sait comment du

palais des fées (lui-même en était une peut-être), se mit à crier dans l'âtre : « A table, Angélina ! le prince Charmant vient d'arriver, on n'attend plus personne et le banquet solennel commence : on verra figurer, au dessert, les nèfles et les noisettes dont le prince Myrtil a fait, l'autre jour, hommage à la reine. A table ! à table ! car, de mémoire de grillon, jamais on ne vit plus beau festin. »

Puis voilà qu'un papillon du soir vint danser autour de la lampe en répétant : « Au bal, Angélina ! la salle est déjà pleine d'harmonie et de lumière ; j'ai failli tout à l'heure m'y brûler les ailes à certaine lampe merveilleuse qu'un beau jeune homme vient d'apporter d'Arabie. Au bal ! au bal ! car, de mémoire de phalène, jamais on ne vit plus brillante soirée. »

Et Angélina voulait partir ; mais les enfants la retenaient avec des cris et des pleurs. « Oh ! ne nous quittez pas encore, disaient-ils ; et que deviendrons-nous, bon Dieu ! seuls, la nuit, quand la lampe s'éteindra, quand le loup montrera ses grands yeux à travers les fentes de la porte, et que nous entendrons dans la clairière siffler les vents et les voleurs ? »

Et la bonne fée souriait et cédait toujours ; mais enfin les esprits de l'air [1], troublés, lui apportèrent à la hâte les sons d'une voix tonnante : « Angélina ! Angélina ! » C'était la reine des fées qui l'appelait, irritée d'une si longue absence. Épouvantée, Angélina se débarrassa des petites mains qui l'enchaînaient et sortit vite. Trop vite, hélas ! car, dans son trouble, elle oublia sa baguette, dont le plus jeune des enfants s'était fait, sans songer à mal, un hochet dans son berceau.

Or, vous saurez qu'une fée qui perd sa baguette est une fée perdue. La pauvre Angélina ne s'aperçut de son malheur qu'à l'explosion de murmures qui salua son retour au palais, car ce fut un grand scandale pour toutes les fées, et une grande joie pour les vieilles, enchantées

1. Êtres imaginaires, comme les lutins, les génies, les sylphes, les gnomes, etc. Dans l'opinion des anciens, ces démons familiers présidaient à la vie des mortels ; il y avait de bons et de mauvais génies.

d'humilier enfin une compagne dont les charmes et la bonté faisaient ressortir leur malice et leur laideur.

Quelques jeunes gens aussi, princes, sorciers et enchanteurs, dont Angélina, toute bonne qu'elle était, n'avait pu s'empêcher de railler quelquefois la suffisance, triomphaient de sa confusion. « Parole d'honneur, — répétait aux jeunes fées le prince Myrtil qui n'était pas sorcier, — avec ses grands airs de vertu, notre Angélina n'est qu'une bégueule [1]. Ah! elle a perdu sa baguette!... Eh bien, figurez-vous, mesdames, qu'un jour je m'avisai de toucher à cette baguette maudite, et que la petite masque [2] m'en donna sur les doigts si fort, si fort, que je fus un mois sans pouvoir me servir d'un casse-noisette. »

Bref, la coupable fut traduite devant un tribunal présidé par la reine, et composé de vieilles fées dont la baguette, devenue béquille, faisait peur aux enfants, qui n'avaient garde d'y toucher. La bonne Urgèle essaya vainement quelques observations en faveur de sa jeune amie : le délit était flagrant [3] et la loi précise ; or, cette loi portait contre la condamnée une peine singulière : elle devait courir le monde, un siècle durant, sous la forme d'un animal à son choix.

Angélina fut quelque temps indécise : rossignol, elle eût chanté sous la fenêtre de la jeune fille qui veille et qui travaille au chevet de sa mère malade ; rouge-gorge, elle eût donné la sépulture sous des feuilles aux enfants égarés et morts dans les bois [4] ; chien d'aveugle, elle eût présenté l'aumônière avec une grâce capable de toucher le cœur le plus dur et d'ouvrir la main la plus avare ; mais le privilège exclusif de pénétrer dans les greniers et les prisons la tentait surtout et la décida.

Et voilà comme quoi *la Fée des Pleurs fut changée en blanche sourette*, et c'est ainsi qu'elle se promenait, du

---

1. *Bégueule* : femme prude, qui se choque pour un rien.
2. Injure par laquelle on reproche à une femme sa malice, sa laideur.
3. La faute était manifeste, impossible à nier.
4. Allusion à une ancienne légende, d'après laquelle les rouges-gorges ensevelissent, sous des feuilles, les enfants morts dans les bois.

palais à la prison et de douleur en douleur, rongeant
sans pitié tous les mauvais livres, et grignotant parfois
des arrêts de mort jusque dans la poche des geôliers *.

HÉGÉSIPPE MOREAU.

(*La Souris blanche.*)

ᘿᔡᘾ

## Histoire d'une vieille reine et d'une jeune paysanne.

Il était une fois une reine si vieille, si vieille, qu'elle
n'avait plus ni dents ni cheveux : sa tête branlait comme
les feuilles que le vent remue ; elle ne voyait goutte,
même avec ses lunettes ; le bout de son nez et celui de
son menton se touchaient ; elle était rapetissée de la
moitié, et toute en un peloton, avec le dos si courbé
qu'on aurait cru qu'elle avait toujours été contrefaite.

Une fée, qui avait assisté à sa naissance, l'aborda et
lui dit : « Voulez-vous rajeunir ? — Volontiers, répondit
la reine ; je donnerais tous mes joyaux pour n'avoir que
vingt ans. — Il faut donc, continua la fée, donner votre
vieillesse à quelque autre, dont vous prendrez la jeunesse
et la santé. A qui donnerons-nous vos cent ans ? »

La reine fit chercher partout quelqu'un qui voulût
être vieux pour la rajeunir. Il vint beaucoup de gueux
qui voulaient vieillir pour être riches ; mais, quand ils
avaient vu la reine tousser, cracher, vivre de bouillie,
être sale, hideuse, souffrante, et radoter un peu, ils ne
voulaient plus se charger de ses années : ils aimaient
mieux mendier et porter des haillons. Il venait aussi
des ambitieux, à qui elle promettait de grands rangs et
de grands honneurs. « Mais que faire de ces rangs ? disaient-ils après l'avoir vue ; nous n'oserions nous montrer étant si dégoûtants et si horribles. »

Mais enfin il se présenta une jeune fille de village,

* **Composition française** : *Au bout de cent ans, la souris blanche*
*redevient fée. Racontez sa métamorphose. A quelles infortunes se consa-*
*crera-t-elle désormais ?*

belle comme le jour, qui demanda la couronne pour prix
de sa jeunesse. Elle se nommait Péronnelle. La reine
s'en fâcha d'abord ; mais que faire? à quoi sert-il de se
fâcher? elle voulait rajeunir. « Partageons, dit-elle à
Péronnelle, mon royaume ; vous en aurez une moitié, et
moi l'autre : c'est bien assez pour vous qui êtes une
petite paysanne. — Non, répondit la fille, ce n'est pas
assez pour moi : je veux tout. Laissez-moi mon bavolet [1],
avec mon teint fleuri ; je vous laisserai vos cent ans,
avec vos rides, et la mort qui vous talonne [2]. — Mais aussi,
répondit la reine, que ferais-je, si je n'avais plus de
royaume? — Vous ririez, vous danseriez, vous chanteriez
comme moi», dit cette fille. En parlant ainsi, elle se mit
à rire, à danser et à chanter.

La reine, qui était bien loin d'en faire autant, lui dit :
« Que feriez-vous en ma place? Vous n'êtes point accoutumée à la vieillesse. — Je ne sais pas, dit la paysanne,
ce que je ferais ; mais je voudrais bien l'essayer, car j'ai
toujours ouï dire qu'il est beau d'être reine. »

Pendant qu'elles étaient en marché, la fée survint, qui
dit à la paysanne : « Voulez-vous faire votre apprentis-
sage de vieille reine, pour savoir si ce métier vous
accommodera? — Pourquoi non? » dit la fille. A l'instant les rides couvrent son front ; ses cheveux blanchissent ; elle devient grondeuse et rechignée ; sa tête branle
et toutes ses dents aussi ; elle a déjà cent ans. La fée
ouvre une petite boîte, et en tire une foule d'officiers
et de courtisans richement vêtus, qui croissent à mesure
qu'ils en sortent, et qui rendent mille respects à la nouvelle reine. On lui sert un grand festin ; mais elle est
dégoûtée et ne saurait mâcher ; elle est honteuse et
étonnée ; elle ne sait ni que dire ni que faire ; elle tousse,
elle crache ; elle se regarde au miroir et se trouve plus
laide qu'une guenuche [3].

Cependant la véritable reine était dans un coin, qui

---

1. Sorte de bonnet villageois orné de rubans.
2. *Talonner :* suivre de près, marcher sur les talons.
3. *Guenuche :* petite guenon.

riait, et qui commençait à devenir jolie : ses cheveux revenaient et ses dents aussi ; elle reprenait un bon teint
frais et vermeil ; elle se redressait avec mille petites
façons ; mais elle était crasseuse, court-vêtue, et faite
comme un petit torchon qui a traîné dans les cendres.
Elle n'était pas accoutumée à cet équipage ; et les gardes,
la prenant pour quelque servante de cuisine, voulaient la
chasser du palais.

Alors Péronnelle lui dit : « Vous voilà bien embar-
rassée de n'être plus reine, et moi encore davantage
de l'être ; tenez, voilà votre couronne ; rendez-moi ma
cotte grise. » L'échange fut aussitôt fait ; et la reine de
revieillir, et la paysanne de rajeunir.

A peine le changement fut fait, que toutes deux s'en
repentirent ; mais il n'était plus temps. La fée les con-
damna à demeurer chacune dans sa condition. La reine
pleurait tous les jours. Dès qu'elle avait mal au bout du
doigt, elle disait : « Hélas ! si j'étais Péronnelle, à l'heure
que je parle, je serais logée dans une chaumière, et je
vivrais de châtaignes ; mais je danserais sous l'orme, avec
les bergers, au son de la flûte. Que me sert d'avoir un
beau lit, où je ne fais que souffrir, et tant de gens qui ne
peuvent me soulager ? »

Ce chagrin augmenta ses maux ; les médecins, qui
étaient sans cesse douze autour d'elle, les augmentèrent
aussi. Enfin elle mourut au bout de deux mois.

Péronnelle faisait une danse ronde, le long d'un clair
ruisseau, avec ses compagnes, quand elle apprit la mort
de la reine : alors, elle reconnut qu'elle avait été plus
heureuse que sage d'avoir perdu la royauté *.

FÉNELON.

*(Fables et contes.)*

---

* **Composition française :** (Sujet à développer) *Un roi de Perse se
mourait de langueur. Toutes les médications avaient échoué. Un saint
derviche lui ordonne de revêtir la chemise d'un homme heureux. Des
émissaires parcourent l'empire, à la recherche de ce talisman d'un nouveau genre. Leurs démarches restent longtemps infructueuses. A la fin ils
trouvent un berger qui se dit content de son sort. On se jette sur lui; on
le dépouille... cet homme heureux n'avait pas de chemise!*

## Là dernière des fées.

Je rencontrai, l'autre jour, une bonne fée qui courait comme une folle, malgré son grand âge.

« Êtes-vous si pressée de nous quitter, madame la fée?

— Ah! ne m'en parlez pas, répondit-elle. Il y a quelques centaines d'années que je n'avais vu votre petit monde, et je n'y comprends plus rien. J'offre la beauté aux filles, le courage aux garçons, la sagesse aux vieux, la santé aux malades, enfin tout ce qu'une honnête fée peut offrir de bon aux humains, et tous me refusent. Avez-vous de l'or et de l'argent? disent-ils, nous ne souhaitons pas autre chose ; or, je me sauve, car j'ai peur que les roses des buissons ne me demandent des parures de diamants, et que les papillons n'aient la prétention de rouler carrosse dans la prairie.

— Non, non, ma bonne dame, s'écrient en riant les petites roses qui avaient entendu grogner la fée ; nous avons des gouttes de rosée sur nos feuilles.

— Et nous, disent en folâtrant les papillons, nous avons de l'or et de l'argent sur nos ailes.

— Voilà, dit la fée en s'en allant, les seules gens raisonnables que je laisse sur la terre. »

GEORGE SAND.
(*Légendes rustiques*. — Calmann-Lévy, édit.)

৹৻৹

## Les contes de grand'mère.

« Il était une fois... » On jouait ; on s'arrête ;
Tous les joujoux lâchés quittent la main distraite ;
On s'assoit, bouche bée, en faisant des yeux ronds.
Grand'mère, qui tricote à petits gestes prompts,
D'une petite voix commence son ramage,
Et l'on reste, à l'ouïr, sage comme une image.

Le conte qu'elle dit, certe, on le connaissait.
C'est le Chaperon Rouge, ou le Petit Poucet,
La Belle au bois dormant, le Chat botté, Peau d'âne,
Cendrillon, les Souhaits, Barbe-bleue et sœur Anne,
Et Riquet à la houppe, et bien d'autres encor.
Certe, on en sait par cœur l'histoire, le décor,
Les répliques ; mais comme on aime à les entendre
Au chevrotement doux, monotonement tendre,
De grand'mère qui conte en tricotant son bas
Et semble quelque fée, elle aussi, de là-bas !

Soi-même, à ce là-bas, comme on y va, sincère !
Quand c'est le loup qui parle, ou bien l'ogre, on se serre
L'un contre l'autre ; on voit leurs yeux rouges ardents,
Le trou blanc qu'ouvrent dans la nuit leurs grandes dents.
Pauvre Chaperon Rouge, avec son pot de beurre !
Heureux Petit Poucet, lui ! Sa chance est meilleure ;
Mais il l'a joliment méritée, en effet,
Et s'il coupe le cou de l'ogre, c'est bien fait.

Ce Riquet à la houppe, en dit-il des folies !
Et les princesses donc, ce qu'elles sont jolies !
Qu'on les veuille épouser toutes, ça se conçoit ;
Car chacune est toujours *la plus belle qui soit,*
Et sa robe est couleur du temps, et tout prospère
Au royaume enchanté que gouverne son père.
On y vit dans ce bon royaume ; on le parcourt
En long, en large ; et tout voyage y semble court,
Quelque vastes que soient la ville et ses banlieues,
Puisque l'on a chaussé les bottes de sept lieues.

Car on est le Petit Poucet soi-même, sûr,
Et le Prince Charmant, aussi le Prince Azur,
Ton aimé, Belle au bois dormant, le tien, Peau d'âne,
Et l'un des cavaliers qu'annonce enfin sœur Anne
Quand Barbe-bleue aiguise en bas son coutelas.

« Allons, mes chérubins, vous devez être las »,
Dit grand'mère, « voilà si longtemps que je conte !

« C'est assez pour ce soir. Vous avez votre compte.
« L'homme au sable a passé sur vos yeux. Vite au lit ! »
Et l'on frotte ses yeux qu'en effet il remplit
De sable. Un sable d'or ! Mais quand même, il picote,
On se couche. Grand'mère, elle, toujours tricote,
Toujours, et l'on s'endort en rêvant de là-bas,
Cependant que les cinq aiguilles dans le bas
Font comme un cliquetis de petites épées,
Par lesquelles seront tout à l'heure coupées
Les têtes des géants, des ogres et des loups,
Afin que l'on épouse, en dépit des jaloux,
La princesse, de fleurs et d'étoiles coiffée,
Dont la robe est couleur du temps, dont une fée
Fut la marraine, et dont le père vous reçoit
En vous disant qu'elle est *la plus belle qui soit* *.

JEAN RICHEPIN.
(*Mes Paradis.* — Charpentier, édit.)

ⲟⲟⲟ

## L'anneau de Gygès.

Pendant le règne du fameux Crésus, il y avait en Lydie
un jeune homme bien fait, plein d'esprit, très vertueux,
nommé Callimaque, de la race des anciens rois, et devenu
si pauvre qu'il fut réduit à se faire berger.

Se promenant un jour sur des montagnes écartées,
où il rêvait sur ses malheurs en menant son troupeau, il
s'assit au pied d'un arbre pour se délasser. Il aperçut auprès de lui une ouverture étroite dans un rocher. La
curiosité l'engage à y entrer. Il trouve une caverne large
et profonde. D'abord il ne voit goutte ; enfin ses yeux
s'accoutument à l'obscurité. Il entrevoit dans une lueur
sombre une urne d'or, sur laquelle ces mots étaient
gravés :

---

* **Composition française :** *Vous êtes un des enfants qui ont écouté
les belles histoires de grand'mère. Dire à quoi vous avez rêvé.*

*Ici tu trouveras l'anneau de Gygès* [1]. *O mortel, qui que tu sois, à qui les dieux destinent un si grand bien, montre-leur que tu n'es pas ingrat, et garde-toi d'envier le bonheur d'aucun autre homme.*

Callimaque ouvre l'urne, trouve l'anneau, le prend, et, dans le transport de sa joie, il laissa l'urne, quoiqu'il fût très pauvre et qu'elle fût d'un grand prix. Il sort de la caverne, et se hâte d'éprouver l'anneau enchanté dont il avait si souvent entendu parler depuis son enfance.

Il voit de loin le roi Crésus, qui passait pour aller de Sardes dans une maison délicieuse, sur les bords du Pactole [2]. D'abord il s'approche de quelques esclaves qui marchaient devant, et qui portaient des parfums pour les répandre sur les chemins où le roi devait passer. Il se mêle parmi eux, après avoir tourné son anneau en dedans, et personne ne l'aperçoit. Il fait du bruit tout exprès en marchant ; il prononce même quelques paroles. Tous prêtèrent l'oreille ; tous furent étonnés d'entendre une voix et de ne voir personne. Ils se disaient les uns aux autres : « Est-ce un songe ou une vérité ? N'avez-vous pas cru entendre parler quelqu'un ? »

Callimaque, ravi d'avoir fait cette expérience, quitte ces esclaves et s'approche du roi. Il est déjà tout auprès de lui sans être découvert ; il monte avec lui sur son char, qui était tout d'argent, orné d'une merveilleuse sculpture. La reine était auprès de lui, et ils parlaient ensemble des plus grands secrets de l'État que Crésus ne confiait qu'à la reine seule. Callimaque les entendit pendant tout le chemin.

On arrive dans cette maison dont tous les murs étaient de jaspe ; le toit était de cuivre fin et brillant comme l'or ; les lits étaient d'argent, et tout le reste des meubles de même ; tout était orné de diamants et de pierres précieuses.

Tout le palais était sans cesse rempli des plus doux

---

1. Gygès, esclave et berger, trouva, dans les flancs d'un cheval de bronze, un anneau merveilleux qui avait la vertu de rendre invisible celui qui le portait.
2. Rivière de la Lydie (Asie Mineure), qui charriait des paillettes d'or.

parfums, et, pour les rendre plus agréables, on en répandait de nouveaux à chaque heure du jour.

Tout ce qui servait à la personne du roi était d'or. Quand il se promenait dans ses jardins, les jardiniers avaient l'art de faire naître les plus belles fleurs sous ses pas. Souvent on changeait, pour lui donner une agréable surprise, la décoration des jardins, comme on change une décoration de scène [1].

On transportait promptement, par de grandes machines, les arbres avec leurs racines, et on en apportait d'autres tout entiers : en sorte que, chaque matin, le roi, en se levant, apercevait ses jardins entièrement renouvelés.

Un jour c'étaient des grenadiers, des oliviers, des myrtes, des orangers et une forêt de citronniers. Un autre jour paraissait tout à coup un désert sablonneux, avec des pins sauvages, de grands chênes, de vieux sapins qui paraissaient aussi vieux que la terre.

Un autre jour, on voyait des gazons fleuris, des prés d'une herbe fine et naissante, tout émaillés de violettes, au travers desquels coulaient impétueusement de petits ruisseaux. Sur leurs rives étaient plantés de jeunes saules d'une tendre verdure, de hauts peupliers qui montaient jusqu'aux nues ; des ormes touffus et des tilleuls odoriférants, plantés sans ordre, faisaient une agréable irrégularité. Puis, tout à coup, le lendemain, tous ces petits canaux disparaissaient ; on ne voyait plus qu'un canal de rivière, d'une eau pure et transparente.

Ce fleuve était le Pactole, dont les eaux coulaient sur un sable doré. On voyait, sur ce fleuve, des vaisseaux, avec des rameurs vêtus des plus riches étoffes couvertes d'une broderie d'or. Les bancs des rameurs étaient d'ivoire ; les rames, d'ébène ; le bec des proues, d'argent ; tous les cordages, de soie ; les voiles, de pourpre ; et le corps des vaisseaux, de bois odoriférants comme le cèdre. Tous les cordages étaient ornés de festons ; tous les matelots étaient couronnés de fleurs.

---

1. Allusion aux jardins de Marly où d'ingénieux courtisans exécutaient des changements à vue pour complaire au roi Louis XIV.

Il coulait quelquefois, dans l'endroit des jardins qui étaient sous les fenêtres de Crésus, un ruisseau d'essence dont l'odeur exquise s'exhalait dans tout le palais.

Crésus avait des lions, des tigres et des léopards, auxquels on avait limé les dents et les griffes, qui étaient attelés à de petits chars d'écaille de tortue garnis d'argent. Ces animaux féroces étaient conduits par un frein d'or et par des rênes de soie. Ils servaient au roi et à toute la cour, pour se promener dans les vastes routes d'une forêt qui conservait, sous ses rameaux impénétrables, une éternelle nuit.

Souvent on faisait aussi des courses, avec ces chars, le long du fleuve, dans une prairie unie comme un tapis vert. Ces fiers animaux couraient si légèrement, et avec tant de rapidité, qu'ils ne laissaient pas même sur l'herbe tendre la moindre trace de leurs pas, ni des roues qu'ils traînaient après eux. Chaque jour on inventait de nouvelles espèces de courses pour exercer la vigueur et l'adresse des jeunes gens.

Crésus, à chaque nouveau jeu, attachait quelque grand prix pour le vainqueur. Aussi les jours coulaient dans les délices et parmi les plus agréables spectacles.

Callimaque résolut de surprendre tous les Lydiens par le moyen de son anneau. Plusieurs jeunes hommes de la plus haute naissance avaient couru devant le roi, qui était descendu de son char dans la prairie pour les voir courir. Dans le moment où tous les prétendants eurent achevé leur course, et que Crésus examinait à qui le prix devait appartenir, Callimaque se met dans le char du roi. Il demeure invisible : il pousse les lions, le char vole.

On eût cru que c'était celui d'Achille [1], traîné par des coursiers immortels ; ou celui de Phébus [2] même, lorsque,

---

1. Héros grec de la guerre de Troie : *tendon d'Achille.*
2. Phébus Apollon, dieu de la poésie et des arts, du jour et de la lumière, conduisait le char du soleil attelé de quatre chevaux blancs :

> Le Dieu soumet au joug quatre étalons de neige
> Qui, rebelles au frein, mais au timon liés,
> Hérissés, écumants, sur leurs jarrets ployés,
> Hennissent vers les cieux de leurs naseaux splendides.
>
> Leconte de Lisle.

après avoir parcouru la voûte immense des cieux, il précipite ses chevaux enflammés dans le sein des ondes.

D'abord on crut que les lions, s'étant échappés, s'enfuyaient au hasard ; mais bientôt on reconnut qu'ils
étaient guidés avec beaucoup d'art, et que cette course
surpassait toutes les autres. Cependant le char paraissait
vide, et tout le monde demeurait immobile d'étonnement.

Enfin la course est achevée, et le prix remporté sans
qu'on puisse comprendre par qui. Les uns croient que
c'est une divinité qui se joue des hommes ; les autres
assurent que c'est un homme nommé Orodes, venu de
Perse, qui avait l'art des enchantements et qui évoquait
les ombres des enfers.

Crésus crut que c'était Orodes qui avait mené le char ;
il le fit appeler. On le trouva qui tenait dans son sein
des serpents entortillés et qui, prononçant entre ses dents
des paroles inconnues et mystérieuses, conjurait les divinités infernales. Il n'en fallut pas davantage pour persuader qu'il était le vainqueur invisible de cette course. Il
assura que non ; mais le roi ne put le croire.

Callimaque était ennemi d'Orodes, parce que celui-ci
avait prédit à Crésus que ce jeune homme lui causerait,
un jour, de grands embarras, et serait la cause de la ruine
entière de son royaume. Cette prédiction avait obligé
Crésus à tenir Callimaque loin du monde, dans un désert,
et réduit à une grande pauvreté.

Callimaque sentit le plaisir de la vengeance et fut bien
aise de voir l'embarras de son ennemi. Crésus pressa
Orodes, et ne put pas l'obliger à dire qu'il avait couru
pour le prix. Mais, comme le roi le menaça de le punir,
ses amis lui conseillèrent d'avouer la chose et de s'en
faire honneur.

Alors il passa d'une extrémité à l'autre : la vanité
l'aveugla. Il se vanta d'avoir fait ce coup merveilleux
par la vertu de ses enchantements. Mais, dans le moment
où on lui parlait, on fut bien surpris de voir le même
char recommencer la même course. Puis le roi entendit
une voix qui lui disait à l'oreille : « Orodes se moque

de toi ; il se vante de ce qu'il n'a pas fait. » Le roi, irrité
contre Orodes, le fit aussitôt charger de fers et jeter
dans une profonde prison.

Callimaque, ayant senti le plaisir de contenter ses passions par le secours de son anneau, perdit peu à peu les
sentiments de modération et de vertu qu'il avait eus dans
sa solitude et dans ses malheurs. Il fut même tenté d'entrer dans la chambre du roi et de le tuer dans son lit.

Mais on ne passe point tout d'un coup aux plus grands
crimes : il eut horreur d'une action si noire, et ne put
endurcir son cœur pour l'exécuter. Mais il partit pour
s'en aller en Perse trouver Cyrus : il lui dit les secrets
de Crésus qu'il avait entendus, et le dessein des Lydiens
de faire une ligue contre les Perses, avec les colonies
grecques de toute la côte de l'Asie Mineure ; en même
temps, il lui expliqua les préparatifs de Crésus et les
moyens de le prévenir.

Aussitôt Cyrus part de dessus les bords du Tigre, où
il était campé avec une armée innombrable ; il vient
jusqu'au fleuve Halys, où Crésus se présenta à lui avec des
troupes plus magnifiques que courageuses.

Les Lydiens vivaient trop délicieusement pour ne craindre point la mort. Leurs habits étaient brodés d'or, et semblables à ceux des femmes les plus vaines ; leurs armes
étaient toutes dorées ; ils étaient suivis d'un nombre prodigieux de chariots superbes ; l'or, l'argent, les pierres
précieuses éclataient partout dans leurs tentes, dans leurs
vases, dans leurs meubles, et jusque sur leurs esclaves.

Le faste et la mollesse de cette armée ne devaient faire
attendre qu'imprudence et lâcheté, quoique les Lydiens
fussent en beaucoup plus grand nombre que les Perses.

Ceux-ci, au contraire, ne montraient que pauvreté et
courage : ils étaient légèrement vêtus ; ils vivaient de peu,
se nourrissaient de racines et de légumes, ne buvaient
que de l'eau, dormaient sur la terre exposés aux injures
de l'air, exerçaient sans cesse leurs corps pour les endurcir
au travail ; ils n'avaient pour tout ornement que le fer ;
leurs troupes étaient toutes hérissées de piques, de dards

et d'épées : aussi n'avaient-ils que du mépris pour des ennemis noyés dans les délices.

A peine la bataille mérita-t-elle le nom d'un combat. Les Lydiens ne purent soutenir le premier choc : ils se renversent les uns sur les autres ; les Perses ne font que tuer ; ils nagent dans le sang.

Crésus s'enfuit jusqu'à Sardes. Cyrus l'y poursuit sans perdre un moment. Le voilà assiégé dans sa ville capitale. Il succombe après un long siège ; il est pris ; on le mène au supplice. En cette extrémité il prononce le nom de Solon [1]. Cyrus veut savoir ce qu'il dit. Il apprend que Crésus déplore son malheur, de n'avoir pas cru ce Grec qui lui avait donné de si sages conseils. Cyrus, touché de ces paroles, donne la vie à Crésus.

Alors Callimaque commença à se dégoûter de sa fortune. Cyrus l'avait mis au rang de ses satrapes [2], et lui avait donné d'assez grandes richesses. Un autre en eût été content ; mais le Lydien, avec son anneau, se sentait en état de monter plus haut. Il ne pouvait souffrir de se voir borné à une condition où il avait tant d'égaux et un maître. Il ne pouvait se résoudre à tuer Cyrus qui lui avait fait tant de bien. Il avait même quelquefois du regret d'avoir renversé Crésus de son trône. Lorsqu'il l'avait vu conduit au supplice, il avait été saisi de douleur. Il ne pouvait plus demeurer dans un pays où il avait causé tant de maux, et où il ne pouvait rassasier son ambition.

Il part ; il cherche un pays inconnu : il traverse des terres immenses, éprouve partout l'effet magique et merveilleux de son anneau, élève à son gré et renverse les rois et les royaumes, amasse de grandes richesses, parvient au faîte des honneurs, et se trouve cependant toujours dévoré de désirs. Son talisman lui procure tout, excepté la paix et le bonheur.

C'est qu'on ne les trouve que dans soi-même, qu'ils

---

1. Législateur d'Athènes, célèbre par sa sagesse.
2. Gouverneurs de provinces dans l'ancien empire des Perses.

sont indépendants de tous ces avantages extérieurs auxquels nous mettons tant de prix\*.     Fénelon.

                        (*Fables et contes.*)

## Le pont du diable.

La Reuss [1], qui coule dans un lit creusé à soixante pieds
de profondeur, entre des rochers coupés à pic, interceptait
toute communication entre les habitants du val Cornera
et ceux de la vallée de Goschenen, c'est-à-dire entre les
Grisons et les gens d'Uri. Cette solution de continuité causait un tel dommage aux deux cantons limitrophes, qu'ils
rassemblèrent leurs plus habiles architectes, qu'à frais
communs plusieurs ponts furent bâtis d'une rive à l'autre,
mais jamais assez solides pour qu'ils résistassent plus
d'un an à la tempête, à la crue des eaux ou à la chute des
avalanches. Une dernière tentative de ce genre avait
été faite vers la fin du XIVe siècle, et l'hiver, presque fini,
donnait l'espoir que, cette fois, le pont résisterait à toutes
ces attaques, lorsqu'un matin on vint dire au bailli [2] de
Goschenen que le passage était de nouveau intercepté.

« Il n'y a que le diable, s'écria le bailli, qui puisse
nous en bâtir un. »

Il n'avait pas achevé ces paroles, qu'un domestique
annonça : « Messire Satan ».

« Faites entrer », dit le bailli.

Le domestique se retira et fit place à un homme de
trente-cinq à trente-six ans, vêtu à la manière allemande,
portant un pantalon collant de couleur rouge, un jus-
taucorps noir, fendu aux articulations des bras, dont les
crevés laissaient voir une doublure couleur de feu [3]. Sa

---

    1. Rivière de la Suisse qui forme le lac des Quatre-Cantons.
    2. Magistrat chargé de l'exécution des lois dans certains districts de
la Suisse et autrefois en France.
    3. C'est le costume de Méphistophélès au théâtre.
    \* **Composition française :** *Que feriez-vous s'il vous arrivait aussi de
trouver l'anneau de Gygès ?*

tête était couverte d'une toque noire, coiffure à laquelle
une grande plume rouge donnait, par ses ondulations,
une grâce toute particulière. Quant à ses souliers, anti-
cipant sur la mode, ils étaient arrondis au bout, comme
ils le furent cent ans plus tard, vers le milieu du règne
de Louis XII, et un grand ergot, pareil à celui d'un coq,
et qui adhérait visiblement à sa jambe, paraissait destiné à
lui servir d'éperon lorsque son bon plaisir était de voyager à cheval.

Après les compliments d'usage, le bailli s'assit dans un
fauteuil, et le diable dans un autre ; le bailli mit ses pieds
sur les chenets, le diable posa tout doucement les siens
sur la braise.

« Eh bien, mon brave ami, dit Satan, vous avez donc
besoin de moi?

— J'avoue, monseigneur, répondit le bailli, que votre
aide ne nous serait pas inutile.

— Pour ce maudit pont, n'est-ce pas?

— Eh bien?

— Il vous est donc bien nécessaire?

— Nous ne pouvons nous en passer.

— Ah ! ah ! fit Satan.

— Tenez, soyez bon diable, reprit le bailli après un
moment de silence ; faites-nous-en un.

— Je venais vous le proposer.

— Eh bien, il ne s'agit donc que de s'entendre... sur... »
Le bailli hésita.

« Sur le prix, continua Satan en regardant son inter-
locuteur avec une singulière expression de malice.

— Oui, répondit le bailli, sentant que c'était là que
l'affaire allait s'embrouiller.

— Oh! d'abord, continua Satan, en se balançant sur les
pieds de derrière de sa chaise et en affilant ses griffes avec
le canif du bailli, je serai de bonne composition sur ce point.

— Eh bien, cela me rassure, dit le bailli ; le dernier
nous a coûté soixante marcs d'or ; nous doublerons cette
somme pour le nouveau, mais c'est tout ce que nous
pouvons faire.

— Eh ! quel besoin ai-je de votre or ? reprit Satan ; j'en fais tant que je veux. Tenez. »

Il prit un charbon tout rouge, au milieu du feu, comme il eût pris une praline dans une bonbonnière.

« Tendez la main », dit-il au bailli.

Le bailli hésitait.

« N'ayez pas peur », continua Satan.

Et il lui mit entre les doigts un lingot d'or le plus pur, et aussi froid que s'il fût sorti de la mine.

Le bailli le tourna et le retourna en tous sens ; puis il voulut le lui rendre.

« Non, non, gardez, reprit Satan, en passant d'un air suffisant une de ses jambes sur l'autre ; c'est un cadeau que je vous fais.

— Je comprends, dit le bailli en mettant le lingot dans son escarcelle, que, si l'or ne vous coûte pas plus de peine à faire, vous aimiez autant qu'on vous paye avec une autre monnaie ; mais, comme je ne sais pas celle qui peut vous être agréable, je vous prierai de faire vos conditions vous-même. »

Satan réfléchit un instant.

« Je désire que l'âme du premier individu qui passera sur ce pont m'appartienne, répondit-il.

— Soit, dit le bailli.

— Rédigeons l'acte, continua Satan.

— Dictez vous-même. »

Le bailli prit une plume, de l'encre et du papier, et se prépara à écrire.

Cinq minutes après, un sous-seing en bonne forme, *fait double et de bonne foi* [1], était signé par Satan en son propre nom, et par le bailli au nom et comme fondé de pouvoirs de ses paroissiens. Le diable s'engageait formellement, par cet acte, à bâtir, dans la nuit, un pont assez solide pour durer *cinq cents ans* ; et le magistrat, de son côté, concédait, en payement de ce pont, l'âme du premier individu que le hasard ou la nécessité for-

---

1. Formule qui accompagne ordinairement la signature d'un contrat,

cerait de traverser la Reuss sur le passage diabolique
que Satan devait improviser.

Le lendemain, au point du jour, le pont était bâti.

Bientôt le bailli parut sur le chemin de Goschenen ; il
venait vérifier si le diable avait accompli sa promesse.
Il vit le pont, qu'il trouva fort convenable, et, à l'extrémité opposée à celle par laquelle il s'avançait, il aperçut
Satan, assis sur une borne et attendant le prix de son
travail nocturne.

« Vous voyez que je suis homme de parole, dit Satan.

— Et moi aussi, répondit le bailli.

— Comment, mon cher Curtius, reprit le diable stupéfait, vous dévoueriez-vous pour le salut de vos admi-
nistrés?

— Pas précisément, continua le bailli en déposant, à
l'entrée du pont, un sac qu'il avait apporté sur son épaule
et dont il se mit incontinent à dénouer les cordons.

— Qu'est-ce? dit Satan, essayant de deviner ce qui
allait se passer.

— Prrrrrrooooou ! » dit le bailli.

Et un chien, traînant une poêle à sa queue, sortit tout
épouvanté du sac, et, traversant le pont, alla passer en
hurlant aux pieds de Satan.

« Eh ! dit le bailli, voilà votre âme qui se sauve ; courez
donc après, monseigneur. »

Satan était furieux ; il avait compté sur l'âme d'un
homme, et il était forcé de se contenter de celle d'un
chien. Il y aurait eu de quoi se damner, si la chose n'eût
pas été faite. Cependant, comme il était de bonne compagnie, il eut l'air de trouver le tour très drôle, et fit
semblant de rire tant que le bailli fut là ; mais, à peine
le magistrat eut-il le dos tourné, que Satan commença à
s'escrimer, des pieds et des mains, pour démolir le pont
qu'il avait bâti ; il avait fait la chose tellement en conscience qu'il se retourna les ongles et se déchaussa les
dents avant d'en avoir pu arracher le plus petit caillou.

« J'étais un bien grand sot », dit Satan.

Puis, cette réflexion faite, il mit ses mains dans ses

poches et descendit les rives de la Reuss, regardant à droite et à gauche, comme aurait pu le faire un amant de la belle nature. Cependant, il n'avait pas renoncé à son projet de vengeance. Ce qu'il cherchait des yeux, c'était un rocher, d'une forme et d'un poids convenables, afin de le transporter sur la montagne qui domine la vallée, et de le laisser tomber, de cinq cents pieds de haut, sur le pont que lui avait escamoté le bailli de Goschenen.

Il n'avait pas fait trois lieues qu'il avait trouvé son affaire.

C'était un joli rocher, gros comme une des tours de Notre-Dame : Satan l'arracha de terre, avec autant de facilité qu'un enfant aurait fait d'une rave, le chargea sur son épaule, et, prenant le sentier qui conduisait au haut de la montagne, il se mit en route, tirant la langue en signe de joie, et jouissant d'avance de la désolation du bailli quand il trouverait, le lendemain, son pont effondré.

Lorsqu'il eut fait une lieue, Satan crut distinguer, sur le pont, un grand concours de populace ; il posa son rocher par terre, grimpa dessus, et, arrivé au sommet, aperçut distinctement le clergé de Goschenen, croix en tête et bannière déployée, qui venait de bénir l'œuvre satanique et de consacrer à Dieu le pont du diable.

Satan vit bien qu'il n'y avait rien de bon à faire pour lui ; il descendit tristement, et, rencontrant une pauvre vache qui n'en pouvait mais[1], il la tira par la queue et la fit tomber dans un précipice.

Quant au bailli de Goschenen, il n'entendit jamais reparler de l'architecte infernal ; seulement, la première fois qu'il fouilla à son escarcelle, il se brûla vigoureusement les doigts : c'était le lingot qui était redevenu charbon.

Le pont subsista cinq cents ans, comme l'avait promis le diable.

ALEXANDRE DUMAS.

(*Impressions de voyage.* — Calmann-Lévy, édit.)

---

1. *Mais,* davantage (du latin *magis*) ; sens ancien de mais.

## Le Drack[1].

Un jeune enfant, à la vesprée[2],
S'en allait jouant dans le val ;
Sur la pelouse diaprée[3],
Un guerrier survint à cheval.

« Où vas-tu, si tard, dans la plaine,
Tout seul ainsi, petit enfant ?
Viens au bois pour reprendre haleine.
— Non ; ma mère me le défend.

— Tu n'en diras rien. — Oh ! ma mère
Sait ce que je fais sans le voir.
— Quel est son métier ? — Lavandière ;
Entendez d'ici son lavoir.

— Mais ne crains-tu pas, mon bel ange,
Le loup qui rôde dans les champs ?
— Beau cavalier, le loup ne mange
Que les petits qui sont méchants.

— Cependant, si tu veux m'en croire,
Il ne faut pas trop s'y fier :
On dit que, quand la nuit est noire...
— Que dit-on, seigneur cavalier ?

— Qu'il est plus sûr d'aller ensemble ;
Avec moi ne crains aucun mal ;
Tu dois être las, il me semble :
Veux-tu monter sur mon cheval ?

— J'en ai peur : il a l'œil si rouge !
Il est noir, noir comme la nuit !

1. Le Drack ou Drapp est un génie moqueur et malfaisant qui joue
un grand rôle dans les légendes du Quercy et du Rouergue.
2. Du latin *vesper*, soir, fin du jour. D'où le mot français *vêpres*
(vespres).
3. De couleurs variées : ici couverte de fleurs.

Et puis, voyez ! toujours il bouge,
Et ses pieds ne font aucun bruit.

— C'est que, sur le sol qu'il effleure,
Il a peine à se contenir :
Il peut aller, en moins d'une heure,
Au bout du monde et revenir.

— Alors, oh ! que de belles choses
On pourrait voir en un moment !
— Plus qu'au printemps il n'est de roses
Et d'étoiles au firmament !

« Ce sont les fleurs les plus étranges
Et des fruits d'un goût sans pareil ;
Des orangers tout pleins d'oranges
Dans des champs tout pleins de soleil.

« Ce sont des rois, ce sont des reines,
Assis au milieu de leur cour ;
Ce sont des villes si sereines
Que dans la nuit il y fait jour.

« On voit tout ce qui peut surprendre :
Des hommes de toutes couleurs ;
Des oiseaux qui se laissent prendre
Avec la main, comme des fleurs.

« Ici, dans des forêts sauvages,
Paissent des troupeaux d'éléphants ;
Là, les perles, sur les rivages,
Servent de jouets aux enfants.

« On voit les monts, on voit les plaines,
Où l'or se trouve par monceaux ;
La mer, où nagent les baleines
Aussi grandes que des vaisseaux !

« Eh bien, ce merveilleux spectacle,
L'univers ! va s'offrir à toi,

En un moment et par miracle,
Si tu veux venir avec moi. »

Et l'enfant, que le charme enivre [1],
Près du cavalier vient s'asseoir ;
« Vous dites, si je veux vous suivre,
Que je peux revenir ce soir ?

— Oui, ce soir même, enfant ; mais songe
Qu'il est déjà tard ; tu m'entends,
Partons : vois l'ombre qui s'allonge !
Bientôt il ne serait plus temps. »

Et son œil, plein d'inquiétude,
Suit du val le sentier battu ;
Rien ne trouble la solitude,
Mais l'écho du lavoir s'est tu !

L'enfant alors : « Pour que je monte,
Approchez-vous de l'escalier
Que cette croix ici surmonte.
La voyez-vous, beau cavalier ? »

Le cheval recule et se cabre.
« Comme il a frémi tout à coup,
Votre cheval ! Tirez le sabre,
Peut-être qu'il a vu le loup !

— Il l'a vu, sans doute ; et je tremble :
Que deviendrais-tu là, tout seul ?
Viens, cher enfant, allons ensemble
Derrière cet épais tilleul. »

Et l'enfant, tendant sa main blanche,
Suit le cheval, cède à l'attrait...
Le cavalier vers lui se penche,
Le jette en croupe et disparaît.

1. Que charment tant d'images séduisantes.

Un long cri traverse la plaine !
La mère accourt ; soins superflus :
Pour l'aller voir à la fontaine,
Son pauvre enfant ne revint plus *.

SIMÉON PÉCONTAL.
(*Ballades et légendes.*)

◦◊◦

## Le preneur de rats.

Il y a bien des années, les gens de Hameln [1] furent tour-
mentés par une multitude innombrable de rats qui venaient du nord, par troupes si épaisses que la terre en
était toute noire, et qu'un charretier n'aurait pas osé
faire traverser à ses chevaux un chemin où ces animaux
défilaient. Tout était dévoré en moins de rien : et, dans
une grange, c'était une moindre affaire pour ces rats de
manger un tonneau de blé que ce n'est pour moi de boire
un verre de ce bon vin.

Souricières, ratières, pièges, poisons étaient inutiles.
On avait fait venir de Bremen un bateau chargé de onze
cents chats ; mais rien n'y faisait. Pour mille qu'on en
tuait, il en revenait dix mille, et plus affamés que les premiers. Bref, s'il n'était venu remède à ce fléau, pas un
grain de blé ne fût resté dans Hameln, et tous les habitants
seraient morts de faim.

Voilà qu'un certain vendredi se présente, devant le
bourgmestre de la ville, un grand homme basané, aux
grands yeux, bouche fendue jusqu'aux oreilles, habillé
d'un pourpoint rouge, avec un chapeau pointu, de grandes
culottes garnies de rubans, des bas gris, et des souliers
avec des rosettes couleur de feu. Il avait un petit sac de
peau au côté. Il me semble que je le vois encore. Il offrit
au bourgmestre, moyennant cent ducats [2], de délivrer la

---

1. Hameln, Bremen (Brême)   villes d'Allemagne, sur le Wéser.
2. Monnaie d'or fin, valant de dix à douze francs selon les pays.
* **Composition française :** (développer cette moralité) : *Un enfant
ne doit jamais suivre un inconnu.*

ville du fléau qui la désolait. Vous pensez bien que le bourgmestre et les bourgeois y topèrent [1] d'abord.

Aussitôt l'étranger tira de son sac une flûte de bronze ; et, s'étant planté sur la place du marché, devant l'église (mais en lui tournant le dos, notez bien), il commença à jouer un air étrange, et tel que jamais flûteur allemand n'en a joué. Voilà qu'en entendant cet air, de tous les greniers, de tous les trous des murs, de dessous les chevrons et les tuiles des toits, rats et souris, par centaines, par milliers, accoururent à lui. L'étranger, toujours flûtant, s'achemine vers le Wéser ; et là, ayant tiré ses chausses, il entra dans l'eau, suivi de tous les rats de Hameln qui furent aussitôt noyés.

Il n'en restait plus qu'un seul dans toute la ville, et vous allez voir pourquoi. Le magicien, car c'en était un, demanda à un traînard qui n'était pas encore entré dans le Wéser, pourquoi Klauss, le rat blanc, n'était pas encore venu. « Seigneur, répondit le rat, il est si vieux qu'il ne peut plus marcher. — Va donc le chercher toi-même », répondit le magicien. Et le rat de rebrousser chemin vers la ville, d'où il ne tarda pas à revenir avec un vieux gros rat blanc, si vieux, si vieux qu'il ne pouvait pas se traîner. Les deux rats, le plus jeune tirant le vieux par la queue, entrèrent tous les deux dans le Wéser, et se noyèrent comme leurs camarades. Ainsi la ville en fut purgée.

Mais quand l'étranger se présenta à l'hôtel de ville, pour toucher la récompense promise, le bourgmestre et les bourgeois, réfléchissant qu'ils n'avaient plus rien à craindre des rats, et s'imaginant qu'ils auraient bon marché d'un homme sans protecteur, n'eurent pas honte de lui offrir dix ducats, au lieu de cent qu'ils avaient promis. L'étranger réclama, on le renvoya bien loin. Il menaça alors de se faire payer plus cher, s'ils ne maintenaient leur marché au pied de la lettre. Les bourgeois firent de grands éclats de rire à cette

---

1. *Toper :* consentir au marché en frappant dans la main.

menace, et le mirent à la porte de l'hôtel de ville,
l'appelant *beau preneur de rats !* injure que répétèrent
les enfants de la ville en le suivant, par les rues, jusqu'à
la Porte-Neuve.

Le vendredi suivant, à l'heure de midi, l'étranger
reparut sur la place du marché, mais, cette fois, avec un
chapeau de couleur pourpre retroussé d'une façon toute
bizarre. Il tira de son sac une flûte bien différente de la
première, et, dès qu'il eut commencé d'en jouer, tous les
garçons de la ville, depuis six jusqu'à quinze ans, le
suivirent et sortirent de la ville avec lui.

Les habitants de Hameln les suivirent jusqu'à la montagne de Koppenberg, auprès d'une caverne qui est maintenant bouchée. Le joueur de flûte entra dans la caverne,
et tous les enfants avec lui. On entendit quelque temps le
son de la flûte ; il diminua peu à peu ; enfin l'on n'entendit plus rien. Les enfants avaient disparu, et, depuis
lors, on n'en eut jamais de nouvelles.

PROSPER MÉRIMÉE.
(*Contes*. — Charpentier, édit.)

ᴑᐧᲘᐧᲿ

## Il était une fois.

Il était une fois, jadis,
Trois petits gueux sans père et mère.
C'est sur l'air du *De profundis* [1]
Qu'on chante leur histoire amère.

Ils avaient soif, ils avaient faim,
Ne buvaient, ne mangeaient qu'en rêve,
Quand ils arrivèrent enfin
À demi morts sur une grève.

---

1. « *De profundis* (sous-entendu *clamavi*) : Des profondeurs de
l'abîme j'ai crié. » Premiers mots d'un des psaumes de la pénitence, le
chant des morts.

L'Océan leur dit : « C'est ici
Que va finir votre fringale.
Mangez ! Buvez ! Chantez aussi !
Soyez gais ! c'est moi qui régale. »

Et les trois pauvres goussepains [1],
Qui n'avaient jamais vu de grève,
Ont contemplé des pains, des pains,
Et de l'eau, plus que dans leur rêve.

Sans chercher, sans se déranger,
Ils avaient la table servie,
De quoi boire et de quoi manger
Tout leur soûl et toute leur vie.

Hélas ! les jolis pains mollets
A la croûte ronde et dorée,
C'était le désert des galets
Jaunis par l'or de la soirée.

L'eau claire et pure, l'eau sans fin,
C'était l'eau de la plaine amère.
Ils sont morts de soif et de faim,
Les trois petits sans père et mère.

Cette histoire est du temps jadis.
Une vague me l'a narrée
Au rythme du *De profundis*
Que leur chante encor la marée *.

JEAN RICHEPIN.
(*La mer.* — Charpentier, édit.)

---

1. *Goussepain:* malheureux qui ne vit que de pain. Parler populaire du XVI<sup>e</sup> siècle.

* **Composition française :** *Raconter la même histoire en prose, en évitant de se servir des mêmes mots ou expressions dont s'est servi le poète.*

∽ ◊ ∾

## La mort de Bégon de Belin.

Un jour, le duc Bégon était dans son château de Belin [1]
avec sa femme, la belle Béatris. Il l'embrassait, et la
dame lui souriait doucement. Devant eux, dans la salle,
jouaient leurs deux fils, âgés de dix et de douze ans ;
six damoiseaux [2] de noble famille couraient, sautaient
et riaient avec eux. Le duc, tout en les regardant, se prit
à soupirer ; la belle Béatris le vit :

« Qui vous donne du souci, dit-elle, sire Bégon ? Vous
êtes, grâce à Dieu, un seigneur puissant et de grande
richesse : vous avez de l'or et de l'argent à volonté, du
vair [3] et du gris dans vos coffres, des faucons sur vos
perches [4], des mules et des mulets, des palefrois [5] et des
destriers. Vous avez mis tous vos ennemis sous vos
pieds ; d'ici à six journées de marche il n'y a pas un
de vos voisins qui ne vienne vous servir si vous le mandez.

— C'est vrai, dame [6], répond le duc ; mais vous vous
trompez en une chose : la richesse n'est pas dans les deniers,
dans le vair et le gris, dans les palefrois et les destriers ;
la richesse est dans les amis et les parents : le cœur
d'un homme vaut tout l'or d'un pays. Le roi Pépin m'a
assigné cette marche [7], où je n'ai ni parent ni ami. Je n'ai
qu'un frère, le Lorrain Garin, et il y a bien sept ans que
je ne l'ai vu ; j'en suis triste et dolent. Eh bien ! je veux

1. Après une guerre longue et terrible entre Fromond, comte de Lens,
et les deux frères Garin : Bégon et le duc de Metz, la paix s'était faite.
Bégon reçut de Pépin le château de Belin, non loin de Bordeaux.

2. *Damoiseaux* : jeunes gens de famille noble.

3. *Vair* et *gris* : ventre et dos du petit-gris, sorte d'écureuil. Fourrure
recherchée par les gens riches.

4. Les oiseaux de proie dressés pour la chasse, faucons, éperviers,
autours, étaient attachés, dans l'intérieur des demeures, sur des perches
horizontales.

5. On distinguait entre le *palefroi*, cheval de promenade ou de voyage,
et le *destrier*, cheval de bataille.

6. Au moyen âge, le mari appelait sa femme *dame* (ou, plus tendrement,
*sœur*) ; la femme appelait son mari *sire*.

7. Province limitrophe d'un pays ennemi, plus tard contrée en général.
De là *marquis* : comte ou gouverneur d'une *marche*.

aller trouver mon frère, et connaître son fils Girbert que
je n'ai encore vu. Puis on m'a raconté que dans la forêt
de Vicoigne, dans les terres de l'abbaye de Saint-Bertin [1],
il y a un sanglier énorme que personne n'ose approcher.
Je le chasserai d'abord, et, s'il plaît à Dieu, je porterai
sa hure au duc Garin, comme une merveille à regarder.

— Sire, s'écrie la dame, que dis-tu là ? Cette contrée est
dans la terre du comte Baudouin de Flandre, que tu as
tué de ta main et qui a laissé un fils ; elle est sur la marche
de Fromond, le puissant comte qui te hait à mort. Tu
lui as tué tant d'amis et de parents, de cousins et de
frères ! Renonce à ce projet : le cœur me dit que si tu y
vas tu ne reviendras pas vivant.

— Il ne faut pas croire, dit le duc, aux pressentiments
ni aux présages. Je ne renoncerais pas à ce projet pour
tout l'or que Dieu fit, car il est bien arrêté dans mon
cœur.

— Alors, que Dieu te protège et te défende de tout
mal ! »

Le lendemain, le duc se lève dès que le jour paraît.
Son chambellan [2] vient l'aider : il revêt un pelisson [3]
d'hermine, un bliaut [4] de soie, il couvre ses jambes de
chausses [5] bien tirées, il arme ses pieds d'éperons d'or.
Il fait charger dix sommiers [6] d'or et d'argent, pour être
bien servi partout où il s'arrêtera ; il emmène trente
chevaliers, des maîtres veneurs, bons connaisseurs de
chiens, et bien dix meutes avec quinze valets pour les
diriger et les tenir en relais [7]. Il sort de Belin de bon

---

1. Le bois de Vicoigne était situé près du village qui porte encore
ce nom, dans les environs de Valenciennes ; tout le pays dépendait de
la riche abbaye de Saint-Bertin.

2. *Chambellan :* proprement, valet de chambre.

3. *Pelisson :* fourrure qui se portait sous les vêtements et s'appliquait
sur la peau.

4. *Bliaut :* tunique ajustée en drap ou en soie.

5. *Chausses :* vêtement qui couvrait les cuisses et les jambes ; on distinguait le haut-de-chausses et le bas-de-chausses.

6. *Sommier :* bête de somme ; cheval, âne ou mulet.

7. *Relais :* terme de vénerie. Troupe de chiens dirigés par les maîtres
veneurs et placés en différents endroits pour être découplés pendant la
chasse.

matin et recommande à Dieu la belle Béatris et ses deux enfants. Dieu ! quelle douleur ! il ne les revit plus.

Il traversa sans encombre toute la France et se logea à Valenciennes, une bonne ville sur l'Escaut, chez Bérenger, le plus riche bourgeois du pays. Le duc demande un bon repas, et Bérenger fait acheter des poulets, des malards [1], des perdrix, des grues et des oies sauvages.

Après manger, l'hôte regarde le duc : « Sire, lui dit-il, de visage et de personne vous me rappelez le Lorrain Garin, qui vient parfois dans cette ville et veut bien loger chez moi. Que Dieu lui rende tout le bien qu'il m'a fait !

— Ami, dit Bégon, c'est mon frère ; nous avons eu le même père et la même mère. Je vis maintenant loin d'ici, près de la Gironde, dans un fief que m'a donné le roi Pépin. Il y a plus de sept ans que je n'ai vu mon frère ; je vais le voir.

— Ah ! dit Bérenger, vous avez bien des ennemis dans ce pays ; c'est vous qui avez tué le comte Baudouin ?

— J'ai entendu dire, reprend le duc, qu'un sanglier comme on n'en a jamais vu est dans le bois de Vicoigne ; je veux le chasser et porter sa tête au duc Garin.

— C'est vrai, dit Bérenger, et je connais le couvert où il se tient ; je vous y mènerai demain. »

Bégon en ressent une grande joie ; il dégrafe son manteau de sables [2] et le donne à son hôte : « Bel hôte, lui dit-il, vous viendrez avec moi. »

Bérenger reçoit le riche manteau et s'incline profondément : « Voilà un généreux baron, dit-il à sa femme ; on gagne toujours à servir un prud'homme [3]. »

Dès le matin, le duc Bégon se lève ; son chambellan vient l'aider : il revêt sa cotte [4] de chasse, chausse ses heuses [5] et arme ses pieds d'éperons d'or ; il monte sur

1. *Malard :* canard sauvage.
2. *De sable :* en fourrure de zibeline.
3. Au moyen âge, ce mot désigne un homme sage, prudent, intègre; ici, un homme honorable, considéré.
4. *Cotte :* sorte de tunique qui remplace le bliaut.
5. *Heuses :* bottes plus ou moins évasées.

son bon cheval, pend l'écu [1] à son cou, prend l'épieu au poing et part, avec ses dix meutes de chiens ; ses trente chevaliers l'accompagnent. Ils passent l'Escaut et entrent dans le bois, conduits par Bérenger ; ils approchent de la retraite du sanglier, et déjà retentissent les abois et les cris des chiens.

On trouve bientôt les traces du porc, les branches qu'il a brisées, les endroits où il a vermillé [2]. On amène au duc son bon limier [3] Blanchard ; il le délie, il lui caresse les flancs, lui manie les pattes et les oreilles pour l'encourager et le met sur la piste. Le bon limier vient jusqu'au lit du sanglier : c'est sous un grand rocher, d'où jaillit une source, entre deux chênes tombés. Quand il entend les grands abois des chiens, le sanglier se dresse sur ses pieds ; il se vautre et se met non à fuir, mais à tourner sur lui-même ; d'un coup de boutoir il étend mort le bon limier.

Bégon arrive, brandissant son épieu, et le porc prend la fuite. Plusieurs chevaliers descendent pour mesurer à ses traces les ongles de ses pieds : de l'un à l'autre il y avait bien pleine paume : « Quel monstre ! disent-ils. Jamais homme ne tuera ce sanglier ; ses défenses sortent d'un bon pied. »

Tous remontent et portent leurs cors à leurs bouches ; la forêt en retentit au loin.

Le porc veut gagner la partie du bois où il a été nourri ; mais les chiens l'en empêchent. Il fait alors ce que jamais ne fit un sanglier : il fuit droit devant lui, et fait sans un détour quinze grandes lieues. Les chevaux ne peuvent le suivre ; ils restent arrêtés par les branches ou empêchés dans les marécages ; vers l'heure de tierce [4], les chevaliers, découragés, reprennent avec Bérenger le chemin

1. L'écu était allongé ou rond ; l'écu rond était muni au centre d'une boucle, de là le nom de bouclier.
2. *Vermiller :* se dit de l'action du sanglier qui fouille la terre pour y chercher des vers.
3. *Limier :* gros chien de chasse avec lequel le veneur quête et détourne la bête.
4. La troisième heure de l'après-midi.

de Valenciennes. Bégon seul continue sa chasse, monté
sur le bon cheval que lui a donné le roi Pépin, et qui n'a
pas son pareil pour la course ; hélas ! quel dommage ce fut !

Le duc Bégon continue sa chasse ; trois chiens seuls
peuvent le suivre, et il les voit lassés : il les prend dans
ses bras et les porte sur son cheval, tant qu'ils aient
repris courage, haleine et vigueur ; puis il les remet à
terre, et ils aperçoivent aussitôt le porc ; ils l'atteignent,
le happent et le mordent, et bientôt les autres chiens
les rejoignent.

Le sanglier file toujours : il sort de la forêt de Vicoigne
et entre dans la Gohelle [1] : il s'arrête sous un hêtre,
s'accule et fait tête ; les chiens le rejoignent, il les attaque
et les tue tous, sauf les trois que le duc avait portés
et qui étaient moins las que les autres. Bégon arrive, et
quand il voit les chiens décousus, il s'écrie, plein de courroux : « Ah ! fils de truie, que de mal tu m'as fait ! Tu
m'as tué mes bons chiens, tu m'as fait perdre mes hommes.
Mais tu vas passer par mes mains. »

Le porc semble l'entendre : il s'élance sur lui, plus
rapide qu'un carreau [2] d'arbalète, par-dessus les troncs
d'arbres et les fossés ; le duc l'attend de pied ferme et
lui enfonce dans le poitrail l'épieu, qui ressort par le dos.
Le sanglier se tient encore un instant debout, enfin il
s'abat, et le duc l'achève d'un coup d'épée au cœur : le
sang jaillit en gros bouillons et les trois chiens le lapent
avidement ; puis tous trois, épuisés, se couchent à côté
du porc.

La pluie tombe, le brouillard enveloppe tout ; le duc
regarde autour de lui : il ne voit ni château ni maison et
n'entend aucun bruit humain ; il ne sait où il est ni où il
doit aller. Il s'arrête sous un tremble ; il prend son fusil [3]

1. *Gohelle:* région forestière voisine de Lens ; il existe encore des
communes qui portent ce nom : *Givenchy-en-Gohelle* (Pas-de-Calais).
2. *Carreau :* trait lancé par l'arbalète ; bois muni d'un fer de forme
pyramidale.
3. *Fusil :* morceau d'acier avec lequel on frappe sur un caillou pour
en faire jaillir du feu. De là le nom donné aux armes à feu qui, à
l'origine, étaient munies d'un chien formant briquet. De nos jours, on
se sert encore du fusil pour aiguiser les couteaux à découper la viande.

et allume du feu ; puis de son cor il sonne trois fois forte-
ment pour appeler ses gens.

Le forestier qui gardait la forêt l'entendit et vint du
côté où sonnait le cor : il vit sous l'arbre un homme de
haute taille et de noble mine, bien vêtu et chaussé d'éperons d'or, au cou un cor d'ivoire lié de neuf viroles d'or
et retenu par une bande de riche étoffe, à la main un
épieu dont le fer avait bien un demi-pied de long, devant
lui un cheval de race qui hennissait et grattait du pied.
Il le regarda longtemps, caché sous le couvert du bois,
mais il n'osa s'approcher de lui : il courut droit à Lens
conter cette nouvelle.

Fromond était à table, mangeant avec ses chevaliers ;
le forestier appela le sénéchal [1] à part et lui dit à voix
basse : « Sire [2], je faisais ma ronde dans la forêt ; j'y
ai vu un chasseur, l'homme le plus beau, le plus grand et le
mieux vêtu que vous puissiez imaginer. Il a forcé, avec
trois chiens, un grand sanglier et l'a tué de son épieu.
A côté de lui est un beau cheval au poil clair ; un riche
cor d'ivoire pend à son cou. Si vous voulez me laisser
faire, mon seigneur aura bientôt les chiens et le porc, avec
le riche cor d'ivoire, et vous prendrez le bon cheval ;
pour mon droit de forestier, vous me laisserez l'épieu et
les autres armes.

— Ami, dit le sénéchal en lui mettant le bras sur le
cou, que Dieu te récompense ! Tâche que j'y gagne, et
tu n'y perdras pas.

— Merci ; mais donnez-moi des compagnons, car je
n'irai certes pas seul. »

Le sénéchal appela six de ses hommes : « Allez, leur dit-
il, avec le forestier, et si, dans la forêt, vous trouvez un
homme qui ait commis un délit quelconque, tuez-le sans
autre information ; je me porte garant des suites pour vous. »

---

1. Le sénéchal avait, dans une cour féodale, à la fois des fonctions
judiciaires et la surveillance de tout ce qui concernait la tenue de la
maison seigneuriale.

2. Lorsqu'on s'adressait à un chevalier ou à un bourgeois, on disait :
*sire* ; à un inférieur, volontiers : messire, frère et beau sire, beau frère,
bel ami.

Les voilà partis tous sept : ils arrivent près de l'endroit où le bon Lorrain est toujours assis sous le tremble, ses chiens étendus autour de lui, un de ses pieds sur le corps du sanglier. Les mauvais garçons le regardent et s'émerveillent. Enfin ils se montrent, ils s'approchent, et leur chef, Tibaud du Plessis, lui crie : « Hé ! toi qui es assis là, es-tu chasseur ? Qui t'a permis de tuer ce porc ? La chasse de cette forêt appartient à quinze associés, sous la seigneurie du vieux Fromond. Tiens-toi tranquille : nous allons te lier et nous t'emmènerons à Lens.

— Seigneur, dit Bégon, épargnez-moi pour l'amour de Dieu. Traitez-moi honorablement, car je suis chevalier. Si j'ai fait quelque tort au vieux Fromond de Lens, je suis prêt à le réparer d'après le jugement de ses hommes. J'aurai pour garant mon frère, le duc Garin de Lorraine, et mon neveu Auberi le Bourguignon, et le roi Pépin lui-même. Ce n'est pas ici que j'ai levé ce porc : je suis parti ce matin de Valenciennes, avec trente chevaliers, que j'ai perdus. Ce sanglier a fait ce que jamais un autre ne fit : il a quitté le bois, s'est lancé à travers champs et a franchi l'espace de quinze lieues sans un seul crochet

— Bah ! dit Tibaud du Plessis, qui jamais vit un sanglier faire quinze lieues d'une traite ? Cela est vrai comme tu es le frère du duc Garin ! Allons, attachez-le avec les couples [1] de ses chiens, prenez-moi ce sanglier et ce cheval, et amenez le tout à Lens.

— Par Dieu ! s'écrie Bégon, j'ai dit de lâches paroles ! Dieu me confonde si je me rends pour sept coquins comme ceux-là ! Avant de mourir, je me vendrai cher ! »

Le forestier s'avance hardiment et saisit le cor qui pendait au cou du noble duc : Bégon, hors de lui de colère, lève le poing et lui assène un tel coup sur la nuque qu'il l'abat mort à ses pieds : « Fou, lui dit-il, tu ne toucheras plus ainsi un noble duc ! »

---

1. *Couples :* cordes ou chaînes pour attacher les chiens par couples, c'est-à-dire deux par deux.

Quand les autres le voient, ils reculent épouvantés ; mais Tibaud du Plessis les exhorte : « S'il nous échappe, leur dit-il, nous sommes perdus ; nous n'oserons pas reparaître à Lens, laissant ici mort, et sans l'avoir vengé, le forestier de notre seigneur. »

Alors ils l'attaquent de toutes parts. Il fallait voir le duc debout sous le tremble, brandissant son épieu dans tous les sens, défendant sa venaison et lui-même, pendant qu'entre ses jambes aboyaient furieusement les trois chiens. C'était une grande pitié. Il en tua trois ; les quatre autres s'enfuyaient, n'osant continuer leur lâche attaque, quand ils virent passer, par un sentier du bois, un jeune homme qui portait un arc et des flèches : c'était le fils de la sœur du forestier que Bégon avait tué.

« Viens çà, lui crie Tibaud, et vois le corps de ton oncle qu'a tué ce braconnier. Ne le vengeras-tu pas ? »

Le jeune archer voit son oncle mort, il sent son cœur plein de douleur et de rage. Il tend son arc, met sur la corde une grande flèche à la pointe d'acier, s'approche, vise lentement, et laisse aller la corde : la flèche frappe Bégon en plein corps, entre d'un demi-pied dans sa poitrine et lui tranche la maîtresse veine du cœur. La force du duc l'abandonne : il tombe, lâchant son épieu, et sent qu'il est à sa fin :

« Dieu, dit-il, ayez pitié de mon âme ! Béatris, gentille[1] femme, vous ne me verrez plus ! Garin, frère, je ne pourrai plus te servir ! Gérin, Ernaud, mes deux beaux fils, j'aurais voulu vivre pour vous voir chevaliers ! Que le roi du ciel soit maintenant votre père ! »

Il prend près de lui trois brins d'herbe, les bénit, et, faute de sacrement, les reçoit comme symbole du vrai corps de Dieu[2] ; puis sa tête retombe, son corps s'étend et son âme s'en va : que Dieu fasse merci au noble chevalier !

---

1. *Gentil :* noble ; ce sens est conservé dans *gentilhomme.*
2. On voit souvent, dans les chansons de gestes, qu'un guerrier mourant, ne pouvant recevoir le viatique, prend « en lieu de sacrement » une feuille ou un brin d'herbe.

Aussitôt les quatre misérables qui survivaient se jettent sur lui, et chacun lui enfonce son épieu dans le corps. Ils croient avoir tué un braconnier, mais, par Dieu, ils ont tué le meilleur et le plus loyal chevalier qui ait jamais vécu sous le ciel, Bégon, le Lorrain renommé. Ils chargent le sanglier sur le cheval, ils emportent sur des civières les corps de leurs compagnons morts ; ils prennent au duc son cor d'ivoire et son grand épieu et le laissent seul étendu dans la forêt ; mais ils ne peuvent mettre la main sur un seul des chiens. Dès que les gens de Fromond furent partis, les chiens revinrent, et se mirent, autour du corps de leur maître, à hurler et à gémir dans la nuit.

Les meurtriers arrivent à Lens, et, après avoir mis les corps à l'écart et enfermé le destrier dans une écurie, entrent dans la haute salle du palais, et déchargent devant le foyer l'énorme sanglier qu'ils apportent sur leurs épaules. De toutes parts on accourt pour le voir : les sergents [1], les écuyers, les belles dames, les clercs [2] eux-mêmes s'assemblent et le regardent avec étonnement :

« Quel monstre ! disent-ils ; voyez : ses défenses lui sortent de la gueule de plus d'un demi-pied. Bien hardi fut celui qui osa l'approcher ! »

D'en bas, cependant, montent les cris et les plaintes des femmes et des parents de ceux dont on a ramené les corps. Le vieux Fromond entend tout ce bruit ; il quitte sa chambre, entre dans la grande salle, et s'approche du foyer : « Qu'est-ce ? dit-il, que signifie tout ce tumulte ? Qui a tué ce sanglier ? D'où vient ce cor d'ivoire ? Montrez-le-moi. »

Fromond prend le cor et le regarde attentivement : il voit les neuf viroles d'or fin, et la bande de riche étoffe de soie : « Certes, dit-il, voilà un cor de grand prix. Il ne fut jamais à l'usage d'un truand [3] ou d'un braconnier. Où

---

1. Les sergents étaient les combattants non nobles ; il y avait des sergents à pied et à cheval.

2. On appelait *clercs* tous ceux qui s'occupaient d'études et se destinaient généralement à la prêtrise.

3. *Truand :* vagabond, mendiant ; au moyen âge, les truands allaient jusqu'à former une association de malfaiteurs : la Grande Truanderie,

l'avez-vous pris? dites-le-moi, et, par ma barbe, n'essayez pas de me tromper.

— Sire, répond Tibaud, voici : nous faisions une ronde dans votre forêt, quand nous trouvâmes sous un tremble un braconnier inconnu qui, avec trois chiens, avait pris et tué le porc. Nous voulions vous l'amener, quand, d'un coup de poing, il tua votre forestier, et ensuite trois d'entre nous. Si nous l'avons tué, c'est en nous défendant.

— Où est le corps?

— Nous l'avons laissé dans la forêt.

— C'est un péché. Faut-il laisser manger aux loups le corps d'un chrétien? Allez le chercher et ramenez-le ici. On le veillera cette nuit avec des cierges, et au matin nous l'enterrerons à l'église. Entre nobles hommes on doit avoir pitié l'un de l'autre. »

Les ribauds [1] n'osent refuser, bien qu'ils y aillent malgré eux. Ils reviennent à la forêt, et mettent le corps du chevalier sur une civière. Les trois chiens le suivent.

On arrive ainsi à Lens.

Dans la grande salle du palais de Lens, sur la table où Fromond se fait servir les jours de fête quand il tient sa cour, on couche le corps du noble duc. Autour de lui ses chiens hurlent et mènent grande douleur et sautent pour lécher sa plaie. Barons [2], chevaliers, écuyers et sergents, clercs et dames, arrivent pour le voir, et l'admirent étendu de son long et les mains croisées sur sa poitrine : « Comme il est grand et bien fait, se disent-ils, comme il a belle bouche et nez bien séant ! C'est grand'pitié qu'il soit venu se faire tuer dans cette terre par des ribauds ; jamais gentilhomme ne l'eût touché. C'était un noble seigneur : voyez comme ses chiens l'aimaient ! »

Le vieux Fromond entendit le bruit de leurs voix ; il

---

1. *Ribaud :* homme de rien, de conduite peu estimable ; se prend comme terme de mépris.

2. Un baron est d'abord simplement un homme libre qui porte les armes ; puis il désigne un guerrier d'un certain rang, puis un chevalier de condition supérieure aux autres. Ce terme n'est devenu que plus tard un titre de noblesse.

entra dans la salle, s'approcha du corps et le regarda longtemps.

Le duc Bégon portait au visage une blessure que Fromond lui-même lui avait faite d'un coup de lance dans un de leurs combats. Il la reconnut, et tous les traits de son ancien ennemi. Du saisissement qu'il eut, il tomba pâmé[1], et quand on l'eut relevé il se mit à crier : « Misérables ! ribauds ! vous me disiez que vous aviez tué un pauvre braconnier inconnu, mais c'est le meilleur chevalier qui jamais ait porté armure et soit monté à cheval ! C'est Bégon, le seigneur de Belin, dont la femme est nièce de l'empereur Pépin, dont les neveux sont mes voisins proches. Hélas ! je vais voir renverser mes grands châteaux, ravager mon pays, brûler mes villes, et moi-même peut-être j'en recevrai la mort. Et pourtant je ne suis pas coupable de ce meurtre. Je m'en justifierai en vous faisant pendre. Et d'abord, je vais vous mettre tous dans ma prison, à commencer par toi, mon neveu Tibaud. Puis j'enverrai dire à Metz, au duc Garin, que j'ai pris ceux qui ont tué son frère, et qu'il en fasse sa volonté, qu'il peut les faire pendre, brûler ou écorcher vifs, ou chasser pour toujours du pays. Je lui jurerai que je ne suis pour rien dans la mort du duc. Je lui donnerai plus d'or et d'argent que quatre chevaux n'en pourront porter, et de grandes meutes de chiens, et quatre-vingts faucons. Je ferai chanter à des prêtres bénis dix mille messes pour l'âme de son frère [2]. Après tout cela, il ne pourra m'en vouloir. » *

Traduction GASTON PARIS.

(*Poètes et prosateurs du moyen âge.* — Hachette, édit.)

---

1. *Pâmé :* évanoui.
2. Malgré toutes les satisfactions données à Garin par Fromond, au sujet de la mort de Bégon, la guerre reprit entre les deux familles et se prolongea pendant plusieurs générations.

* **Composition française :** Un petit page vient dire à la femme de Bégon que son mari est mort.

### Les moutons de Panurge.

*Panurge se trouva, un jour, embarqué sur un navire avec un marchand de moutons nommé Dindenault. Je ne sais à quel sujet ils se querellèrent ; mais Panurge résolut de jouer un méchant tour au marchand.*

Il dit tout bas à ses camarades, Epistemon et frère Jean :

« Retirez-vous un peu à l'écart, et joyeusement passez le temps à ce que verrez. Il y aura bien beau jeu si la corde ne rompt [1]. »

Puis, s'adressant à Dindenault :

« Mon ami, je vous prie en grâce de vouloir me vendre un de vos moutons.

— Hélas ! hélas ! mon ami, notre voisin, répondit le marchand d'un air moqueur, comme vous savez bien tromper les pauvres gens ! Vraiment, vous êtes un gentil chaland [2] ; vous portez le minois non d'un acheteur de moutons, mais bien d'un coupeur de bourses [3].

— Patience ! dit Panurge. Mais, de grâce spéciale, vendez-moi un de vos moutons. Combien?

— Comment l'entendez-vous, notre ami, mon voisin? Ce sont moutons à grande laine. Jason [4] y prit la toison d'or. L'ordre de la maison de Bourgogne en fut extrait.

— Soit, dit Panurge ; mais, de grâce, vendez-m'en un. »

*Le marchand se mit à rire, en se moquant toujours de*

1. On va bien rire si rien ne casse, si la plaisanterie peut aller jusqu'au bout.
2. Acheteur. Mot venu de *chaland*, grand bateau plat destiné au transport des marchandises.
3. *Coupeurs de bourses :* voleurs qui enlevaient subtilement les bourses en coupant les cordons qui les attachaient.
4. Jason, chef de l'expédition des Argonautes, descendit en Colchide et y conquit la toison d'un bélier fabuleux. Les ducs de Bourgogne créèrent l'ordre de la Toison d'or.

*Panurge qui ne lui paraissait pas capable de payer le moindre de ses moutons.*

« Patience ! dit Panurge ; mais, je vous en prie, vendez-moi un mouton.

— Notre ami, mon voisin, répondit le marchand, de la toison d'or de ces moutons seront faits les fins draps de Rouen ; de la peau seront faits les beaux maroquins ; des boyaux on fera cordes de violons et de harpes.

— S'il vous plaît, dit Panurge, vendez-m'en un.

— Ce n'est viande que pour rois et princes. Leur chair est tant délicate, tant savoureuse et tant friande que c'est un baume.

— Mais, dit Panurge, vendez-moi un mouton et je vous le payerai en roi. Combien?

— Prenez-moi ces cornes-là, repartit le marchand ; concassez-les avec un pilon de fer ou avec un landier, enterrez-les bien au soleil et arrosez-les souvent. En peu de mois vous en verrez naître les meilleures asperges du monde. »

Panurge, entendant parler ainsi, ne se fâcha pas.

« Patience, dit-il ; mais expédions. »

Le marchand recommençait ses forfanteries, lorsque le capitaine du navire s'écria :

« C'est trop barguigner [1]. Vends-lui si tu veux ; si tu ne veux, ne l'amuse plus.

— Je le veux, répondit le marchand, pour l'amour de vous ; mais il payera trois livres tournois [2] la pièce, en choisissant.

— C'est beaucoup, dit Panurge. En nos pays j'en aurais bien cinq, voire six pour telle somme de deniers. Avisez que ce ne soit trop. Vous n'êtes pas le premier à ma connaissance qui, trop tôt voulant riche devenir, soit tombé en pauvreté, voire quelquefois se soit rompu le cou.

— Lourdaud, sot que tu es ; le moindre de ces moutons

---

1. *Barguigner* : hésiter à prendre un parti.
2. Monnaie de compte qui se frappait à *Tours* et se divisait en sous et en deniers.

valt quatre de ceux que les Espagnols vendaient un talent d'or la pièce [1]. Et que penses-tu, ô maître sot, que valait un talent d'or?

— Benoist [2] monsieur, dit Panurge, vous vous échauffez ; tenez, voilà votre argent. »

Panurge, ayant payé le marchand, choisit de tout le troupeau un beau et grand mouton et l'emportait criant et bêlant, oyant tous les autres, et regardant quelle part on menait leur compagnon.

Cependant le marchand disait à ses moutonniers : « Oh ! qu'il a bien su choisir, le chaland ! Il s'y entend, le gredin. »

Soudain, je ne sais comment, le cas fut subit, Panurge, sans autre chose dire, jette en pleine mer son mouton criant et bêlant. Tous les autres moutons, criant et bêlant en pareille intonation, commencèrent soi jeter et sauter en mer après à la file. La foule était à qui premier y sauterait après leur compagnon. Possible n'était les en garder. Comme vous savez être du mouton le naturel, toujours suivre le premier, quelque part qu'il aille.

Le marchand, tout effrayé, s'efforçait les empêcher et retenir de tout son pouvoir. Mais c'était en vain. Tous à la file sautaient dedans la mer et périssaient. Finalement, il en prit un grand et fort par la toison, sur le tillac du navire, croyant ainsi le retenir, et sauver le reste. Le mouton fut si puissant qu'il emporta en mer avec soi le marchand, et fut noyé, en pareille forme que les moutons de Polyphème, le borgne cyclope, emportèrent hors la caverne Ulysse et ses compagnons [3]. Autant en firent les autres bergers et moutonniers, les prenant uns par les cornes, autres par les jambes, autres par la toison. Lesquels tous furent pareillement en mer portés et noyés misérablement.

---

1. Le talent était un certain poids d'or ou d'argent qui était différent selon les divers pays : le talent d'argent valait environ 5 760 francs, le talent d'or seize fois autant.
2. Terme ironique : qui affecte un air doucereux.
3. Voir *le Géant Polyphème*, p. 11 ; lire à la p. 16.

Panurge, tenant un aviron en main, non pour aider aux moutonniers, mais pour les engarder de grimper sur la nef et éviter le naufrage, les prêchait éloquemment comme si fût un frère prêcheur : leur remontrant, par lieux de rhétorique[1], les misères de ce monde, le bien et l'heur de l'autre vie, affirmant plus heureux être les trépassés que les vivants en cette vallée de misère, et à chacun d'eux promettant ériger un beau cénotaphe[2] au plus haut du mont Cenis.

La nef vidée du marchand et des moutons : « Reste-t-il ici, dit Panurge, quelque âme moutonnière? »

*C'est depuis ce temps-là qu'on nomme moutons de Panurge les gens qui suivent toujours aveuglément l'exemple d'autrui\*.*

FRANÇOIS RABELAIS.
(*Pantagruel.*)

◦◊◦

## La veillée.

Qu'il est doux, qu'il est doux d'écouter des histoires,
      Des histoires du temps passé,
        Quand les branches d'arbre sont noires,
Quand la neige est épaisse et charge un sol glacé !
Quand seul dans le ciel pâle un peuplier s'élance,
Quand, sous le manteau blanc qui vient de le cacher,
L'immobile corbeau sur l'arbre se balance,
Comme la girouette au bout du long clocher !

Qu'il est doux, qu'il est doux d'écouter des histoires,
      Des histoires du temps passé.

ALFRED DE VIGNY.
(*La neige.*)

---

1. Par discours savamment ordonné, suivant les lois de la rhétorique.
2. *Cénotaphe :* monument dressé à la gloire de quelque mort illustre.
\* **Composition française :** *Montrer, par des exemples, que les écoliers se conduisent, trop souvent, en moutons de Panurge.*

◦◊◦

# DEUXIÈME PARTIE

## RÉCITS ET FABLES

> Une morale nue apporte de l'ennui ;
> Le conte fait passer le précepte avec lui.
> LA FONTAINE.

⌒◊⌒

## AIDONS-NOUS LES UNS LES AUTRES

### L'aveugle et le paralytique.

Aidons-nous mutuellement,
La charge des malheurs en sera plus légère ;
Le bien que l'on fait à son frère
Pour le mal que l'on souffre est un soulagement.
Confucius [1] l'a dit ; suivons tous sa doctrine.
Pour la persuader aux peuples de la Chine,
Il leur contait le trait suivant :

Dans une ville de l'Asie
Il existait deux malheureux,
L'un perclus, l'autre aveugle, et pauvres tous les deux.
Ils demandaient au ciel de terminer leur vie :
Mais leurs cris étaient superflus,
Ils ne pouvaient mourir. Notre paralytique,
Couché sur un grabat dans la place publique,
Souffrait sans être plaint : il en souffrait bien plus.

---

1. Confucius, célèbre philosophe chinois, né vers l'an 551 avant
Jésus-Christ. Il réforma les mœurs et la religion : *culte des ancêtres.*

Premières lectures littéraires. 3

L'aveugle, à qui tout pouvait nuire,
Était sans guide, sans soutien,
Sans avoir même un pauvre chien
Pour l'aimer et pour le conduire.

Un certain jour, il arriva
Que l'aveugle, à tâtons, au détour d'une rue,
Près du malade se trouva ;
Il entendit ses cris, son âme en fut émue.
Il n'est tels que les malheureux
Pour se plaindre les uns les autres.
« J'ai mes maux, lui dit-il, et vous avez les vôtres ;
Unissons-les, mon frère, ils seront moins affreux.

— Hélas ! dit le perclus, vous ignorez, mon frère,
Que je ne puis faire un seul pas ;
Vous-même, vous n'y voyez pas :
A quoi nous servirait d'unir notre misère?
— A quoi? répond l'aveugle, écoutez : à nous deux
Nous possédons le bien à chacun nécessaire ;
J'ai des jambes, et vous des yeux ;
Moi, je vais vous porter ; vous, vous serez mon guide :
Vos yeux dirigeront mes pas mal assurés ;
Mes jambes, à leur tour, iront où vous voudrez.
Ainsi, sans que jamais notre amitié décide
Qui de nous deux remplit le plus utile emploi,
Je marcherai pour vous, vous y verrez pour moi. »

FLORIAN.

◦ ◊ ◦

### L'âne et le chien.

Il se faut entr'aider ; c'est là la loi de nature.
L'âne, un jour, pourtant s'en moqua :
Et ne sais comme il y manqua,
Car il est bonne créature.
Il allait par pays, accompagné du chien,
Gravement, sans songer à rien ;
Tous deux suivis d'un commun maître.
Ce maître s'endormit. L'âne se mit à paître ;

> Il était alors dans un pré
> Dont l'herbe était fort à son gré.
Point de chardons pourtant ; il s'en passa pour l'heure :
Il ne faut pas toujours être si délicat ;
> Et, faute de servir ce plat,
> Rarement un festin demeure [1].
> Notre baudet s'en sut enfin
Passer pour cette fois.
> Le chien, mourant de faim,
Lui dit : « Cher compagnon, baisse-toi, je te prie :
Je prendrai mon dîner dans le panier au pain. »
Point de réponse, mot [2] : le roussin d'Arcadie [3]
> Craignit qu'en perdant un moment
> Il ne perdît un coup de dent.
> Il fit longtemps la sourde oreille :
Enfin il répondit : « Ami, je te conseille
D'attendre que ton maître ait fini son sommeil ;
Car il te donnera sans faute, à son réveil,
> Ta portion accoutumée :
> Il ne saurait tarder beaucoup. »

> Sur ces entrefaites, un loup
Sort du bois, et s'en vient : autre bête affamée.
L'âne appelle aussitôt le chien à son secours.
Le chien ne bouge, et dit : « Ami, je te conseille
De fuir en attendant que ton maître s'éveille ;
Il ne saurait tarder : détale vite, et cours.
Que si ce loup t'atteint, casse-lui la mâchoire ;
On t'a ferré de neuf ; et, si tu veux m'en croire,
Tu l'étendras tout plat. » Pendant ce beau discours,
Seigneur loup étrangla le baudet sans remède*.

> Je conclus qu'il faut qu'on s'entr'aide.
> LA FONTAINE.

1. Reste servi sans qu'on y touche — faute du mets favori.
2. Pas un mot : ellipse.
3. L'Arcadie était renommée pour la beauté de ses ânes.
* **Composition française** : *Le maître s'éveille et interroge le chien.*
*Jugement du coupable.*

## Les deux voisins.

Deux hommes étaient voisins, et chacun d'eux avait une femme et plusieurs petits enfants, et son seul travail pour les faire vivre.

Et l'un de ces hommes s'inquiétait en lui-même, disant : « Si je meurs, ou que je tombe malade, que deviendront ma femme et mes enfants? »

Et cette pensée ne le quittait point, et elle rongeait son cœur comme un ver ronge le fruit où il est caché.

Or, bien que la même pensée fût venue également à l'autre père, il ne s'y était point arrêté : « car, disait-il, Dieu, qui connaît toutes ses créatures et qui veille sur elles, veillera aussi sur moi et sur ma femme et sur mes enfants. »

Et celui-ci vivait tranquille, tandis que le premier ne goûtait pas un instant de repos ni de joie intérieurement.

Un jour qu'il travaillait aux champs, triste et abattu à cause de sa crainte, il vit quelques oiseaux entrer dans un buisson, en sortir, et puis bientôt y revenir encore.

Et, s'étant approché, il vit deux nids posés côte à côte, et dans chacun plusieurs petits nouvellement éclos et encore sans plumes.

Et quand il fut retourné à son travail, de temps en temps il levait les yeux, et regardait ces oiseaux, qui allaient et venaient, portant la nourriture à leurs petits.

Or, voilà qu'au moment où l'une des mères rentrait avec sa becquée, un vautour la saisit, l'enlève, et la pauvre mère, se débattant vainement sous sa serre, jetait des cris perçants.

A cette vue, l'homme qui travaillait sentit son âme plus troublée qu'auparavant : « car, pensait-il, la mort de la mère, c'est la mort des enfants. Les miens n'ont que moi non plus. Que deviendront-ils, si je leur manque? »

Et, tout le jour, il fut sombre et triste, et la nuit il ne dormit point.

Le lendemain, de retour aux champs, il se dit : « Je

veux voir les petits de cette pauvre mère ; plusieurs sans doute ont déjà péri. » Et il s'achemina vers le buisson.

Et, regardant, il vit les petits bien portants : pas un ne semblait avoir pâti. Et, ceci l'ayant étonné, il se cacha pour observer ce qui se passerait.

Et, après un peu de temps, il entendit un léger cri, et il aperçut la seconde mère rapportant en hâte la nourriture qu'elle avait recueillie, et elle la distribua à tous les petits indistinctement, et il y en eut pour tous, et les orphelins ne furent point délaissés dans leur misère.

Et le père qui s'était défié de la Providence raconta, le soir, à l'autre père ce qu'il avait vu.

Et celui-ci lui dit : « Pourquoi s'inquiéter? Jamais Dieu n'abandonne les siens. Son amour a des secrets que nous ne connaissons point. Croyons, espérons, aimons, et poursuivons notre route en paix.

« Si je meurs avant vous, vous serez le père de mes enfants ; si vous mourez avant moi, je serai le père des vôtres.

« Et, si l'un et l'autre nous mourons avant qu'ils soient en âge de pourvoir eux-mêmes à leurs nécessités, ils auront pour père le Père qui est dans les cieux. »

LAMENNAIS.
(*Paroles d'un croyant.*)

❧

## Le corbeau, la gazelle, la tortue et le rat.

La gazelle, le rat, le corbeau, la tortue,
Vivaient ensemble unis : douce société !
Le choix d'une demeure aux humains inconnue
    Assurait leur félicité.
Mais quoi ! l'homme découvre enfin toutes retraites :
    Soyez au milieu des déserts,
    Au fond des eaux, au haut des airs,
Vous n'éviterez point ses embûches secrètes.

La gazelle s'allait ébattre innocemment,
　　　　Quand un chien, maudit instrument
　　　　Du plaisir barbare des hommes,
Vint sur l'herbe éventer les traces de ses pas.
Elle fuit. Et le rat, à l'heure du repas,
Dit aux amis restants : « D'où vient que nous ne sommes
　　　　Aujourd'hui que trois conviés?
La gazelle déjà nous a-t-elle oubliés? »


　　　　A ces paroles, la tortue
　　　　S'écrie et dit : «Ah ! si j'étais,
　　　　Comme un corbeau, d'ailes pourvue,
　　　　Tout de ce pas je m'en irais
　　　　Apprendre au moins quelle contrée,
　　　　Quel accident tient arrêtée
　　　　Notre compagne au pied léger ;
Car, à l'égard du cœur, il en faut mieux juger [1]. »


　　　　Le corbeau part à tire d'aile :
Il aperçoit de loin l'imprudente gazelle
　　　　Prise au piège et se tourmentant.
Il retourne avertir les autres à l'instant ;
Car, de lui demander quand, pourquoi, ni comment
　　　　Ce malheur est tombé sur elle,
Et perdre en vains discours cet utile moment,
　　　　Comme eût fait un maître d'école [2],
　　　　Il avait trop de jugement.


　　　　Le corbeau donc vole et revole.
　　　　Sur son rapport, les trois amis
　　　　Tiennent conseil. Deux sont d'avis
　　　　De se transporter, sans remise,
　　　　Aux lieux où la gazelle est prise.
« L'autre, dit le corbeau, gardera le logis :

　　1. Réponse à la question du rat. La tortue ne croit pas à l'oubli de la gazelle.
　　2. Allusion à la fable *l'Enfant et le Maître d'école.*

Avec son marcher lent, quand arriverait-elle?
  Après la mort de la gazelle. »
Ces mots à peine dits, ils s'en vont secourir
  Leur chère et fidèle compagne,
  Pauvre chevrette de montagne.
  La tortue y voulut courir :
  La voilà comme eux en campagne,
Maudissant ses pieds courts avec juste raison,
Et la nécessité de porter sa maison.


Rongemaille (le rat eut à bon droit ce nom)
Coupe les nœuds du lacs : on peut penser la joie.
Le chasseur vient et dit : « Qui m'a ravi ma proie? »
Rongemaille, à ces mots, se retire en un trou,
Le corbeau sur un arbre, en un bois la gazelle ;
  Et le chasseur, à demi fou
  De n'en avoir nulle nouvelle,
Aperçoit la tortue, et retient son courroux.


  « D'où vient, dit-il, que je m'effraie ?
Je veux qu'à mon souper celle-ci me défraie. »
Il la mit dans son sac. Elle eût payé pour tous,
Si le corbeau n'en eût averti la chevrette.
  Celle-ci, quittant sa retraite,
Contrefait la boiteuse, et vient se présenter.
  L'homme de suivre et de jeter
Tout ce qui lui pesait : si bien que Rongemaille
Autour des nœuds du sac tant opère et travaille,
  Qu'il délivre encor l'autre sœur,
Sur qui s'était fondé le souper du chasseur\*.

La Fontaine.

---

&ast; **Composition française :** *Le retour du chasseur. Il ne rapporte rien, sinon sa gibecière trouée. Récit de ses aventures à sa femme et à ses enfants.*

❧

# ON NE PEUT CONTENTER TOUT LE MONDE

## Le meunier, son fils et l'âne.

Un homme, voisin de la soixantaine, avait un fils de treize ou quatorze ans. Un petit âne devait les porter en un long voyage qu'ils entreprenaient.

Le premier qui monta, ce fut le père ; mais, après deux ou trois lieues de chemin, le fils, commençant à se lasser, le suivit de loin et avec beaucoup de peine, ce qui donna sujet à ceux qui les voyaient passer de dire que ce bonhomme avait tort de laisser aller à pied un si jeune enfant. Alors le père descendit et donna sa place à son fils.

Cela fut encore trouvé étrange par ceux qui les virent. Ils disaient que ce fils était bien ingrat et de mauvais naturel de laisser aller son père à pied.

Ils s'avisèrent donc de monter tous deux sur l'âne, et alors on y trouvait encore à dire : « Ils sont bien cruels, disaient les passants, de monter ainsi tous deux sur cette pauvre bête, qui à peine serait suffisante d'en porter un seul. »

Comme ils eurent ouï cela, ils descendirent tous deux de dessus l'âne et le touchèrent devant eux. Ceux qui les voyaient aller de cette sorte se moquaient d'eux, d'aller à pied tandis qu'ils pouvaient se soulager, l'un ou l'autre, sur le petit âne.

Ainsi ils ne surent jamais complaire à tout le monde ; c'est pourquoi ils résolurent de faire à leur volonté et de laisser au monde la liberté d'en juger à sa fantaisie.

MALHERBE.

⌖

## Le meunier, son fils et l'âne.

J'ai lu, dans quelque endroit, qu'un meunier et son fils,
L'un vieillard, l'autre enfant, non pas des plus petits,

Mais garçon de quinze ans, si j'ai bonne mémoire,
Allaient vendre leur âne, un certain jour de foire.
Afin qu'il fût plus frais et de meilleur débit,
On lui lia les pieds, on vous le suspendit ;
Puis cet homme et son fils le portent comme un lustre.
Pauvres gens, idiots, couple ignorant et rustre !
Le premier qui les vit de rire s'éclata [1] :
« Quelle farce, dit-il, vont jouer ces gens-là ?
Le plus âne des trois n'est pas celui qu'on pense. »

Le meunier, à ces mots, connaît son ignorance ;
Il met sur pieds sa bête, et la fait détaler.
L'âne, qui goûtait fort l'autre façon d'aller,
Se plaint en son patois. Le meunier n'en a cure [2] ;
Il fait monter son fils, il suit, et d'aventure
Passent trois bons marchands. Cet objet leur déplut.
Le plus vieux au garçon s'écria tant qu'il put :
« Oh là ! oh ! descendez, que l'on ne vous le dise,
Jeune homme, qui menez laquais à barbe grise !
C'était à vous de suivre, au vieillard de monter.
— Messieurs, dit le meunier, il vous faut contenter. »

L'enfant met pied à terre, et puis le vieillard monte ;
Quand trois filles passant, l'une dit : « C'est grand'honte
Qu'il faille voir ainsi clocher ce jeune fils,
Tandis que ce nigaud, comme un évêque assis,
Fait le veau sur son âne, et pense être bien sage.
— Il n'est, dit le meunier, plus de veaux à mon âge :
Passez votre chemin, la fille, et m'en croyez. »
Après maints quolibets, coup sur coup renvoyés,
L'homme crut avoir tort, et mit son fils en croupe.

Au bout de trente pas, une troisième troupe
Trouve encore à gloser. L'un dit : « Ces gens sont fous !
Le baudet n'en peut plus ; il mourra sous leurs coups.
Hé quoi ? charger ainsi cette pauvre bourrique !

---

1. On dit maintenant : éclater de rire.
2. N'en tient nul compte. Du latin *cura* : soin, souci.

N'ont-ils point de pitié de leur vieux domestique ?
Sans doute qu'à la foire ils vont vendre sa peau.
— Parbleu ! dit le meunier, est bien fou du cerveau
*Qui prétend contenter tout le monde et son père.*
Essayons toutefois si, par quelque manière,
Nous en viendrons à bout.» Ils descendent tous deux ;
L'âne, se prélassant, marche seul devant eux.

Un quidam [1] les rencontre, et dit : « Est-ce la mode
Que baudet aille à l'aise, et meunier s'incommode ?
Qui de l'âne ou du maître est fait pour se lasser ?
Je conseille à ces gens de le faire enchâsser.
Ils usent leurs souliers, et conservent leur âne.
Nicolas, au rebours ; car, quand il va voir Jeanne,
Il monte sur sa bête ; et la chanson [2] le dit.
Beau trio de baudets !» Le meunier repartit :
« Je suis âne, il est vrai, j'en conviens, je l'avoue ;
Mais que dorénavant on me blâme, on me loue,
Qu'on dise quelque chose ou qu'on ne dise rien,
J'en veux faire à ma tête. » Il le fit, et fit bien *.

LA FONTAINE.

⌀⟡⌀

# DÉFIEZ-VOUS DES FLATTEURS

## Le corbeau et le renard.

Maître corbeau, sur un arbre perché,
    Tenait en son bec un fromage.
Maître renard, par l'odeur alléché,
    Lui tint à peu près ce langage :
    « Hé ! bonjour, monsieur du corbeau,
Que vous êtes joli ! que vous me semblez beau !

---

1. Un passant quelconque ; mot latin ici francisé.
2. Allusion à une chanson ancienne : « Adieu, cruelle Jeanne ! Puisque tu n'aimes pas, Je remonte mon âne Pour aller à trépas. »
* **Composition française :** *Au retour de la foire, Cadichon fait part de ses impressions à Piou, le chien de garde de la ferme.*

　　　　Sans mentir, si votre ramage
　　　　Se rapporte à votre plumage,
Vous êtes le phénix [1] des hôtes de ces bois. »

A ces mots le corbeau ne se sent pas de joie ;
　　　　Et, pour montrer sa belle voix,
Il ouvre un large bec, laisse tomber sa proie [2].
Le renard s'en saisit, et dit : « Mon bon monsieur,
　　　　Apprenez que tout flatteur
　　Vit aux dépens de celui qui l'écoute :
Cette leçon vaut bien un fromage sans doute. »
　　　　Le corbeau, honteux et confus,
Jura, mais un peu tard, qu'on ne l'y prendrait plus.

　　　　　　　　　　　　LA FONTAINE.

∘⟨∘

## Le seigneur Gil Blas.

Je demandai à souper dès que je fus dans l'hôtellerie.
C'était un jour maigre : on m'accommoda des œufs. Pendant qu'on me les apprêtait, je liai conversation avec
l'hôtesse que je n'avais point encore vue. Lorsque l'omelette qu'on me faisait fut en état de m'être servie, je
m'assis tout seul à une table.

Je n'avais pas encore mangé le premier morceau que
l'hôte entra, suivi de l'homme qui l'avait arrêté dans la
rue. Ce cavalier portait une longue rapière et pouvait
bien avoir trente ans. Il s'approcha de moi d'un air
empressé. « Seigneur écolier, me dit-il, je viens d'apprendre que vous êtes le seigneur Gil Blas de Santil-

---

　　1. Oiseau fabuleux. « Quand il se sent vieux et décrépit, le phénix
assemble des bûches de bois aromatique et, les posant sur la cime d'un
mont, fait sur ce bûcher un si grand mouvement de ses ailes que le
feu s'en allume aux rayons du soleil. » (Saint FRANÇOIS DE SALES.) — Le
phénix renaissait ensuite, jeune et beau, de ses cendres.
　　2. « Ce vers est admirable : l'harmonie seule en fait-image. Je vois
un grand vilain bec ouvert ; j'entends tomber le fromage à travers les
branches. » (J.-J. ROUSSEAU.)

Iane, l'ornement d'Oviédo et le flambeau de la philosophie [1]. Est-il bien possible que vous soyez ce savantissime,
ce bel esprit dont la réputation est si grande en ce pays-
ci? Vous ne savez pas, continua-t-il en s'adressant à
l'hôte et à l'hôtesse, vous ne savez pas ce que vous pos-
sédez : vous avez un trésor dans votre maison. Vous
voyez, dans ce gentilhomme, la huitième merveille [2] du
monde. » Puis, se tournant de mon côté et me jetant
les bras au cou : « Excusez mes transports, ajouta-t-il,
je ne suis point maître de la joie que votre présence me
cause. »

Je ne pus lui répondre sur-le-champ, parce qu'il me
tenait si serré que je n'avais pas la respiration libre ; et
ce ne fut qu'après que j'eus la tête dégagée de l'embras-
sade que je lui dis : « Seigneur cavalier, je ne croyais
pas mon nom connu à Pegnaflor. — Comment, connu !
reprit-il sur le même ton ; nous tenons registre de tous
les grands personnages qui sont à vingt lieues à la ronde.
Vous passez ici pour un prodige, et je ne doute pas que
l'Espagne ne se trouve un jour aussi vaine de vous avoir
produit que la Grèce d'avoir vu naître les sept sages [3]. »

Ces paroles furent suivies d'une nouvelle accolade qu'il
me fallut encore essuyer... Pour peu que j'eusse eu
d'expérience, je n'aurais pas été dupe de ces démons-
trations... J'aurais bien connu, à ces flatteries outrées, que
c'était un de ces parasites que l'on trouve dans toutes les
villes, et qui, dès qu'un étranger arrive, s'introduisent
auprès de lui pour remplir leur ventre à ses dépens ; mais
ma jeunesse et ma vanité m'en firent juger tout autrement. Mon admirateur me parut un fort honnête homme,
et je l'invitai à souper avec moi.

---

1. Louanges ironiques : puits de science, lumière de la philosophie.
2. Les anciens nommaient les sept merveilles du monde sept chefs-
d'œuvre de l'architecture et de la sculpture : les jardins suspendus de
Babylone, les pyramides d'Égypte, le Jupiter olympien, le Mausolée,
le phare d'Alexandrie, le colosse de Rhodes et le temple de Diane à
Éphèse.
3. Sept Grecs illustres du vi[e] siècle avant Jésus-Christ, savoir :
Thalès de Milet, Solon, Bias, Chilon, Cléobule, Pittacus, Périandre.

« Ah ! très volontiers, s'écria-t-il, je sais trop bon gré
à mon étoile [1] de m'avoir fait rencontrer l'illustre Gil
Blas de Santillane, pour ne pas jouir de ma bonne fortune le plus longtemps que je pourrai. Je n'ai pas grand
appétit, poursuivit-il ; je vais me mettre à table pour
vous tenir compagnie seulement, et je mangerai quelques morceaux par complaisance. »

En parlant ainsi, mon panégyriste [2] s'assit vis-à-vis de
moi. On lui apporta un couvert. Il se jeta d'abord sur
l'omelette, avec tant d'avidité qu'il semblait n'avoir
mangé de trois jours. A l'air complaisant dont il s'y prenait, je vis bien qu'elle serait bientôt expédiée. J'en
ordonnai une seconde, qui fut faite si promptement
qu'on nous la servit comme nous achevions, ou plutôt
comme il achevait de manger la première. Il y procédait
pourtant d'une vitesse toujours égale, et trouvait moyen,
sans perdre un coup de dent, de me donner louanges sur
louanges, ce qui me rendait fort content de ma petite
personne. Il buvait aussi fort souvent ; tantôt c'était à ma
santé, et tantôt à celle de mon père et de ma mère, dont
il ne pouvait assez vanter le bonheur d'avoir un fils tel
que moi. En même temps, il versait du vin dans mon
verre et m'excitait à lui faire raison [3].

Je ne répondais point mal aux santés qu'il me portait ;
ce qui, avec ses flatteries, me mit insensiblement de si
belle humeur que, voyant notre seconde omelette à
moitié mangée, je demandai à l'hôte s'il n'avait pas de
poisson à nous donner. Le seigneur Corcuelo, mon hôte,
qui, selon toutes les apparences, s'entendait avec le parasite, me répondit : « J'ai une truite excellente ; mais elle
coûtera cher à ceux qui la mangeront ; c'est un morceau
trop friand pour vous. — Qu'appelez-vous trop friand ?
dit alors mon flatteur d'un ton de voix élevé ; vous n'y
pensez pas, mon ami : apprenez que vous n'avez rien de

---

1. A ma destinée. Les anciens croyaient à l'influence des astres sur
la vie, la fortune des hommes.
2. *Panégyriste :* celui qui fait l'éloge de quelqu'un.
3. A boire avec lui à la santé des personnes qu'il avait nommées.

trop bon pour le seigneur Gil Blas de Santillane, qui mérite d'être traité comme un prince. »

Je fus bien aise qu'il eût relevé les dernières paroles de l'hôte, et il ne fit en cela que me prévenir. Je m'en sentais offensé, et je dis fièrement à Corcuelo : « Apportez-nous votre truite, et ne vous embarrassez pas du reste. »

L'hôte, qui ne demandait pas mieux, se mit à l'apprê-ter et ne tarda guère à nous la servir. A la vue de ce nou-veau plat, je vis briller une grande joie dans les yeux du parasite, qui fit paraître une nouvelle complaisance ; c'est-à-dire qu'il donna sur le poisson comme il avait donné sur les œufs. Il fut pourtant obligé de se rendre, de peur d'accident, car il en avait jusqu'à la gorge.

Enfin, après avoir bu et mangé tout son soûl, il voulut finir la comédie. « Seigneur Gil Blas, me dit-il en se levant de table, je suis trop content de la bonne chère que vous m'avez faite pour vous quitter sans vous donner un avis important, dont vous me paraissez avoir besoin. Soyez désormais en garde contre les louanges. Défiez-vous des gens que vous ne connaîtrez point. Vous en pour-rez rencontrer d'autres qui voudront, comme moi, se divertir de votre crédulité, et peut-être pousser les choses encore plus loin ; n'en soyez point la dupe, et ne vous croyez point, sur leur parole, la huitième merveille du monde. » En achevant ces mots, il me rit au nez et s'en alla.                              LE SAGE.

                                              (*Gil Blas*.)

◦◊◦

## LE BON DROIT

### Le meunier de Sans-Souci.

Loin du bruit de la cour, du tracas de la ville,
Frédéric [1] construisait un agréable asile.

Sur le riant coteau, par le prince choisi,
S'élevait le moulin du meunier Sans-Souci.

---

  1. Frédéric II, roi de Prusse, surnommé le Grand.

Le vendeur de farine avait pour habitude
D'y vivre au jour le jour, exempt d'inquiétude ;
Et, de quelque côté que vînt souffler le vent,
Il y tournait son aile, et s'endormait content.
Fort bien achalandé, grâce à son caractère,
Le moulin prit le nom de son propriétaire ;
Et des hameaux voisins, les filles, les garçons,
Allaient à Sans-Souci, pour danser aux chansons.
Sans-Souci !... ce doux nom, d'un favorable augure,
Devait plaire aux amis des dogmes d'Epicure [1].
Frédéric le trouva conforme à ses projets,
Et du nom d'un moulin honora son palais.

Hélas ! est-ce une loi sur notre pauvre terre
Que toujours deux voisins auront entre eux la guerre,
Que la soif d'envahir et d'étendre ses droits
Tourmentera toujours les meuniers et les rois?
En cette occasion, le roi fut le moins sage ;
Il lorgna du voisin le modeste héritage.

On avait fait des plans, fort beaux sur le papier,
Où le chétif enclos se perdait tout entier.
Il fallait, sans cela, renoncer à la vue,
Rétrécir les jardins et masquer l'avenue.

Des bâtiments royaux l'ordinaire intendant
Fit venir le meunier, et, d'un ton important :
« Il nous faut ton moulin ; que veux-tu qu'on t'en donne?
— Rien du tout, car j'entends ne le vendre à personne.
*Il nous faut* est fort bon... Mon moulin est à moi...
Tout aussi bien, au moins, que la Prusse est au roi.
— Allons, ton dernier mot, bonhomme, et prends-y garde.
— Faut-il vous parler clair ? — Oui. — C'est que je le garde.
Voilà mon dernier mot. » Ce refus effronté
Avec un grand scandale au prince est raconté.

1. Épicure, nom d'un philosophe grec, né dans l'Attique, l'an 342 avant Jésus-Christ. Sa doctrine faisait consister le bonheur dans la volupté, mais la volupté liée à la raison et à la modération — On nommait ses disciples : *épicuriens* ou amis du plaisir.

Il mande auprès de lui le meunier indocile,
Presse, flatte, promet : ce fut peine inutile ;
Sans-Souci s'obstinait. « Entendez la raison.
Sire, je ne peux pas vous vendre ma maison :
Mon vieux père y mourut, mon fils y vient de naître ;
C'est mon Potsdam [1], à moi. Je suis tranchant peut-être ;
Ne l'êtes-vous jamais ? Tenez, mille ducats
Au bout de vos discours ne me tenteraient pas.
Il faut vous en passer ; je l'ai dit, j'y persiste. »

Les rois malaisément souffrent qu'on leur résiste.
Frédéric, un moment par l'humeur emporté :
« Parbleu ! de ton moulin c'est bien être entêté !
Je suis bon de vouloir t'engager à le vendre :
Sais-tu que sans payer je pourrais bien le prendre ?
Je suis le maître. — Vous !... de prendre mon moulin ?
Oui, si nous n'avions pas des juges à Berlin. »

Le monarque, à ce mot, revient de son caprice.
Charmé que sous son règne on crût à la justice,
Il rit, et, se tournant vers quelques courtisans :
« Ma foi, messieurs, je crois qu'il faut changer nos plans.
Voisin, garde ton bien ; j'aime fort ta réplique. »

Qu'aurait-on fait de mieux dans une république ?
Le plus sûr est pourtant de ne pas s'y fier :
Ce même Frédéric, juste envers un meunier,
Se permit maintes fois telle autre fantaisie :
Témoin ce certain jour qu'il prit la Silésie,
Qu'à peine sur le trône, avide de lauriers [2],
Épris du vain renom qui séduit les guerriers,
Il mit l'Europe en feu. Ce sont là jeux de prince :
On respecte un moulin, on vole une province.

ANDRIEUX.

---

1. *Potsdam :* ancienne résidence royale, le Versailles de la Prusse.
On y voit le château de Sans-Souci et le tombeau du grand Frédéric.
2. De gloire militaire.

## La maison qui marche.

Charnacé était un garçon d'esprit, qui avait été page du roi et officier dans ses gardes du corps, fort du monde [1], et puis retiré chez lui où il avait souvent fait des fredaines; mais il avait toujours trouvé bonté et protection dans le roi. Il en fit une, entre autres, pleine d'esprit et dont on ne put que rire.

Il avait une très large, longue et parfaitement belle avenue devant sa maison, en Anjou, dans laquelle était placée une maison de paysan et son petit jardin, qui s'y était trouvée lorsqu'elle fut apparemment plantée. Jamais Charnacé ni son père n'avaient pu réduire ce paysan à la leur vendre, quelque avantage qu'ils lui en eussent offert...

Charnacé, ne sachant plus qu'y faire, avait laissé cela là depuis longtemps sans en plus parler. Mais enfin, fatigué de cette chaumière qui lui bouchait la vue et lui ôtait tout l'agrément de son avenue, il imagina un tour de passe-passe [2].

Le paysan qui y demeurait, et à qui elle appartenait, était tailleur de son métier quand il trouvait à l'exercer ; et il était tout seul chez lui, sans femme et enfants. Charnacé l'envoie chercher, lui dit qu'il est demandé à la cour pour un emploi de conséquence, mais qu'il lui faut une livrée. Ils font marché comptant ; mais Charnacé stipule qu'il ne veut point se fier à ses délais [3], et que, moyennant quelque chose de plus, il ne veut pas qu'il sorte de chez lui que sa livrée ne soit faite, et qu'il le couchera, le nourrira et le payera avant de le renvoyer. Le tailleur s'y accorde et se met à travailler.

Pendant qu'il est occupé, Charnacé fait prendre, avec

---

1. Ayant beaucoup vécu à la cour, très répandu dans le monde.
2. Tromperie, fourberie adroite. Terme emprunté à l'art des escamoteurs.
3. Charnacé ne donne point de délai; il exige que se fasse sur-le-champ sa *livrée*, c'est-à-dire son uniforme, son habit de cour.

la dernière exactitude, le plan et la dimension de sa maison et de son jardin, des pièces de l'intérieur, jusqu'à la position des ustensiles et des petits meubles, fait démonter la maison et emporter tout ce qui y était, remonte la maison telle qu'elle était au juste, dedans et dehors, à quatre portées de mousquet à côté de son avenue, replace tous les meubles et ustensiles dans la même position en laquelle on les avait trouvés, et rétablit le petit jardin de même ; en même temps, fait aplanir et nettoyer l'endroit de l'avenue où elle était, en sorte qu'il n'y parût pas.

Tout cela fut exécuté encore plus tôt que la livrée fut faite, et pendant ce temps le tailleur doucement gardé à vue, de peur de quelque indiscrétion. Enfin, la besogne achevée de part et d'autre, Charnacé amuse son homme jusqu'à la nuit bien noire, le paye et le renvoie content.

Le voilà qui enfile l'avenue ; bientôt il la trouve longue ; après, il va aux arbres et n'en trouve plus ; il s'aperçoit qu'il a passé le bout, et revient, à tâtons, chercher les arbres ; il les suit à l'estimée [1], puis croise, et ne trouve point sa maison. Il ne comprend point cette aventure. La nuit se passe dans cet exercice, le jour arrive et devient bientôt assez clair pour aviser sa maison ; il ne voit rien ; il se frotte les yeux ; il cherche d'autres objets, pour découvrir si c'est la faute de sa vue. Enfin, il croit qu'un sorcier s'en mêle et qu'il a emporté sa maison.

A force d'aller et de venir, et de porter sa vue de tous côtés, il aperçoit, à une assez grande distance de l'avenue, une maison qui ressemble à la sienne comme deux gouttes d'eau ; il ne peut croire que cela soit, mais la curiosité le fait aller où elle est, et où il n'a jamais vu de maison. Plus il approche, plus il reconnaît que c'est la sienne ; pour s'assurer mieux de ce qui lui tourne la tête, il présente sa clef : elle ouvre ; il entre, il retrouve tout ce qu'il y avait laissé, et précisément dans la même place. Il est prêt à en pâmer [2], et est convaincu que c'est un tour de sorcier.

---

1. Au jugé.
2. A tomber en pâmoison, en défaillance, tant est grande sa surprise.

La journée ne fut pas bien avant que la risée du château et du village l'instruisit de la vérité du sortilège et le mit en furie. Il veut plaider, il veut demander justice à l'intendant, et partout on s'en moque. Le roi le sut, qui en rit aussi, et Charnacé eut son avenue libre.

SAINT-SIMON.<br>(Mémoires.)

☙ ❧

## DANGER DES AVENTURES

### Le pigeon puni de son inquiétude.

Deux pigeons vivaient ensemble, dans un colombier, avec une paix profonde. Ils fendaient l'air de leurs ailes, qui paraissaient immobiles par leur rapidité. Ils se jouaient en volant l'un auprès de l'autre, se fuyant et se poursuivant tour à tour ; puis ils allaient chercher du grain dans l'aire du fermier ou dans les prairies voisines. Aussitôt ils allaient se désaltérer dans l'onde pure d'un ruisseau qui coulait au travers de ces prés fleuris. De là, ils revenaient voir leurs pénates[1], dans le colombier blanchi et plein de petits trous : ils y passaient le temps dans une douce société avec leurs fidèles compagnons.

Leurs cœurs étaient tendres, le plumage de leurs cous était changeant et peint d'un plus grand nombre de couleurs que l'inconstante Iris[2]. On entendait le doux murmure de ces heureux pigeons et leur vie était délicieuse.

L'un d'eux, se dégoûtant des plaisirs d'une vie paisible, se laissa séduire par une folle ambition et livra son

---

1. *Pénates :* dieux protecteurs et gardiens de la maison chez les anciens Romains. Au figuré, le pays, la ville et aussi la demeure où l'on a fixé sa résidence.
2. Messagère des dieux. D'une aile rapide, elle fendait les espaces immenses de l'air. Son écharpe, aux couleurs changeantes, laissait après elle une longue trace de lumière que les yeux des hommes connaissaient sous le nom d'arc-en-ciel.

esprit aux projets de la politique. Le voilà qui abandonne
son ancien ami ; il part, il va du côté du Levant. Il
passe au-dessus de la mer Méditerranée, et vogue avec
ses ailes, dans les airs, comme un navire avec ses voiles
dans les ondes.

Il arrive à Alexandrette ; de là il continue son chemin,
traversant les terres jusqu'à Alep. En y arrivant, il salue
les autres pigeons de la contrée, qui servent de courriers
réglés, et il envie leur bonheur.

Aussitôt il se répand, parmi eux, un bruit qu'il est venu
un étranger de leur nation qui a traversé des pays immenses. Il est mis au rang des courriers : il porte, toutes
les semaines, les lettres d'un pacha [1] attachées à son
pied, et il fait vingt-huit lieues en moins d'une journée. Il
est orgueilleux de porter les secrets de l'État, et il a
pitié de son ancien compagnon, qui vit, sans gloire, dans
les trous de son colombier.

Mais un jour, comme il portait les lettres du pacha,
soupçonné d'infidélité par le Grand Seigneur [2], on voulut
découvrir, par les lettres de ce pacha, s'il n'avait point
quelque intelligence secrète avec les officiers du roi de
Perse : une flèche tirée perce le pauvre pigeon qui,
d'une aile traînante, se soutient encore un peu pendant
que son sang coule.

Enfin il tombe, et les ténèbres de la mort couvrent
déjà ses yeux ; pendant qu'on lui ôte les lettres, pour les
lire, il expire plein de douleur, condamnant sa vaine
ambition, et regrettant le doux repos de son colombier
où il pouvait vivre en sûreté avec son ami.

                                        FÉNELON.

---

1. Chef des armées et gouverneur de province en Turquie. On porte
devant les pachas, comme signe de leur dignité, des queues de cheval :
une seule devant les uns, deux, trois devant les autres, selon le rang
qu'ils occupent dans la hiérarchie : *pacha à trois queues.*
2. L'empereur des Turcs, le sultan.

### Les deux pigeons.

Deux pigeons s'aimaient d'amour tendre ;
L'un d'eux, s'ennuyant au logis,
Fut assez fou pour entreprendre
Un voyage en lointain pays.
L'autre lui dit : « Qu'allez-vous faire?
Voulez-vous quitter votre frère?
L'absence est le plus grand des maux ;
Non pas pour vous, cruel ! Au moins, que les travaux,
Les dangers, les soins du voyage
Changent un peu votre courage.
Encor, si la saison s'avançait davantage !
Attendez les zéphyrs : qui vous presse? un corbeau
Tout à l'heure annonçait malheur [1] à quelque oiseau.
Je ne songerai plus que rencontre funeste,
Que faucons, que réseaux. Hélas ! dirai-je, il pleut :
Mon frère a-t-il tout ce qu'il veut,
Bon soupé, bon gîte, et le reste? »

Ce discours ébranla le cœur
De notre imprudent voyageur ;
Mais le désir de voir et l'humeur inquiète
L'emportèrent enfin. Il dit : « Ne pleurez point ;
Trois jours au plus rendront mon âme satisfaite :
Je reviendrai dans peu conter de point en point
Mes aventures à mon frère ;
Je le désennuierai. Quiconque ne voit guère
N'a guère à dire aussi. Mon voyage dépeint
Vous sera d'un plaisir extrême.
Je dirai : j'étais là ; telle chose m'avint [2] :
Vous y croirez être vous-même. »

1. Les anciens tiraient des présages du vol des oiseaux. Chez les
Romains, rien d'important ne se faisait qu'on n'eût consulté auparavant
les augures, les signes sur lesquels on jugeait de l'avenir. Le corbeau
est encore considéré, par les gens superstitieux, comme un oiseau de
mauvais augure.
2. M'advint, m'arriva.

A ces mots, en pleurant, ils se dirent adieu.
Le voyageur s'éloigne. Et voilà qu'un nuage
L'oblige de chercher une retraite en quelque lieu.
Un seul arbre s'offrit, tel encor que l'orage
Maltraita le pigeon en dépit du feuillage.
L'air devenu serein, il part tout morfondu,
Sèche du mieux qu'il peut son corps chargé de pluie ;
Dans un champ à l'écart voit du blé répandu,
Voit un pigeon auprès : cela lui donne envie ;
Il y vole, il est pris : ce blé couvrait d'un las [1]
      Les menteurs et traîtres appas.


Le lacs était usé ; si bien que, de son aile,
De ses pieds, de son bec, l'oiseau le rompt enfin :
Quelque plume y périt ; et le pis du destin
Fut qu'un certain vautour, à la serre cruelle,
Vit notre malheureux qui, traînant la ficelle
Et les morceaux du lacs qui l'avait attrapé,
      Semblait un forçat échappé.
Le vautour s'en allait le lier [2], quand, des nues,
Fond à son tour un aigle aux ailes étendues.
Le pigeon profita du conflit des voleurs,
S'envola, s'abattit auprès d'une masure,
      Crut pour ce coup que ses malheurs
      Finiraient par cette aventure ;


Mais un fripon d'enfant (cet âge est sans pitié)
Prit sa fronde, et, du coup, tua plus d'à moitié
      La volatile [3] malheureuse,
   Qui, maudissant sa curiosité,
      Traînant l'aile, et tirant le pié,
      Demi-morte et demi-boiteuse,
      Droit au logis s'en retourna.


   1. **Las**, pour *lacs* ; *appas*, pour *appâts*. Prononcer : *lâ*.
   2. Terme de fauconnerie : se dit du faucon qui saisit l'oiseau avec
ses serres.
   3. *Volatile* est généralement masculin.

Que bien, que mal [1], elle arriva
Sans autre aventure fâcheuse.
Voilà nos gens rejoints ; et je laisse à juger [2]
De combien de plaisirs ils payèrent leurs peines [*].

La Fontaine.

❦

## LE TROMPEUR TROMPÉ

### Le renard et la cigogne.

Compère le renard se mit un jour en frais,
Et retint à dîner commère la cigogne.
Le régal fut petit et sans beaucoup d'apprêts :
Le galant, pour toute besogne,
Avait un brouet clair ; il vivait chichement.
Ce brouet fut par lui servi sur une assiette :
La cigogne au long bec n'en put attraper miette,
Et le drôle eut lapé le tout en un moment.

Pour se venger de cette tromperie,
A quelque temps de là la cigogne le prie [3].
« Volontiers, lui dit-il ; car avec mes amis
Je ne fais point cérémonie. »
A l'heure dite, il courut au logis
De la cigogne son hôtesse ;
Loua très fort sa politesse ;
Trouva le dîner cuit à point.
Bon appétit surtout ; renards n'en manquent point.
Il se réjouissait à l'odeur de la viande
Mise en menus morceaux, et qu'il croyait friande.

---

1. Tant bien que mal.
2. « Se lassera-t-on jamais de relire la fable *les Deux Pigeons* ? ce morceau dont l'impression est si délicieuse, à qui peut-être on donnerait la palme sur tous les autres, si, parmi tant de chefs-d'œuvre, on avait la confiance de juger ou la force de choisir. » (Chamfort.)
3. *Le prie:* l'invite à dîner.
[*]**Composition française :** *De retour au colombier, le voyageur raconte ses aventures à son frère. Dialogue animé.*

On servit, pour l'embarrasser,
En un vase à long col et d'étroite embouchure.
Le bec de la cigogne y pouvait bien passer ;
Mais le museau du sire était d'autre mesure.
Il lui fallut à jeun retourner au logis,
Honteux comme un renard qu'une poule aurait pris,
    Serrant la queue, et portant bas l'oreille.


    Trompeurs, c'est pour vous que j'écris :
    Attendez-vous à la pareille.

                                    LA FONTAINE.


                        ⚬§⚬


### Le chat et les lapins.


Un chat, qui faisait le modeste, était entré dans une
garenne peuplée de lapins. Aussitôt toute la république
alarmée ne songea qu'à s'enfoncer dans ses trous.

Comme le nouveau venu était au guet, auprès d'un
terrier, les députés de la nation lapine, qui avaient vu
ses terribles griffes, comparurent dans l'endroit le plus
étroit de l'entrée du terrier pour lui demander ce qu'il
prétendait. Il protesta, d'une voix douce, qu'il voulait
seulement étudier les mœurs de la nation ; qu'en qualité
de philosophe il allait dans tous les pays, pour s'informer
des coutumes de chaque espèce d'animaux.

Les députés, simples et crédules, retournèrent dire à
leurs frères que cet étranger, si vénérable par son main-
tien modeste et par sa majestueuse fourrure, était un
philosophe sobre, désintéressé, pacifique, qui voulait
seulement rechercher la sagesse de pays en pays ; qu'il
venait de beaucoup d'autres lieux où il avait vu de grandes
merveilles ; qu'il y aurait bien du plaisir à l'entendre, et
qu'il n'avait garde de croquer les lapins, puisqu'il croyait,

en bon bramin, à la métempsycose [1] et ne mangeait
d'aucun aliment qui eût eu vie.

Ce beau discours toucha l'assemblée. En vain un vieux
lapin rusé, qui était le docteur de la troupe, représenta
combien ce grave philosophe lui était suspect : malgré
lui, on va saluer le bramin, qui étrangla du premier saut
sept ou huit de ces pauvres gens. Les autres regagnent
leurs trous, bien effrayés et bien honteux de leur faute.

Alors dom [2] Mitis revint à l'entrée du terrier, protes-
tant, d'un ton plein de cordialité, qu'il n'avait fait ce
meurtre que malgré lui, pour son pressant besoin ; que,
désormais, il vivrait d'autres animaux et ferait avec eux
une alliance éternelle.

Aussitôt les lapins entrent en négociation avec lui,
sans se mettre néanmoins à la portée de sa griffe. La
négociation dure ; on l'amuse. Cependant un lapin des
plus agiles sort, par les derrières du terrier, et va avertir
un berger voisin qui aimait à prendre, dans un lacs, de
ces lapins nourris de genièvre [3].

Le berger, irrité contre ce chat, exterminateur d'un
peuple si utile, accourt au terrier avec un arc et des
flèches : il aperçoit le chat qui n'était attentif qu'à sa
proie ; il le perce d'une de ses flèches ; et le chat, expirant, dit ces paroles : « Quand on a une fois trompé, on
ne peut plus être cru de personne ; on est haï, craint,
détesté, et on est enfin attrapé par ses propres finesses. »

FÉNELON.

1. Les brahmanes ou bramines, prêtres hindous, enseignent la métempsycose, doctrine d'après laquelle les âmes des morts passent d'un
corps dans un autre. De là l'interdiction de l'usage des viandes, qui
expose l'homme à se nourrir de la chair d'un de ses semblables.
2. *Dom :* abréviation du latin *dominus*, maître.
3. Nom vulgaire du genévrier, arbrisseau à feuilles aromatiques.

# FANFARON ET POLTRON

## Le lièvre et les grenouilles.

Un lièvre en son gîte songeait
(Car que faire en un gîte, à moins que l'on ne songe?)
Dans un profond ennui ce lièvre se plongeait :
Cet animal est triste, et la crainte le ronge.
    « Les gens de naturel peureux
    Sont, disait-il, bien malheureux !
Ils ne sauraient manger morceau qui leur profite ;
Jamais un plaisir pur ; toujours assauts divers.
Voilà comme je vis : cette crainte maudite
M'empêche de dormir, sinon les yeux ouverts.
— Corrigez-vous, dira quelque sage cervelle.
    — Eh ! la peur se corrige-t-elle ?
    Je crois même qu'en bonne foi
    Les hommes ont peur comme moi. »

    Ainsi raisonnait notre lièvre,
    Et cependant [1] faisait le guet.
    Il était douteux [2], inquiet :
Un souffle, une ombre, un rien, tout lui donnait la fièvre.
    Le mélancolique animal,
    En rêvant à cette matière,
Entend un léger bruit : ce lui fut un signal
    Pour s'enfuir devers sa tanière [3].
Il s'en alla passer sur le bord d'un étang.
Grenouilles aussitôt de sauter dans les ondes ;
Grenouilles de rentrer en leurs grottes profondes.

   1. *Cependant* : pendant ce temps, en raisonnant ainsi.
   2. *Douteux :* soupçonneux par crainte, craintif.
   3. Le mot *tanière* : caverne, concavité dans la terre ou dans le roc, où des bêtes sauvages se retirent, ne paraît convenir au lièvre. Impropre ou non, La Fontaine emploie ce terme pour désigner la demeure habituelle de l'animal, et par le gîte du premier vers il entendait, on le voit, la place d'un repos passager. (H. Régnier.)

« Oh ! dit-il, j'en fais faire autant
Qu'on m'en fait faire ! Ma présence
Effraie aussi les gens ! je mets l'alarme au camp !
Et d'où me vient cette vaillance?
Comment? des animaux qui tremblent devant moi !
Je suis donc un foudre de guerre !
Il n'est, je le vois bien, si poltron sur la terre
Qui ne puisse trouver un plus poltron que soi. »

LA FONTAINE.

ഛ഻ഛ

## Le lièvre qui fait le brave.

Un lièvre, qui était honteux d'être poltron, cherchait quelque occasion de s'aguerrir. Il allait quelquefois, par un trou d'une haie, dans les choux du jardin d'un paysan, pour s'accoutumer au bruit du village. Souvent même il passait assez près de quelques mâtins qui se contentaient d'aboyer après lui.

Au retour de ces grandes expéditions, il se croyait plus redoutable qu'Alcide [1] après tous ses travaux. On dit même qu'il ne rentrait dans son gîte qu'avec des feuilles de laurier et faisait l'ovation [2]. Il vantait ses prouesses à ses compères, les lièvres voisins. Il représentait les dangers qu'il avait courus, les alarmes qu'il avait données aux ennemis, les ruses de guerre qu'il avait faites en expérimenté capitaine, et surtout son intrépidité héroïque. Chaque matin il remerciait Mars et Bellone [3] de lui avoir donné des talents et un courage pour dompter toutes les nations à longues oreilles.

---

1. Hercule ou Alcide exécuta douze grands travaux : il étouffa le lion de Némée; il tua l'hydre de Lerne; prit vivant le sanglier d'Erymanthe; atteignit à la course la biche aux pieds d'airain; tua à coups de flèches les oiseaux du lac de Stymphale; dompta le taureau furieux de l'île de Crète; tua Diomède, roi de Thrace, qui nourrissait ses chevaux de chair humaine; vainquit les Amazones; nettoya les écuries d'Augias; combattit et tua Géryon, le géant au triple corps; enleva les pommes du jardin des Hespérides, et délivra Thésée des Enfers.

2. Nom donné au petit triomphe chez les Romains ; de *ovis* (brebis).

3. Mars était le dieu de la guerre. Sa sœur, Bellone, conduisait son char, accompagnée de la Discorde, de l'Epouvante et de la Fuite.

Jean Lapin, discourant un jour avec lui, lui dit d'un ton moqueur : « Mon ami, je te voudrais voir avec cette belle fierté au milieu d'une meute de chiens courants. Hercule fuirait bien vite et ferait une laide contenance. — Moi? répondit notre preux chevalier, je ne reculerais pas, quand toute la gent chienne viendrait m'attaquer. »

A peine eut-il parlé, qu'il entendit un petit tourne-broche [1] d'un fermier voisin, qui glapissait dans les buissons assez loin de lui. Aussitôt il tremble, il frissonne, il a la fièvre ; ses yeux se troublent, comme ceux de Pâris quand il vit Ménélas [2] qui venait ardemment contre lui. Il se précipite d'un rocher escarpé dans une profonde vallée, où il pensa se noyer dans un ruisseau.

Jean Lapin, lui voyant faire le saut, s'écria de son terrier : « Le voilà, ce foudre de guerre ! le voilà, cet Hercule qui doit purger la terre de tous les monstres dont elle est pleine * ! »

FÉNELON.

∽◊∽

# NE POINT MENTIR, C'EST LE PLUS SÛR

## Le pont de Miranda.

Un chevalier, allant avec son écuyer en pèlerinage à Saint-Jacques de Compostelle, venait d'entrer en Espagne. Parti de grand matin, il espérait arriver, le soir, à Miranda sur l'Èbre.

Un renard, cherchant les aventures, croise le chemin qu'avait pris le chevalier.

« Voilà, s'écrie celui-ci, un renard de belle taille.

---

1. *Tournebroche :* chien de petite taille que l'on mettait dans une roue pour faire tourner la broche.

2. *Pâris*, fils de Priam roi de Troie, avait ravi la belle Hélène, femme de Ménélas roi de Sparte. Cet enlèvement fut la cause de la guerre de Troie.

* **Composition française :** *Imaginer l'histoire d'un garçon fanfaron que l'on envoie le soir, après dîner, chercher un livre oublié dans le jardin. Peindre ses frayeurs.*

« — Oh ! monseigneur, dit l'écuyer, dans les pays que j'ai parcourus avant d'être à votre service, j'en ai vu, par la foi que je vous dois, d'une taille bien plus grande, et un, entre autres, gros comme un bœuf.

— Belle fourrure, répond le chevalier, pour un chasseur habile. » Et il chemine en silence.

Au bout de quelque temps, élevant tout à coup la voix : « Seigneur, préserve-nous aujourd'hui tous deux de la tentation de mentir, ou donne-nous la force de réparer notre faute pour que nous puissions traverser l'Èbre sans danger. »

L'écuyer, surpris, demande au chevalier pourquoi cette prière.

« Ne sais-tu pas, lui répond son maître, que l'Èbre, qu'il faut passer pour aller à Saint-Jacques, a la propriété de submerger celui qui a menti dans la journée, à moins qu'il ne s'amende. »

On arrive à la Zacorra.

« Est-ce là, monseigneur, cette rivière ?

— Non ; nous en sommes encore loin.

— En attendant, sire chevalier, ce renard que j'ai vu n'était peut-être que de la grosseur d'un veau...

— Eh ! que m'importe ton renard. »

Bientôt l'écuyer dit : « Monseigneur, l'eau que nous allons maintenant passer à gué ne serait-elle pas celle...?

— Non, pas encore.

— En tout cas, monseigneur, ce renard dont je vous parlais n'était pas, je m'en souviens maintenant, plus gros qu'un mouton. »

Voyant que l'ombre des montagnes s'allongeait déjà, le chevalier presse le pas de sa monture et découvre enfin Miranda.

« Voilà l'Èbre, dit-il, et le terme de notre première journée...

— L'Èbre ! s'écrie l'écuyer ; oh ! mon bon maître, je vous proteste que ce renard était tout au plus aussi gros que celui que nous avons vu ce matin. »

Que dites-vous de cette piquante réfutation de la menterie, à l'aide de la superstition, je l'avoue? Mais quelles bonnes superstitions que celles qui nous corrigent !

SAINT-MARC DE GIRARDIN.

(*Fabliaux.*)

ややや

## Le dépositaire infidèle.

Un trafiquant de Perse,
Chez son voisin, s'en allant en commerce [1],
Mit en dépôt un cent [2] de fer un jour.
« Mon fer? dit-il, quand il fut de retour.
— Votre fer? il n'est plus : j'ai regret de vous dire
Qu'un rat l'a mangé tout entier.
J'en ai grondé mes gens ; mais qu'y faire? un grenier
A toujours quelque trou. » Le trafiquant admire
Un tel prodige, et feint de le croire pourtant.

Au bout de quelques jours il détourne [3] l'enfant
Du perfide voisin ; puis à souper convie
Le père, qui s'excuse, et lui dit en pleurant :
« Dispensez-moi, je vous supplie ;
Tous plaisirs pour moi sont perdus.
J'aimais un fils plus que ma vie :
Je n'ai que lui ; que dis-je? hélas ! je ne l'ai plus.
On me l'a dérobé : plaignez mon infortune. »

Le marchand repartit : « Hier au soir, sur la brune,
Un chat-huant s'en vint votre fils enlever ;
Vers un vieux bâtiment je le lui vis porter ! »
Le père dit : « Comment voulez-vous que je croie
Qu'un hibou pût jamais emporter cette proie?

1. La construction régulière serait : Un trafiquant, s'en allant en commerce, mit en dépôt chez son voisin...
2. Cent livres, un quintal.
3. *Détourner* : emmener, faire disparaître ; le mot implique l'idée de secret et de larcin.

Mon fils en un besoin [1] eût pris le chat-huant.
— Je ne vous dirai point, reprit l'autre, comment ;
Mais enfin je l'ai vu, vu de mes yeux [2], vous dis-je ;
     Et ne vois rien qui vous oblige [3]
D'en douter un moment après ce que je dis.
     Faut-il que vous trouviez étrange
     Que les chats-huants d'un pays
Où le quintal de fer par un seul rat se mange
Enlèvent un garçon pesant un demi-cent? »
L'autre vit où tendait cette feinte aventure :
     Il rendit le fer au marchand
     Qui lui rendit sa géniture [4].


Même dispute avint [5] entre deux voyageurs.
     L'un d'eux était de ces conteurs
Qui n'ont jamais rien vu qu'avec un microscope ;
Tout est géant chez eux : écoutez-les, l'Europe,
Comme l'Afrique, aura des monstres à foison.
Celui-ci se croyait l'hyperbole [6] permise.
« J'ai vu, dit-il, un chou plus grand qu'une maison.
— Et moi, dit l'autre, un pot aussi grand qu'une église. »
Le premier se moquant, l'autre reprit : « Tout doux [7] ;
     On le fit pour cuire vos choux. »


L'homme au pot fut plaisant ; l'homme au fer fut habile.
Quand l'absurde est outré, l'on lui fait trop d'honneur
De vouloir par raison combattre son erreur :
Enchérir est plus court, sans s'échauffer la bile.

                  La Fontaine.

---

1. *En un besoin :* au besoin, s'il l'eût fallu.
2. Molière fait dire à Orgon dans le *Tartufe* :
     Je l'ai vu, dis-je, vu, de mes propres yeux vu,
     Ce qu'on appelle vu...
3. Qui vous permette.
4. On n'emploie plus aujourd'hui que le composé *progéniture.*
5. *Avint :* ancienne forme de *advenir.*
6. Figure de rhétorique qui consiste à exagérer, outre mesure, ce que l'on dit, pour produire une impression plus forte : *exagération.*
7. *Tout doux :* ne vous moquez pas, ne vous fâchez pas.

# LES CHATEAUX EN ESPAGNE

## La laitière et le pot au lait.

Perrette, sur sa tête ayant un pot au lait
      Bien posé sur un coussinet,
Prétendait arriver sans encombre [1] à la ville.
Légère et court vêtue, elle allait à grands pas,
Ayant mis ce jour-là, pour être plus agile,
      Cotillon simple et souliers plats.
      Notre laitière ainsi troussée
      Comptait déjà dans sa pensée
Tout le prix de son lait ; en employait l'argent ;
Achetait un cent d'œufs ; faisait triple couvée :
La chose allait à bien par son soin diligent.

      « Il m'est, disait-elle, facile
D'élever des poulets autour de ma maison ;
      Le renard sera bien habile
S'il ne m'en laisse assez pour avoir un cochon.
Le porc à s'engraisser coûtera peu de son ;
Il était, quand je l'eus, de grosseur raisonnable :
J'aurai, le revendant, de l'argent bel et bon.
Et qui m'empêchera de mettre en notre étable,
Vu le prix dont il est, une vache et son veau,
Que je verrai sauter au milieu du troupeau ? »

Perrette là-dessus saute aussi, transportée :
Le lait tombe ; adieu veau, vache, cochon, couvée.
La dame de ces biens, quittant d'un œil marri [2]
      Sa fortune ainsi répandue,
      Va s'excuser à son mari,
      En grand danger d'être battue.
      Le récit en farce en fut fait ;
      On l'appela *le Pot au lait.*

1. Sans accident fâcheux.
2. Vieux mot : d'un œil triste, fâché.

Quel esprit ne bat la campagne*?
Qui ne fait châteaux en Espagne [1]?

La Fontaine.

ᕮᛐ

## Ma maison de campagne.

Si j'étais riche, je n'irais pas me bâtir une ville à la campagne et mettre, au fond d'une province, les Tuileries devant mon appartement.

Sur le penchant de quelque agréable colline, bien ombragée, j'aurais une petite maison rustique, une maison blanche avec des contrevents verts ; et, quoique une couverture de chaume soit en toute saison la meilleure, je préférerais magnifiquement, non la triste ardoise, mais la tuile, parce qu'elle a l'air plus propre et plus gaie que le chaume, qu'on ne couvre pas autrement les maisons dans mon pays, et que cela me rappellerait un peu l'heureux temps de ma jeunesse.

J'aurais pour cour une basse-cour, et pour écurie une étable avec des vaches, pour avoir du laitage que j'aime beaucoup. J'aurais un potager pour jardin, et pour parc un joli verger. Les fruits, à la discrétion des promeneurs, ne seraient ni comptés ni cueillis par mon jardinier ; et mon avare magnificence n'étalerait point aux yeux des espaliers superbes auxquels à peine on osât toucher.

Or, cette petite prodigalité serait peu coûteuse, parce que j'aurais choisi mon asile dans quelque province éloignée, où l'on voit peu d'argent et beaucoup de denrées, et où règnent l'abondance et la pauvreté.

Là, je rassemblerais une société, plus choisie que nombreuse, d'amis aimant le plaisir et s'y connaissant,

---

1. Faire des châteaux en Espagne, c'est faire des projets chimériques, rêver de biens imaginaires.

* **Composition française :** *Un homme a pris un billet de loterie. Il se met à songer qu'il a gagné le gros lot et fait des « châteaux en Espagne ». Soudain, il cherche son billet : il l'a perdu !*

Premières lectures littéraires.                                          4

de femmes qui pussent sortir de leur fauteuil et se prêter aux jeux champêtres, prendre quelquefois, au lieu de la navette et des cartes, la ligne, les gluaux, le râteau des faneuses et le panier des vendangeurs.

Là, tous les airs de la ville seraient oubliés ; et, devenus villageois au village, nous nous trouverions livrés à des foules d'amusements divers qui ne nous donneraient, chaque soir, que l'embarras du choix pour le lendemain.

L'exercice et la vie active nous feraient un nouvel estomac et de nouveaux goûts. Tous nos repas seraient des festins, où l'abondance plairait plus que la délicatesse. La gaieté, les travaux rustiques, les folâtres jeux sont les premiers cuisiniers du monde, et les ragoûts fins sont bien ridicules à des gens en haleine [1] depuis le lever du soleil.

Le service n'aurait pas plus d'ordre que d'élégance ; la salle à manger serait partout, dans le jardin, dans un bateau, sous un arbre ; quelquefois au loin, près d'une source vive, sur l'herbe verdoyante et fraîche, sous des touffes d'aunes et de coudriers ; une longue procession de gais convives porterait, en chantant, l'apprêt du festin ; on aurait le gazon pour table et pour chaises ; les bords de la fontaine serviraient de buffet, et le dessert pendrait aux arbres.

Les mets seraient servis sans ordre, l'appétit dispenserait des façons ; chacun, se préférant ouvertement à tout autre, trouverait bon que tout autre se préférât de même à lui : de cette familiarité cordiale et modérée naîtrait, sans grossièreté, sans fausseté, sans contrainte, un conflit badin, plus charmant cent fois que la politesse, et plus fait pour lier les cœurs.

Point d'importuns laquais épiant nos discours, critiquant tout bas nos maintiens, comptant nos morceaux d'un œil avide, s'amusant à nous faire attendre à boire, et murmurant d'un trop long dîner. Nous serions nos valets, pour être nos maîtres ; chacun serait servi par

---

1. En exercice, au travail depuis l'aube.

tous ; le temps passerait sans le compter, le repas serait
le repos et durerait autant que l'ardeur du jour.

S'il passait, près de nous, quelque paysan retournant au
travail, ses outils sur l'épaule, je lui réjouirais le cœur
par quelques bons propos, par quelques coups de bon
vin qui lui feraient porter plus gaiement sa misère ; et
moi, j'aurais aussi le plaisir de me sentir émouvoir un peu
les entrailles, et de me dire en secret : « Je suis encore
homme. »

Si quelque fête champêtre rassemblait les habitants du
lieu, j'y serais des premiers avec ma troupe. Si quelques
mariages, plus bénis du ciel que ceux des villes, se faisaient à mon voisinage, on saurait que j'aime la joie et
j'y serais invité.

Je porterais à ces bonnes gens quelques dons simples
comme eux, et qui contribueraient à la fête ; et j'y trou-
verais, en échange, des biens d'un prix inestimable, des
biens si peu connus de mes égaux : la franchise et le vrai
plaisir. Je souperais gaiement au bout de leur longue
table ; j'y ferais chorus au refrain d'une vieille chanson
rustique, et je danserais, dans leur grange, de meilleur
cœur qu'au bal de l'Opéra*.     J.-J. ROUSSEAU.

(L'Émile.)

ᐤᗰᐤ

## AMOUR DE LA LIBERTÉ

### Le loup et le chien.

Un loup n'avait que les os et la peau,<br>
Tant les chiens faisaient bonne garde.<br>
Ce loup rencontre un dogue aussi puissant [1] que beau,<br>
Gras, poli [2], qui s'était fourvoyé [3] par mégarde.

---

1. Vigoureux, aux membres puissants.
2. Au poil lisse, lustré qu'ont les animaux bien nourris.
3. Qui s'était égaré, détourné du chemin, faute de prendre garde.
* **Composition française** : *Plaisirs de la vie champêtre d'après
vos souvenirs de vacances.*

L'attaquer, le mettre en quartiers,
Sire loup l'eût fait volontiers :
Mais il fallait livrer bataille,
Et le mâtin était de taille
A se défendre hardiment.

Le loup donc l'aborde humblement,
Entre en propos, et lui fait compliment
Sur son embonpoint qu'il admire.
    « Il ne tiendra qu'à vous, beau sire,
D'être aussi gras que moi, lui repartit le chien.
Quittez les bois, vous ferez bien :
Vos pareils y sont misérables,
Cancres, hères, et pauvres diables
Dont la condition est de mourir de faim.
Car, quoi ? rien d'assuré : point de franche lippée [1] ;
    Tout à la pointe de l'épée.
Suivez-moi, vous aurez un bien meilleur destin. »

    Le loup reprit : « Que me faudra-t-il faire ?
— Presque rien, dit le chien : donner la chasse aux gens
        Portant bâtons, et mendiants ;
Flatter ceux du logis, à son maître complaire :
        Moyennant quoi votre salaire
Sera force reliefs de toutes les façons,
        Os de poulets, os de pigeons,
        Sans parler de mainte caresse. »

Le loup déjà se forge [2] une félicité
        Qui le fait pleurer de tendresse.
Chemin faisant, il vit le cou du chien pelé.           [chose.
« Qu'est-ce là ? lui dit-il. — Rien. — Quoi ? rien ? — Peu de
— Mais encor ? — Le collier dont je suis attaché
De ce que vous voyez est peut-être la cause.
— Attaché ? dit le loup : vous ne courez donc pas
Où vous voulez ? — Pas toujours ; mais qu'importe ?

---

1. Point de bon repas tranquille, acquis sans peine.
2. Le loup se figure à l'avance le bonheur dont il jouira.

— Il importe si bien, que de tous vos repas
    Je ne veux en aucune sorte,
Et ne voudrais pas même à ce prix un trésor. »
Cela dit, maître loup s'enfuit, et court encor.

                                        LA FONTAINE.

❦

## La chèvre de M. Seguin.

M. Seguin n'avait jamais eu de bonheur avec ses
chèvres.

Il les perdait toutes de la même façon : un beau matin,
elles cassaient leur corde, s'en allaient dans la montagne,
et là-haut le loup les mangeait. Ni les caresses de leur
maître, ni la peur du loup, rien ne les retenait. C'étaient,
paraît-il, des chèvres indépendantes, voulant à tout prix
le grand air et la liberté.

Le brave M. Seguin, qui ne comprenait rien au caractère de ses bêtes, était consterné. Il disait : « C'est fini ;
les chèvres s'ennuient chez moi, je n'en garderai pas
une. »

Cependant il ne se découragea pas, et, après avoir
perdu six chèvres de la même manière, il en acheta une
septième ; seulement, cette fois, il eut soin de la prendre
toute jeune, pour qu'elle s'habituât mieux à demeurer
chez lui.

Ah ! qu'elle était jolie, la petite chèvre de M. Seguin !
Qu'elle était jolie, avec ses yeux doux, sa barbiche de
sous-officier, ses sabots noirs et luisants, ses cornes
zébrées, et ses longs poils blancs qui lui faisaient une
houppelande ! Et puis docile, caressante, se laissant
traire sans bouger, sans mettre son pied dans l'écuelle ;
in amour de petite chèvre.

M. Seguin avait, derrière sa maison, un clos entouré
d'aubépines. C'est là qu'il mit sa nouvelle pensionnaire.
Il l'attacha à un pieu, au plus bel endroit du pré, en
ayant soin de lui laisser beaucoup de corde, et, de temps
en temps, il venait voir si elle était bien. La chèvre se

trouvait très heureuse, et broutait l'herbe de si bon cœur que M. Seguin était ravi.

« Enfin, pensait le pauvre homme, en voilà une qui ne s'ennuiera pas chez moi ! »

M. Seguin se trompait, sa chèvre s'ennuya.

Un jour, elle se dit en regardant la montagne :

« Comme on doit être bien là-haut ! Quel plaisir de gambader dans la bruyère, sans cette maudite longe qui vous écorche le cou... C'est bon pour l'âne ou pour le bœuf de brouter dans un clos !... Les chèvres, il leur faut du large. »

A partir de ce moment, l'herbe du clos lui parut fade.

L'ennui lui vint. Elle maigrit, son lait se fit rare. C'était pitié de la voir tirer tout le jour sur sa longe, la tête tournée du côté de la montagne, la narine ouverte, et faisant : « Mê !... » tristement.

M. Seguin s'apercevait bien que sa chèvre avait quelque chose, mais il ne savait pas ce que c'était. Un matin, comme il achevait de la traire, la chèvre se retourna et lui dit, dans son patois :

« Écoutez, monsieur Seguin, je me languis [1] chez vous. Laissez-moi aller dans la montagne.

— Ah ! mon Dieu !... elle aussi ! » cria M. Seguin stupéfait.

Et, du coup, il laissa tomber son écuelle. Puis, s'asseyant dans l'herbe à côté de sa chèvre :

« Comment, Blanquette, tu veux me quitter? »

Blanquette répondit :

« Oui, monsieur Seguin..

— Est-ce que l'herbe te **manque** ici?

— Oh ! non, monsieur Seguin.

— Tu es peut-être attachée de trop court ; veux-tu que j'allonge la corde?

— Ce n'est pas la peine, monsieur Seguin.

— Alors, qu'est-ce qu'il te faut? Qu'est-**ce que tu** veux?

---

1. Verbe intransitif, souvent employé comme verbe pronominal par les gens du Midi.

— Je veux aller dans la montagne, monsieur Seguin.

— Mais, malheureuse, tu ne sais pas qu'il y a le loup, dans la montagne?... Que feras-tu quand il viendra?

— Je lui donnerai des coups de corne, monsieur Seguin.

— Le loup se moque bien de tes cornes. Il m'a mangé des biques autrement encornées que toi... Tu sais bien, la vieille Renaude qui était ici l'an dernier? une maîtresse chèvre, forte et méchante comme un bouc. Elle s'est battue avec le loup toute la nuit, puis, le matin, le loup l'a mangée.

— Pécaïre ! Pauvre Renaude !... Ça ne fait rien, monsieur Seguin, laissez-moi aller dans la montagne.

— Bonté divine !... dit M. Seguin ; mais qu'est-ce qu'on leur a donc fait, à mes chèvres? Encore une que le loup va me manger... Eh bien, non... je te sauverai malgré toi, coquine, et, de peur que tu ne rompes la corde, je vais t'enfermer dans l'étable, et tu y resteras toujours. »

Là-dessus, M. Seguin emporta la chèvre dans une étable toute noire, dont il ferma la porte à double tour. Malheureusement, il avait oublié la fenêtre, et à peine eut-il le dos tourné que la petite s'en alla.

Quand la chèvre blanche arriva dans la montagne, ce fut un ravissement général. Jamais les vieux sapins n'avaient rien vu d'aussi joli. On la reçut comme une petite reine. Les châtaigniers se baissaient jusqu'à terre pour la caresser du bout de leurs branches. Les genêts d'or s'ouvraient sur son passage et sentaient bon tant qu'ils pouvaient. Toute la montagne lui fit fête.

Plus de corde, plus de pieu, rien qui l'empêchât de gambader, de brouter à sa guise... C'est là qu'il y en avait de l'herbe! Jusque par-dessus les cornes... Et quelle herbe ! Savoureuse, fine, dentelée, faite de mille plantes. C'était bien autre chose que le gazon du clos. Et les fleurs, donc !... De grandes campanules bleues, des digitales de pourpre à longs calices, toute une forêt de fleurs sauvages débordant de sucs capiteux.

La chèvre blanche, à moitié soûle, se vautrait là-dedans, les jambes en l'air, et roulait le long des talus, pêle-mêle avec les feuilles tombées et les châtaignes... Puis, tout à coup, elle se redressait d'un bond sur ses pattes. Hop ! la voilà partie, la tête en avant, à travers les maquis et les buissières, tantôt sur un pic, tantôt au fond d'un ravin, là-haut, en bas, partout. On aurait dit qu'il y avait dix chèvres de M. Seguin dans la montagne.

C'est qu'elle n'avait peur de rien, la Blanquette !

Elle franchissait d'un saut de grands torrents qui l'éclaboussaient au passage de poussière humide et d'écume. Alors, toute ruisselante, elle allait s'étendre sur quelque roche plate et se faisait sécher au soleil... Une fois, s'avançant au bord d'un plateau, une fleur de cytise aux dents, elle aperçut en bas, tout en bas dans la plaine, la maison de M. Seguin avec le clos derrière. Cela la fit rire aux larmes.

« Que c'est petit ! dit-elle ; comment ai-je pu tenir là dedans ? »

Pauvrette ! de se voir si haut perchée, elle se croyait au moins aussi grande que le monde.

En somme, ce fut une bonne journée pour la chèvre de M. Seguin. Vers le milieu du jour, en courant de droite et de gauche, elle tomba dans une troupe de chamois en train de croquer une lambrusque [1] à belles dents. Notre petite coureuse en robe blanche fit sensation. On lui donna la meilleure place à la lambrusque.

Tout à coup, le vent fraîchit. La montagne devint violette ; c'était le soir. « Déjà ! » dit la petite chèvre ; et elle s'arrêta fort étonnée.

En bas, les champs étaient noyés de brume. Le clos de M. Seguin disparaissait dans le brouillard, et de la maisonnette on ne voyait que le toit avec un peu de fumée ; elle écouta les clochettes d'un troupeau qu'on ramenait, et se sentit l'âme toute triste... Un gerfaut qui rentrait la frôla de ses ailes en passant. Elle tressaillit... Puis ce fut un long hurlement dans la montagne.

« Hou ! hou ! »

1. *Lambrusque* : vigne sauvage.

Elle pensa au loup; de tout le jour la folle n'y avait pas pensé. Au même moment une trompe sonna bien loin dans la vallée. C'était ce bon M. Seguin qui tentait un dernier effort.

« Hou ! hou !... » faisait le loup.

« Reviens ! reviens !... » criait la trompe.

Blanquette eut envie de rentrer ; mais, en se rappelant le pieu, la corde, la haie du clos, elle pensa que maintenant elle ne pourrait plus se faire à cette vie, et qu'il valait mieux rester.

La trompe ne sonnait plus...

La chèvre entendit derrière elle un bruit de feuilles. Elle se retourna et vit dans l'ombre deux oreilles courtes toutes droites, avec deux yeux qui reluisaient... C'était le loup.

Énorme, immobile, assis sur son train de derrière, il était là, regardant la petite chèvre blanche et la dégustant par avance. Comme il savait bien qu'il la mangerait, le loup ne se pressait pas ; seulement, quand elle se retourna, il se mit à rire méchamment : « Ha ! ha ! la petite chèvre de M. Seguin ! » et il passa sa grosse langue rouge sur ses babines d'amadou.

Blanquette se sentit perdue. Un moment, en se rappelant l'histoire de la vieille Renaude, qui s'était battue toute la nuit pour être mangée le matin, elle se dit qu'il vaudrait peut-être mieux se laisser manger tout de suite ; puis, s'étant ravisée, elle tomba en garde, la tête basse et la corne en avant, comme une brave chèvre de M. Seguin qu'elle était. Non pas qu'elle eût l'espoir de tuer le loup, — les chèvres ne tuent pas le loup, — mais seulement pour voir si elle pourrait tenir aussi longtemps que la Renaude.

Alors le monstre s'avança, et les petites cornes entrèrent en danse.

Ah ! la brave chevrette ! Comme elle y allait de bon cœur ! Plus de dix fois, elle força le loup à reculer pour reprendre haleine. Pendant ces trêves d'une minute, la gourmande cueillait en hâte encore un brin de sa chère

herbe, puis elle retournait au combat la bouche pleine...
Cela dura toute la nuit. De temps en temps la chèvre de
M. Seguin regardait les étoiles danser dans le ciel clair, et
elle se disait : « Oh ! pourvu que je tienne jusqu'à l'aube ! »

L'une après l'autre, les étoiles s'éteignirent. Blanquette
redoubla de coups de cornes, le loup de coups de dents...
Une lueur pâle parut dans l'horizon... Le chant d'un coq
enroué monta d'une métairie. « Enfin ! » dit la pauvre
bête, qui n'attendait plus que le jour pour mourir ; et
elle s'allongea par terre dans sa belle fourrure blanche
toute tachée de sang.

Alors le loup se jeta sur la petite chèvre et la mangea*.

ALPHONSE DAUDET.

*(Contes.)*

ᴏᵟᴏ

## L'écolier.

Un tout petit enfant s'en allait à l'école.
On avait dit : Allez !... Il tâchait d'obéir ;
Mais son livre était lourd ; il ne pouvait courir.
Il pleure, et suit des yeux une abeille qui vole.

« Abeille, lui dit-il, voulez-vous me parler ?
Moi, je vais à l'école ; il faut apprendre à lire ;
Mais le maître est tout noir, et je n'ose pas rire.
Voulez-vous rire, abeille, et m'apprendre à voler ?

— Non, dit-elle, j'arrive et je suis très pressée.
J'avais froid, l'aquilon m'a longtemps oppressée ;
Enfin, j'ai vu des fleurs : je redescends du ciel [1],

---

[1]. C'est du séjour des dieux que les abeilles viennent.
Les premières, dit-on, s'en allèrent loger
        Au mont Hymette, et se gorger
Des trésors qu'en ce lieu les zéphyrs entretiennent.

LA FONTAINE.

**Composition française :** *Un canari s'est échappé de sa cage. Son
ivresse. La nuit vient. Que va-t-il faire ?*

Et je vais commencer mon doux rayon de miel.
Voyez ! j'en ai déjà puisé dans quatre roses ;
Avant une heure encor nous en aurons d'écloses.
Vite, vite à la ruche ! On ne rit pas toujours
C'est pour faire le miel qu'on nous rend les beaux jours. »
Elle fuit, et se perd sur la route embaumée.
Le frais lilas sortait d'un vieux mur entr'ouvert ;
Il saluait l'aurore, et l'aurore charmée
Se montrait sans nuage et riait de l'hiver.


Une hirondelle passe, elle effleure la joue
Du petit nonchalant, qui s'attriste et qui joue ;
Et, dans l'air suspendue, en redoublant sa voix,
Fait tressaillir l'écho qui dort au fond des bois.


« Oh ! bonjour ! dit l'enfant qui se souvenait d'elle ;
Je t'ai vue à l'automne ; oh ! bonjour, hirondelle !
Viens ! tu portais bonheur [1] à ma maison ; et moi,
Je voudrais du bonheur ; veux-tu m'en donner, toi ?
Jouons. — Je le voudrais, répond la voyageuse,
Car je respire à peine, et je me sens joyeuse.
Mais j'ai beaucoup d'amis qui doutent du printemps ;
Ils rêveraient ma mort si je tardais longtemps.
Non, je ne puis jouer. Pour finir leur souffrance,
J'emporte un brin de mousse, en signe d'espérance.
Nous allons relever nos palais dégarnis :
L'herbe croît, c'est l'instant des amours et des nids.
J'ai tout vu. Maintenant, fidèle messagère,
Je vais chercher mes sœurs là-bas sur le chemin.
Ainsi que nous, enfant, la vie est passagère.
Il en faut profiter. Je me sauve... A demain ! »


L'enfant reste muet, et, la tête baissée,
Rêve, et compte ses pas pour tromper son ennui ;

---

1. C'est une tradition populaire que les hirondelles protègent le toit qui les abrite.

Quand le livre importun, dont sa main est lassée,
Rompt ses fragiles nœuds et tombe auprès de lui.

Un dogue l'observait du seuil de sa demeure.
Stentor [1], gardien sévère et prudent à la fois,
De peur de l'effrayer, retient sa grosse voix.
Hélas ! peut-on crier contre un enfant qui pleure.

« Bon dogue, voulez-vous que je m'approche un peu ?
Dit l'écolier plaintif ; je n'aime pas mon livre ;
Voyez, ma main est rouge ; il en est cause. Au jeu
Rien ne fatigue ; on rit, et moi je voudrais vivre
Sans aller à l'école, où l'on tremble toujours.
Je m'en plains tous les soirs, et j'y vais tous les jours ;
J'en suis très mécontent ; je n'aime aucune affaire.
Le sort des chiens me plaît, car ils n'ont rien à faire.

— Écolier, voyez-vous ce laboureur aux champs ?
Eh bien, ce laboureur, dit Stentor, c'est mon maître.
Il est très vigilant ; je le suis plus peut-être.
Il dort la nuit, et moi j'écarte les méchants.
J'éveille aussi ce bœuf qui, d'un pas lent, mais ferme,
Va creuser les sillons quand je garde la ferme.
Pour vous-même on travaille, et, grâce à nos brebis,
Votre mère en chantant vous file des habits.
*Par le travail tout plaît, tout s'unit, tout s'arrange.*
Allez donc à l'école ; allez, mon petit ange !
Les chiens ne lisent pas, mais la chaîne est pour eux.
L'ignorance toujours mène à la servitude.     [l'étude.
L'homme est fin,... l'homme est sage : il nous défend
Enfant, vous serez homme, et vous serez heureux.
Les chiens vous serviront. » L'enfant l'écouta dire,
Et même il le baisa. Son livre était moins lourd.
En quittant le bon dogue, il pense, il marche, il court ;
L'espoir d'être homme un jour lui ramène un sourire.

---

1. Héros grec, dont Homère a dit que la voix était éclatante comme une trompette d'airain et plus forte que celle de cinquante hommes des plus robustes. Le nom s'applique bien à un chien de garde.

A l'école, un peu tard, il arriva gaîment,
Et, dans le mois des fruits, il lisait couramment*.

Mᵐᵉ DESBORDES-VALMORE.

(*Poésies.* — Charpentier, édit.)

ᐤ§ᐤ

## La grappe de raisin.

J'étais heureux. Mille choses, à la fois familières et mystérieuses, occupaient mon imagination ; mille choses qui n'étaient rien en elles-mêmes, mais qui faisaient partie de ma vie. Une grande douceur m'enveloppait. Jamais petit oiseau ne se frotta plus délicieusement au duvet de son nid.

J'étais heureux, j'étais très heureux. Pourtant j'enviais un autre enfant. Il se nommait Alphonse. Je ne lui connaissais pas d'autre nom, et il est fort possible qu'il n'eût que celui-là. Sa mère était blanchisseuse et travaillait en ville. Alphonse vaguait tout le long de la journée dans la cour ou sur le quai, et j'observais de ma fenêtre son visage barbouillé, sa tignasse jaune, sa culotte sans fond, et ses savates qu'il traînait dans les ruisseaux. J'aurais bien voulu, moi aussi, marcher en liberté dans les ruisseaux. Alphonse hantait les cuisinières et gagnait près d'elles force gifles et quelques vieilles croûtes de pâté. Parfois les palefreniers l'envoyaient puiser à la pompe un seau d'eau qu'il rapportait fièrement, avec une face cramoisie et la langue hors de la bouche. Et je l'enviais. Il n'avait pas, comme moi, des fables de La Fontaine à apprendre ; il ne craignait pas d'être grondé pour une tache à sa blouse, lui ! Il n'était pas tenu de dire : *bonjour, monsieur ! bonjour, madame!* à des personnes dont les jours et les soirs, bons ou mauvais, ne l'intéressaient pas du tout ; et, s'il n'avait pas, comme moi, une arche de Noé et un cheval à mécanique, il jouait à sa fantaisie avec les moineaux qu'il attrapait, les

---

* **Composition française :** *L'année suivante, le petit écolier rencontre encore l'abeille, l'hirondelle et le chien de garde. Imaginez les propos qu'ils échangent.*

chiens errants comme lui, et même les chevaux de
l'écurie, jusqu'à ce que le cocher l'envoyât dehors au
bout d'un balai. Il était libre et hardi. De la cour, son
domaine, il me regardait, à ma fenêtre, comme on regarde
un oiseau en cage.

Cette cour était gaie, à cause des bêtes de toute espèce
et des gens de service qui la fréquentaient. Elle était
grande ; le corps de logis qui la fermait, au milieu, était
tapissé d'une vieille vigne noueuse et maigre, au-dessus
de laquelle était un cadran solaire dont le soleil et la
pluie avaient effacé les chiffres, et cette aiguille d'ombre,
qui coulait insensiblement sur la pierre, m'étonnait.
De tous les fantômes que j'évoque, celui de la vieille
cour est un des plus étranges pour les Parisiens d'aujourd'hui. Leurs cours ont quatre mètres carrés ; on peut
y voir un morceau du ciel, grand comme un mouchoir,
par-dessus cinq étages de garde-manger en surplomb.
C'est là un progrès, mais il est malsain.

Il advint un jour que cette cour si gaie, où les ména-
gères venaient le matin emplir leur cruche à la pompe,
et où les cuisinières secouaient, vers six heures, leur
salade dans un panier de laiton, en échangeant des
propos avec les palefreniers, il advint que cette cour fut
dépavée. On ne la dépavait que pour la repaver ; mais,
comme il avait plu pendant les travaux, elle était fort
boueuse, et Alphonse, qui y vivait comme un satyre [1]
dans son bois, était, de la tête aux pieds, de la couleur
du sol. Il remuait les pavés avec une joyeuse ardeur.
Puis, levant la tête et me voyant muré là-haut, il me fit
signe de venir. J'avais bien envie de jouer avec lui à
remuer des pavés. Je n'avais pas de pavés à remuer
dans ma chambre, moi. Il se trouva que la porte de
l'appartement était ouverte. Je descendis dans la cour.

« Me voilà, dis-je à Alphonse.

— Porte ce pavé », me dit-il.

---

1. Demi-dieu qui habitait les bois et qui avait des jambes et des
pieds de bouc.

Il avait l'air sauvage et la voix rauque; j'obéis. Tout
à coup, le pavé me fut arraché des mains et je me sentis
enlevé de terre. C'était ma bonne qui m'emportait, indi-
gnée. Elle me lava au savon de Marseille et me fit honte
de jouer avec un polisson, un rôdeur, un vaurien.

« Alphonse, ajouta ma mère, Alphonse est mal élevé ;
ce n'est pas sa faute, c'est son malheur ; mais les enfants bien élevés ne doivent pas fréquenter ceux qui ne
le sont pas. »

J'étais un petit enfant très intelligent et très réfléchi.
Je retins les paroles de ma mère et elles s'associèrent,
je ne sais comment, à ce que j'appris des enfants maudits
en me faisant expliquer ma vieille Bible en estampes.
Mes sentiments pour Alphonse changèrent tout à fait. Je
ne l'enviai plus ; non. Il m'inspira un mélange de terreur
et de pitié. « Ce n'est pas sa faute, c'est son malheur. »
Cette parole de ma mère me troublait pour lui. Vous fîtes
bien, maman, de me parler ainsi ; vous fîtes bien de me
révéler, dès l'âge le plus tendre, l'innocence des misérables. Votre parole était bonne ; c'était à moi à la garder
présente dans la suite de ma vie.

Pour cette fois, du moins, elle eut son effet, et je m'at-
tendris sur le sort de l'enfant maudit. Un jour, tandis
qu'il tourmentait dans la cour le perroquet d'une vieille
locataire, je contemplai ce Caïn, sombre et puissant,
avec toute la componction d'un bon petit Abel. C'est le
bonheur, hélas ! qui fait les Abel. Je m'ingéniai à donner
à l'autre un témoignage de ma pitié. Je songeai à lui
envoyer un baiser ; mais son visage farouche me parut
peu propre à le recevoir et mon cœur se refusa à ce don.
Je cherchai longtemps ce que je pourrais bien donner ;
mon embarras était grand. Donner à Alphonse mon
cheval à mécanique, qui précisément n'avait plus ni
queue ni crinière, me parut toutefois excessif. Et puis,
est-ce bien par le don d'un cheval qu'on marque sa
pitié? Il fallait un présent convenable à un maudit.
Une fleur, peut-être? Il y avait des bouquets dans le
salon. Mais une fleur, cela ressemble à un baiser. Je

doutais qu'Alphonse aimât les fleurs. Je fis, dans une grande perplexité, le tour de la salle à manger. Tout à coup, je frappai joyeusement dans mes mains : j'avais trouvé !

Il y avait sur le buffet, dans une coupe, de magnifiques raisins de Fontainebleau. Je montai sur une chaise et pris, de ces raisins, une grappe longue et pesante, qui remplissait la coupe aux trois quarts. Les grains, d'un vert pâle, étaient dorés d'un côté, et l'on devait croire qu'ils fondraient délicieusement dans la bouche : pourtant je n'y goûtai pas. Je courus chercher un peloton de fil dans la table à ouvrage de ma mère. Il m'était interdit d'y rien prendre ; mais il faut savoir désobéir. J'attachai la grappe au bout d'un fil, et, me penchant sur la barre de la fenêtre, j'appelai Alphonse et fis descendre lentement la grappe dans la cour. Pour la mieux voir, l'enfant maudit écarta de ses yeux les mèches de ses cheveux jaunes, et, quand elle fut à portée de son bras, il l'arracha avec le fil ; puis, relevant la tête, il me tira la langue, me fit un pied de nez et s'enfuit avec la grappe. Mes petits amis ne m'avaient pas habitué à ces façons. J'en fus d'abord très irrité. Mais une considération me calma : « J'ai bien fait, pensai-je, de n'envoyer ni une fleur, ni un baiser.»

Ma rancune s'évanouit à cette pensée, tant il est vrai que, quand l'amour-propre est satisfait, le reste importe peu.

Toutefois, à l'idée qu'il faudrait confesser mon aventure à ma mère, je tombai dans un grand abattement. J'avais tort ; ma mère me gronda, mais avec de la gaieté : je le vis à ses yeux qui riaient.

« Il faut donner son bien, et non celui des autres, me dit-elle, et il faut savoir donner.

— C'est le secret du bonheur, et peu le savent», ajouta mon père.

Il le savait, lui !          ANATOLE FRANCE.
           (*Le Livre de mon ami.* — Calmann-Lévy, édit.)

## La patte de dindon.

Ce matin, à propos d'un plaisir manqué, je dis en riant à mon fils : « Je vois que tu as besoin que je te fasse une petite leçon.

— Eh ! sur quoi, père?

— Sur une disposition que tu tiens de moi, hélas ! et dont je voudrais bien te guérir.

— Quelle est-elle?

— Le récit d'une petite aventure de ma vie d'écolier te l'apprendra. J'avais dix ans ; j'étais au collège ; je rapportais chaque lundi, de chez mes parents, la grosse somme de quinze sous, destinée à payer mes déjeuners du matin, car le collège ne nous fournissait, pour ce repas, qu'un morceau de pain tout sec.

Un lundi, en rentrant, je trouve un de nos camarades (je me rappelle encore son nom, il se nommait Couture) armé d'une superbe patte de dindon ; je dis patte et non cuisse, car l'objet tout entier se composait de ce que, dans mon ignorance, j'appellerai un *tibia*, et de la patte avec ses quatre doigts, le tout recouvert de cette peau noire, luisante et rugueuse, qui fait que le dindon a l'air de marcher sur des brodequins de chagrin.

Dès que mon camarade m'aperçut : « Viens voir ! me dit-il, viens voir ! » J'accours ; il serrait le haut de la patte dans ses deux mains, et, sur un petit mouvement de sa main droite, les quatre doigts s'ouvraient et se refermaient comme les doigts d'une main humaine. Je restai stupéfait et émerveillé. Comment cette patte morte pouvait-elle remuer? Comment pouvait-il la faire agir? Un garçon de dix-huit ans qui va au spectacle, et qui suit le développement du drame le plus merveilleux, n'a pas les yeux plus écarquillés, les regards plus ardents, la tête plus fixement penchée en avant, que moi, en face de cette patte de dindon. Chaque fois que ces quatre doigts s'ouvraient et se refermaient, il me passait devant

les yeux comme un éblouissement. Je croyais assister à
un prodige. Lorsque mon camarade, qui était plus âgé et
plus malin que moi, vit mon enthousiasme arrivé à son
paroxysme, il remit sa merveille dans sa poche et s'éloigna. Je m'en allai de mon côté, mais rêveur et voyant
toujours cette patte flotter devant mes yeux comme une
vision... « Si je l'avais, me disais-je, j'apprendrais bien
vite le moyen de la faire agir. Couture n'est pas sorcier.
Et alors,... comme je m'amuserais !...» Je n'y tins plus,
je courus à mon camarade...

« Donne-moi ta patte !... lui dis-je avec un irrésistible accent de supplication. Je t'en prie !...

— Ma patte !... Te donner ma patte !... Veux-tu t'en
aller ? »

Son refus irrita encore mon désir.

« Tu ne veux pas me la donner ?...

— Non !

— Eh bien ! vends-la moi !

— Te la vendre ? Combien ? »

Je me mis à compter, dans le fond de ma poche, l'argent
de ma semaine...

« Je t'en donne cinq sous !

— Cinq sous ?... une patte comme celle-là ? Est-ce que
tu te moques de moi ? »

Et, prenant le précieux objet, il recommença devant
moi cet éblouissant jeu d'éventail, et chaque fois ma passion grandissait d'un degré.

« Eh bien, je t'en offre dix sous.

— Dix sous !... Dix sous ! reprit-il avec mépris ; mais
regarde donc !... »

Et les quatre doigts s'ouvraient et se refermaient toujours !...

« Mais enfin, lui dis-je en tremblant,... combien donc
en veux-tu ?

— Quarante sous ou rien !

— Quarante sous ! m'écriai-je, quarante sous ! près
de trois semaines de déjeuners ! Par exemple !

— Soit, à ton aise ! »

La patte disparut dans sa poche ; et il s'éloigna. Je courus de nouveau après lui.

« Quinze sous !

— Quarante !

— Vingt sous !

— Quarante !

— Vingt-cinq sous !...

— Quarante !... »

Oh ! diable de Couture ! comme il aura fait son chemin dans le monde ! comme il connaissait déjà le cœur humain ! Chaque fois que ce terrible mot *quarante* touchait mon oreille, il emportait un peu de ma résistance. Au bout de deux minutes, je ne me connaissais plus.

« Eh bien donc, quarante !... m'écriai-je. Donne-la-moi !

— Donne-moi d'abord l'argent », reprit-il.

Je lui mis dans la main les quinze sous de ma semaine, et il me fit écrire un billet de vingt-cinq sous pour le surplus... Oh ! le scélérat ! il était déjà homme d'affaires à treize ans !... Puis, tirant enfin le cher objet de sa poche : « Tiens, me dit-il, la voilà !... »

Je me précipitai sur elle... Au bout de quelques secondes, ainsi que je l'avais prévu, je connaissais le secret, et je tirais le tendon qui servait de cordon de sonnette aussi bien que Couture. Pendant deux minutes, cela m'amusa follement ; après deux minutes, cela m'amusa moins ; après trois, cela ne m'amusa presque plus ; après quatre, cela ne m'amusa plus du tout ! Je tirais toujours, parce que je voulais avoir les intérêts de mon argent... Puis vint la tristesse. Puis le regret, puis la perspective de trois semaines de pain sec ! puis le sentiment de ma bêtise... et, tout cela se changeant peu à peu en amertume, la colère s'en mêla... et au bout de dix minutes, saisissant avec une véritable haine l'objet de mon amour, je le lançai par-dessus la muraille, afin d'être bien sûr de ne plus le revoir !...

Ce souvenir m'est revenu bien souvent depuis que je n'ai plus dix ans, et, bien souvent aussi, j'ai retrouvé en moi l'enfant à la patte de dindon. Cette impétuosité de

désir, cette impatience de tous les obstacles qui me sépa-
raient de la possession désirée, cette folle imprévoyance,
cette puissance d'illusion égale seulement, hélas ! à ma
puissance de désillusion ; tous ces traits de caractère se
sont mille fois réveillés... que dis-je? se réveillent encore
en moi dès qu'une passion m'envahit.

Oh ! on n'étudie pas assez les enfants ! On traite leurs
sentiments de puérilités ! Rien n'est puéril dans l'âme
humaine. L'enfant ne meurt jamais tout entier dans
l'homme, et ce qui est puéril aujourd'hui peut être coupable ou terrible demain ! Les passions sont différentes,
mais le cœur où elles poussent est le même, et le meilleur moyen de bien diriger un jeune homme est d'avoir
bien observé le garçon de dix ans.

Ainsi cette patte de dindon m'a fort servi. Vingt fois
dans ma vie, au beau milieu d'une sottise, ce souvenir
m'est revenu... « Tu seras donc toujours le même? »
me disais-je, et je me mettais à rire, ce qui m'arrêtait
court. Il n'y a rien de plus utile que de se rire au nez de
temps en temps. »

Je me retournai alors vers mon fils, et je lui dis :
« *Cette fable montre*... que les fils ressemblent quelquefois à leurs pères.\* »                    ERNEST LEGOUVÉ.

(*Les pères et les enfants. —* Hetzel, édit.)

⚬◊⚬

### Les quatre cri-cris de la boulangère.

Mon ami Jacques entra un jour chez un boulanger,
pour y acheter un tout petit pain qui lui avait fait envie
en passant. Il destinait ce pain à un enfant qui avait
perdu l'appétit et qu'on ne parvenait à faire manger
un peu qu'en l'amusant. Il lui avait paru qu'un pain si

---

\* **Composition française :** *Un enfant a dépensé tout son argent
pour acheter un sifflet qu'il a vu entre les mains d'un de ses camarades. D'abord il s'amuse follement, mais bientôt il regrette sa sottise.
Moralité.*

joli devait tenter même un malade. Pendant qu'il attendait sa monnaie, un petit garçon de six ou sept ans,
pauvrement mais proprement vêtu, entra dans la boutique du boulanger.

« Madame, dit-il à la boulangère, maman m'envoie
chercher un pain... »

La boulangère monta sur son comptoir (ceci se passait
dans une ville de province), tira de la case aux miches de
quatre livres le plus beau pain qu'elle put y trouver,
et le mit dans les bras du petit garçon. Mon ami Jacques remarqua alors la figure amaigrie et pensive du
petit acheteur ; elle faisait contraste avec la mine ouverte
et rebondie du gros pain dont il semblait avoir toute sa
charge.

« As-tu de l'argent ? » dit la boulangère à l'enfant.

Les yeux du petit garçon s'attristèrent :

« Non, madame, répondit-il en serrant plus fort sa
miche contre sa blouse ; mais maman m'a dit qu'elle viendrait vous parler demain.

— Allons, dit la bonne boulangère, emporte ton pain,
mon enfant.

— Merci, madame », dit le pauvre petit.

Mon ami Jacques venait de recevoir sa monnaie. Il
avait mis son emplette dans sa poche et s'apprêtait à
sortir, quand il retrouva, immobile derrière lui, l'enfant
au gros pain qu'il croyait déjà bien loin.

« Qu'est-ce que tu fais donc là ? » dit la boulangère au
petit garçon qu'elle avait cru parti. Est-ce que tu n'es pas
content de ton pain ?

— Oh ! si, madame, dit le petit, il est très beau.

— Eh bien, alors, va le porter à ta maman, mon ami.
Si tu tardes, elle croira que tu t'es amusé en route et tu
seras grondé. »

L'enfant ne parut pas avoir entendu. Quelque chose
semblait attirer ailleurs toute son attention. La boulangère s'approcha de lui et lui donna amicalement une
tape sur la joue.

« A quoi penses-tu, au lieu de te dépêcher ? lui dit-elle.

— Madame, dit le petit garçon, qu'est-ce qui chante donc ici?

— On ne chante pas, répondit la boulangère.

— Si, dit le petit. Entendez-vous : cri, cri, cri?»

La boulangère et mon ami Jacques prêtèrent l'oreille, et ils n'entendirent rien, si ce n'est le refrain de quelques grillons, hôtes ordinaires des maisons où il y a des boulangers.

«C'est un petit oiseau, dit le petit bonhomme, ou bien le pain qui chante en cuisant, comme les pommes?

— Mais non, petit nigaud, lui dit la boulangère ; ce sont les grillons. Ils chantent dans le fournil, parce qu'on vient d'allumer le four et que la vue de la flamme les réjouit.

— Les grillons ! dit le petit garçon ; c'est-il ça qu'on appelle aussi des cri-cris?

— Oui», lui répondit complaisamment la boulangère.

Le visage du petit garçon s'anima.

«Madame, dit-il en rougissant de la hardiesse de sa demande, je serais bien content si vous vouliez me donner un cri-cri...

— Un cri-cri ! dit la boulangère en riant ; qu'est-ce que tu veux faire d'un cri-cri, mon cher petit? Va, si je pouvais te donner tous ceux qui courent dans la maison, ce serait bientôt fait.

— Oh ! madame, donnez-m'en un, rien qu'un seul, si vous voulez ! dit l'enfant en joignant ses petites mains pâles par-dessus son gros pain. On m'a dit que les cri-cris ça portait bonheur aux maisons ; et, peut-être que s'il y en avait un chez nous, maman, qui a tant de chagrin, ne pleurerait plus jamais. »

Mon ami Jacques regarda la boulangère. C'était une belle femme aux joues fraîches. Elle s'essuyait les yeux avec le revers de son tablier. Si mon ami Jacques avait eu un tablier, il en aurait bien fait autant.

«Et pourquoi pleure-t-elle, ta pauvre maman? » dit mon ami Jacques, qui ne put se retenir davantage de se mêler à la conversation.

«A cause des notes, monsieur, dit le petit. Mon papa

est mort, et maman a beau travailler, nous ne pouvons pas toutes les payer. »

Mon ami Jacques prit l'enfant, et, avec l'enfant, le pain dans ses bras ; et je crois qu'il les embrassa tous les deux.

Cependant la boulangère, qui n'osait pas toucher elle-même les grillons, était descendue dans son fournil. Elle en fit attraper quatre par son mari, qui les mit dans une boîte, avec des trous sur le couvercle pour qu'ils pussent respirer ; puis elle donna la boîte au petit garçon qui s'en alla tout joyeux.

Quand il fut parti, la boulangère et mon ami Jacques se donnèrent une bonne poignée de main.

« Pauvre, bon petit ! » dirent-ils ensemble.

La boulangère prit alors son livre de comptes ; elle l'ouvrit à la page où était celui de la maman du petit garçon, fit une grande barre sur cette page, parce que le compte était long, et écrivit en bas : « Payé ».

Pendant ce temps-là, mon ami Jacques, pour ne pas perdre son temps, avait mis dans un papier tout l'argent de ses poches, où heureusement il s'en trouvait beaucoup ce jour-là, et avait prié la boulangère de l'envoyer bien vite à la maman de l'enfant aux cri-cris, avec sa note acquittée et un billet où on lui disait qu'elle avait un enfant qui ferait, un jour, sa joie et sa consolation. On donna le tout à un garçon boulanger qui avait de grandes jambes, en lui recommandant d'aller vite.

L'enfant, avec son gros pain, ses quatre grillons et ses petites jambes, n'alla pas si vite que le garçon boulanger ; de façon que, quand il rentra, il trouva sa maman les yeux, pour la première fois depuis bien longtemps, levés de dessus son ouvrage, et un sourire de joie et de repos sur les lèvres. Il crut que c'était l'arrivée de ses quatre petites bêtes noires qui avait fait ce miracle, et mon avis est qu'il n'eut pas tort. Est-ce que, sans les cri-cris et son bon cœur, cet heureux changement serait survenu dans l'humble fortune de sa mère ?

P.-J. Stahl.

*(Contes et récits. —* Hetzel, édit.)

### La fermière.

Amour à la fermière ! elle est
    Si gentille et si douce !
C'est l'oiseau des bois qui se plaît
    Loin du bruit, dans la mousse ;
Vieux vagabond qui tends la main,
    Enfant pauvre et sans mère,
Puissiez-vous trouver en chemin
    La ferme et la fermière !

De l'escabeau vide au foyer
    Là le pauvre s'empare,
Et le grand bahut de noyer
    Pour lui n'est point avare
C'est là qu'un jour je vins m'asseoir,
    Les pieds blancs de poussière ;
Un jour... puis en marche ! et bonsoir,
    La ferme et la fermière !

Mon seul beau jour a dû finir,
    Finir dès son aurore ;
Mais pour moi ce doux souvenir
    Est du bonheur encore.
En fermant les yeux, je revois
    L'enclos plein de lumière,
La haie en fleur, le petit bois,
    La ferme et la fermière !

Si Dieu, comme notre curé
    Au prône le répète,
Paie un bienfait (même égaré),
    Ah ! qu'il songe à ma dette !
Qu'il prodigue au vallon les fleurs,
    La joie à la chaumière,
Et garde des vents et des pleurs
    La ferme et la fermière !

Chaque hiver, qu'un groupe d'enfants
    A son fuseau sourie,
Comme les anges aux fils blancs   .
    De la Vierge Marie [1].
Que tous, par la main, pas à pas,
    Guidant un petit frère,
Réjouissent de leurs ébats
    La ferme et la fermière.

ENVOI.

Ma chansonnette, prends ton vol !
    Tu n'es qu'un faible hommage ;
Mais qu'en avril le rossignol
    Chante et la dédommage.
Qu'effrayé par ses chants d'amour,
    L'oiseau du cimetière,
Longtemps, longtemps se taise pour
    La ferme et la fermière !

              HÉGÉSIPPE MOREAU.
              (*Le Myosotis.*)

## Le neveu de la fruitière.

« Comment, malheureux ! — répétait à son fils le père Lazare, cuisinier à Versailles, — tu auras six ans à Noël, et tu ne possèdes pas encore le moindre talent d'agrément ; tu ne sais ni tourner la broche, ni écumer le pot ! »

Et il faut avouer que le père Lazare avait quelque raison dans ses réprimandes, car, au moment où se passe cette scène, en 1776, il venait de surprendre son héritier présomptif en flagrant délit d'espièglerie et de paresse, s'escrimant, armé d'une brochette en guise de fleuret, contre le mur enfumé de la cuisine, sans souci d'une

---

1. Fils blancs et légers, qui flottent en l'air dans les beaux jours d'automne. On les nomme vulgairement: *fils de la Vierge.* Nous pensons que le poète fait ici allusion à quelque tableau.

volaille qui attendait piteusement sur la table le moment
d'être empalée, et de la marmite paternelle qui jetait, en
murmurant, des cascades d'écume dans les cendres.

« Allons, pardonnez-lui et embrassez-le, ce pauvre
enfant ; il ne le fera plus », disait une paysanne jeune
encore, fruitière à Montreuil, et sœur de l'irritable cuisinier. Marthe (c'était son nom) était venue à Versailles
sous prétexte de consulter son frère sur je ne sais quel
procès, mais en effet pour apporter des baisers et des
pêches à son neveu dont elle était folle. Tout, dans le
caractère et l'extérieur de cet enfant, pouvait justifier
cette affection extraordinaire ; car il était espiègle et tur-
bulent, mais bon et sensible, et gentil, gentil... qu'on se
tenait à quatre, en le voyant, pour ne pas manger de
caresses ses petites joues, plus fraîches et plus vermeilles
que les pêches de sa tante. Mais le père Lazare gron-
dait toujours. — « Six ans ! répétait-il, et ne pas savoir
écumer le pot ! je ne pourrai jamais rien faire de cet
enfant-là. »

Le père Lazare, voyez-vous, était un de ces cuisiniers
renforcés et fanatiques, qui regardent leur métier comme
le premier de tous, comme un art, comme un culte, dont
la main est posée fièrement sur un couteau de cuisine,
comme celle d'un pacha sur son yatagan, qui dépouillent
une oie avec l'air solennel d'un hiérophante [1] consultant
les entrailles sacrées, battent une omelette avec la
majesté de Xerxès [2] fouettant la mer, qui blanchissent
sous l'inamovible bonnet de coton, et tiendraient volontiers en mourant la queue d'une poêle, comme les Indiens
dévots tiennent, dit-on, la queue d'une vache.

Il n'y a plus de ces hommes-là.

Quant à Marthe, la fruitière, c'était une bonne et simple
créature, si bonne qu'elle en était... non pas bête, comme

---

1. Les hiérophantes étaient les grands prêtres de la religion des
Égyptiens et des Grecs : ils présidaient aux sacrifices et lisaient l'avenir
dans les entrailles des victimes.

2. On rapporte que Xerxès, roi de Perse, marchant contre les Grecs
avec une armée innombrable, fit fouetter la mer, pour la punir d'avoir
rompu un pont de bateaux qu'il avait fait jeter sur l'Hellespont.

on dit ordinairement, mais, au contraire, spirituelle.
Oui, elle trouvait parfois, dans son cœur, des façons de
parler touchantes et passionnées que M. de Voltaire lui-
même, le grand homme d'alors, n'eût jamais trouvées
sous sa perruque.

Il y a encore de ces femmes-là.

« Frère, dit-elle, émue et pleurant presque de voir
pleurer son petit Lazare, vous savez ce grand bahut, que
vous trouviez si commode pour serrer la vaisselle, et que
j'ai refusé de vous vendre ? je vous le céderai maintenant,
si vous le voulez.

— J'en donne encore dix livres, comme avant.

— Frère, j'en veux davantage.

— Allons, dix livres dix sous, et n'en parlons plus.

— Oh ! j'en exige plus encore. C'est un trésor que je
veux ! »

Le père Lazare regarda sa sœur fixement, comme pour
voir si elle n'était pas folle.

« Oui, poursuivit-elle, je veux mon petit Lazare chez
moi, et pour moi toute seule. Dès ce soir, si vous y con-
sentez, le bahut est à vous, et j'emmène le petit à Montreuil. »

Le frère de Marthe fit bien quelques difficultés, car au
fond il était bon homme et bon père ; mais l'enfant en
litige lui faisait faire, suivant son expression, tant de
*mauvais sang* et de mauvaises sauces !... les instances
de Marthe étaient si vives... et, d'un autre côté, le bahut
en question était si commode pour serrer la vaisselle !...
Enfin, il céda.

« Viens, mon enfant ; viens, — disait Marthe, en
entraînant le petit Lazare vers sa carriole, — tu seras
mieux chez moi, au milieu de mes pommes d'api que tu
manges avec tant de plaisir, que dans la société des oies
rôties de ton père. Pauvre enfant ! tu aurais péri dans
cette fumée... Vois plutôt, ajouta-t-elle avec une naïve
épouvante : mon bouquet de violettes, si frais tout à
l'heure, est déjà fané ! Oh ! viens et marchons vite : si
ton père allait se dédire et te *revouloir* ! »

Et elle entraînait sa proie si vite que les passants l'eussent prise, à coup sûr, sans sa mise décente et l'allure libre et gaie de son jeune compagnon, pour une bohémienne voleuse d'enfants.

Le premier soin que prit la bonne tante, après avoir installé son neveu chez elle, fut de lui apprendre elle-même à lire, ce dont le père Lazare ne se fût jamais avisé, car, totalement dépourvu d'instruction, le brave homme n'en connaissait pas le prix, et on l'eût bien étonné, je vous jure, en lui apprenant qu'une des plumes qu'il arrachait, avec tant d'insouciance, à l'aile de ses oies pouvait, tombée entre des mains habiles [1], bouleverser le monde. Le petit Lazare apprit vite, et avec tant d'ardeur, que l'institutrice était souvent obligée de fermer le livre la première et de lui dire : « Assez, mon ange, assez pour aujourd'hui ; maintenant, va jouer, sois bien sage, et amuse-toi bien. » Et l'enfant d'obéir, et de chevaucher à grand bruit, dans la maison ou devant la porte, un bâton entre les jambes. Quelquefois l'innocente monture semblait prendre le mors aux dents. — « Mon Dieu ! mon Dieu ! il va tomber ! », s'écriait alors la bonne Marthe qui suivait l'écuyer des yeux ; mais elle le voyait bientôt dompter, diriger, éperonner son manche à balai avec toute la dextérité et l'aplomb d'une vieille sorcière, et, rassurée, lui souriait de sa fenêtre comme une reine du haut de son balcon.

Cet instinct belliqueux ne fit qu'augmenter avec l'âge ; si bien qu'à dix ans il fut nommé, d'une voix unanime, général en chef par la moitié des bambins de Montreuil qui disputaient alors, séparés en deux camps, la possession d'un nid de merles. Inutile de dire qu'il justifia cette distinction par des prodiges d'habileté et de valeur. On prétend qu'il lui arriva même de gagner quatre batailles en un jour, fait inouï dans les annales militaires (Napoléon lui-même n'alla jamais jusqu'à trois). Mais son haut grade et ses victoires ne rendirent pas Lazare plus fier

---

1. En ce temps-là, l'usage d'écrire avec des plumes d'oie était général.

qu'auparavant, et, tous les soirs, le baiser filial accoutumé n'en claquait pas moins franc sur les joues de la fruitière.

Mais, hélas ! la guerre a des chances terribles, et, un beau jour, le conquérant éprouva une mésaventure qui faillit le dégoûter à jamais de la manie des conquêtes. Voici le fait : comme il se baissait pour observer les mouvements de l'ennemi, la main appuyée sur un tronc d'arbre, et à peu près dans la posture de Napoléon pointant une batterie à Montmirail, le pantalon du général observateur craqua et se déchira par derrière, laissant pendre et flotter un large bout de la petite chemise que Marthe avait blanchie et repassée la veille. A cette vue, les héros de Montreuil pouffèrent de rire, aussi fort que l'eussent pu faire les dieux d'Homère [1], grands rieurs comme chacun sait. L'armée se mutina ; le général eut beau crier, comme Henri IV dont il avait lu l'histoire : « Soldats, ralliez-vous à mon panache blanc ! » ; on lui répondit qu'un panache ne se mettait pas là, et qu'on ne pouvait, sans faire injure aux couleurs françaises, les arborer sur une pareille brèche ; si bien que le pauvre général brisa, sur le dos d'un mutin, son bâton de commandement, et rentra dans ses foyers, triste et penaud comme les Anglais abordant à Douvres après la bataille de Fontenoy...

Ce nom me rappelle une circonstance que j'aurais tort d'omettre, car elle influa beaucoup sur le caractère et la destinée du héros de cette histoire. Un pauvre vieux soldat, qui venait de temps en temps chez Marthe, sa parente éloignée, fumer sa pipe au coin de l'âtre et se réchauffer le cœur d'un verre de ratafia, n'avait pas manqué d'y raconter longuement comme quoi lui et le maréchal de Saxe avaient gagné la célèbre bataille [2]. Je vous laisse à penser si ce récit inexact, mais chaud, avait dû enflammer l'imagination du jeune auditeur. Depuis lors, endormi ou éveillé, il entendait sans cesse piaffer

---

1. Le poète grec, Homère, nous montre les dieux se livrant à de bruyants accès de gaieté qui ébranlaient l'Olympe.

2. Voir le récit de la bataille de Fontenoy, page 227.

les chevaux, siffler les balles et gronder les canons ; et plus d'une fois, seul dans sa petite chambre, il se fit en pensée acteur de ce grand drame militaire.

Il eût fallu le voir alors trépigner, bondir et crier :

« Tirez les premiers, messieurs les Anglais ! — Maréchal, notre cavalerie est repoussée ! — La colonne ennemie est inébranlable ! — En avant la maison du roi ! — Pif ! paf ! Baound ! baound ! — Bravo ! le carré anglais est enfoncé ! — A nous la victoire ! vive le roi ! » Le pauvre Lazare se croyait pour le moins, alors, écuyer de Louis XV ou colonel. Une pareille ambition vous fait rire, sans doute. C'eût été miracle, n'est-ce pas, que le neveu de la fruitière pût s'élever si haut ? Oui, mais souvenez-vous que nous approchons de 1789, époque féconde en miracles, et écoutez :

Lazare, engagé d'abord dans les gardes françaises, malgré les larmes de sa tante qu'il tâchait, en partant, de consoler par ses caresses, ne tarda pas à devenir sergent. Puis le siècle marcha, et la fortune de bien des sergents aussi. Enfin, de grade en grade, il devint... devinez. — Colonel ? — Il n'y avait plus de colonels. — Écuyer du roi ? — Il n'y avait plus de roi. — Vous ne devinez pas ? Eh bien, Lazare, le fils du cuisinier, Lazare, le neveu de la fruitière, devint général ; non plus général pour rire, et en casque de papier ; mais général *pour de bon*, avec un chapeau empanaché et un habit brodé d'or ; général en chef, général d'une grande armée française, rien que cela, et, si vous en doutez, ouvrez l'histoire moderne, et vous y lirez, avec attendrissement, les belles et grandes actions du général Hoche.

Hoche était le nom de famille de Lazare. Hâtons-nous de dire, à sa louange, que ses victoires, bien sérieuses cette fois, le laissèrent aussi modeste et aussi bon que ses victoires enfantines à Montreuil. Aussi, lorsqu'un jour de revue il passait au galop devant le front de son armée, il y avait encore, à une fenêtre près de là, une bonne vieille femme qui couvait des yeux le beau général, haletante de plaisir et de crainte, et répétant comme vingt ans auparavant : « Mon Dieu ! mon Dieu ! il va tomber ! »

Quant au cuisinier grondeur de Versailles, il était là aussi, émerveillé d'avoir donné un héros à la patrie, répétant, avec un certain air de suffisance, à ceux qui le félicitaient : « Vous ne sauriez croire combien j'ai eu de peine à élever cet enfant-là ! Figurez-vous, citoyens, qu'à six ans il ne savait pas écumer le pot ! »*

HÉGÉSIPPE MOREAU.

(*Le Myosotis.*)

∽◦◊◦∽

## Chagrins d'enfant.

Le devoir fait, légers comme de jeunes daims,
Nous fuyions à travers les immenses jardins,
Éclatant à la fois en cent propos contraires.
Moi, d'un pas inégal, je suivais mes grands frères,
Et les astres sereins s'allumaient dans les cieux,
Et les mouches volaient dans l'air silencieux,
Et le doux rossignol, chantant dans l'ombre obscure,
Enseignait la musique à toute la nature ;
Tandis qu'enfant jaseur, aux gestes étourdis,
Jetant partout mes yeux ingénus et hardis
D'où jaillissait la joie en vives étincelles,
Je portais sous mon bras, noués par trois ficelles,
Horace et les festins, Virgile et les forêts,
Tout l'Olympe, Thésée, Hercule, et toi, Cérès,
La cruelle Junon, Lerne et l'hydre enflammée,
Et le vaste lion de la roche Némée [1].

Mais, lorsque j'arrivais chez ma mère, souvent,
Grâce au hasard taquin qui joue avec l'enfant,
J'avais de grands chagrins et de grandes colères.

1. Avait-il le pressentiment de son glorieux avenir, le petit écolier qui portait sous son bras Horace, Virgile et les Grecs, — toute la poésie de l'antiquité — lui que Chateaubriand devait surnommer « l'Enfant sublime ? ».

* **Composition française :** *Résumer, d'après l'histoire, la vie du général Hoche, « pacificateur de la Vendée »*.

Je ne retrouvais plus, près des ifs séculaires,
Le beau petit jardin par moi-même arrangé :
Un gros chien, en passant, avait tout ravagé ;
Ou quelqu'un dans ma chambre avait ouvert mes cages,
Et mes oiseaux étaient partis pour les bocages,
Et, joyeux, s'en étaient allés, de fleur en fleur,
Chercher la liberté bien loin, — ou l'oiseleur.
Ciel ! alors j'accourais, rouge, éperdu, rapide,
Maudissant le grand chien, le jardinier stupide,
Et l'infâme oiseleur et son hideux lacet,
Furieux ! — D'un regard ma mère m'apaisait *.

VICTOR HUGO.
(*Les Rayons et les Ombres.*)

o ) o

### Jeannot et Colin.

Plusieurs personnes dignes de foi ont vu Jeannot et Colin à l'école, dans la ville d'Issoire, en Auvergne, ville fameuse dans tout l'univers par son collège et par ses chaudrons.

Jeannot était fils d'un marchand de mulets très renommé ; Colin devait le jour à un brave laboureur des environs qui cultivait la terre avec quatre mulets, et qui, après avoir payé la taille, le taillon, les aides et gabelles, le sou pour livre, la capitation et les vingtièmes [1], ne se trouvait pas puissamment riche au bout de l'année.

Jeannot et Colin s'aimaient beaucoup. Le temps de leurs études était sur le point de finir, quand un tailleur apporta à Jeannot un habit de velours à trois couleurs, avec une veste de Lyon de fort bon goût : le tout était accompagné d'une lettre à M. de la Jeannotière. Colin admira l'habit et ne fut point jaloux ; mais Jeannot prit un air de supériorité qui affligea Colin. Dès ce moment

---

1. Noms de divers impôts qui étaient perçus avant la Révolution.
* **Composition française :** *Joies et chagrins d'enfant d'après vos propres souvenirs.*

Jeannot n'étudia plus, se regarda au miroir et méprisa tout le monde.

Quelque temps après, un valet de chambre arrive en poste, et apporte une seconde lettre à M. de la Jeannotière ; c'était un ordre de monsieur son père de faire venir monsieur son fils à Paris. Jeannot monta en chaise [1], en tendant la main à Colin avec un sourire de protection assez noble. Colin sentit son néant et pleura. Jeannot partit dans toute la pompe de sa gloire.

Les lecteurs sauront que M. Jeannot le père avait acquis assez rapidement des biens immenses dans les affaires. Vous demandez comment on fait ces grandes fortunes ? C'est parce qu'on est heureux. Jeannot le père fut bientôt M. de la Jeannotière, et, ayant acheté un marquisat, au bout de six mois il retira de l'école monsieur le marquis, son fils, pour le mettre à Paris dans le beau monde.

Colin, toujours tendre, écrivit une lettre de compliments à son ancien camarade. Le petit marquis ne lui fit point de réponse. Colin en fut malade de douleur.

Le père et la mère donnèrent d'abord un gouverneur au jeune marquis ; ce gouverneur, qui était un homme du bel air et qui ne savait rien, ne put rien enseigner à son élève. Monsieur voulait que son fils apprît le latin, madame ne le voulait pas : car, disait-elle, la comédie et l'opéra ne se jouent pas en latin ; elle trouva la géographie tout aussi inutile : les postillons sauraient bien trouver les chemins quand monsieur le marquis irait dans ses terres.

On ne se montra guère plus favorable à l'étude de l'histoire et de la géométrie.

Enfin, après avoir examiné le fort et le faible des sciences, il fut décidé que monsieur le marquis apprendrait à danser.

Comme bien l'on pense, le jeune homme se perfectionna surtout dans l'habitude de n'être propre à rien.

1. En chaise de poste. — On nommait ainsi les voitures qui faisaient le service de la poste et transportaient les voyageurs avant l'établissement des chemins de fer.

Il dépensa beaucoup, pendant que ses parents s'épuisaient encore davantage à vivre en grands seigneurs.

Une jeune veuve de qualité, leur voisine, qui n'avait qu'une fortune médiocre, voulut bien se résoudre à mettre en sûreté les grands biens de monsieur et madame de la Jeannotière en se les appropriant et en épousant le jeune marquis. Une vieille voisine proposa le mariage ; les parents, éblouis de la splendeur de cette alliance, acceptèrent avec joie la proposition. Les amis de la maison félicitaient le jeune marquis ; on allait rédiger les articles, en travaillant aux habits de noce et à l'épithalame [1].

Mais un matin, un valet de chambre de madame la mère arrive, tout effaré. « Voici bien d'autres nouvelles, dit-il ; des huissiers déménagent la maison de monsieur et de madame ; tout est saisi par des créanciers ; on parle de prise de corps [2], et je vais faire mes diligences pour être payé de mes gages. — Voyons un peu, dit le marquis, ce que c'est que ça... — Oui, dit la veuve, allez punir ces coquins-là, allez vite. » Il y court, il arrive à la maison : son père était déjà emprisonné ; tous les domestiques avaient fui, chacun de leur côté, en emportant tout ce qu'ils avaient pu. Sa mère était seule, sans secours, sans consolation, noyée dans les larmes ; il ne lui restait rien que le souvenir de sa fortune et de ses folles dépenses.

Le marquis, stupéfait, la rage dans le cœur, alla chez ses amis : tous le reçurent avec gravité et indifférence ; il apprit mieux à connaître le monde, dans une demi-journée, que dans tout le reste de sa vie.

Comme il était plongé dans l'accablement du désespoir, il vit avancer une chaise roulante à l'antique, espèce de tombereau couvert, accompagnée de rideaux de cuir, suivie de quatre charrettes énormes toutes chargées. Il y avait, dans la chaise, un jeune homme grossièrement vêtu : c'était un visage rond et frais, qui respirait la

---

1. Sorte de poème qui se fait à l'occasion d'un mariage et en l'honneur des nouveaux époux.

2. Arrestation en vertu d'un jugement des tribunaux.

douceur et là gaieté. Sa petite femme, brune et assez agréable, était cahotée à côté de lui.

La voiture n'allait pas comme le char d'un petit-maître ; le voyageur eut tout le temps de contempler le marquis immobile, abîmé dans sa douleur : « Eh ! mon Dieu ! s'écria-t-il, je crois que c'est là Jeannot ! » A ce nom, le marquis lève les yeux ; la voiture s'arrête : « C'est Jeannot lui-même ; c'est Jeannot ! » Le petit homme rebondi ne fait qu'un saut et court embrasser son ancien camarade. Jeannot reconnut Colin ; la honte et les pleurs couvrirent son visage : « Tu m'as abandonné, dit Colin ; mais tu as beau être grand seigneur, je t'aimerai toujours. » Jeannot, confus et attendri, lui conta, en sanglotant, une partie de son histoire. « Viens dans l'hôtellerie où je loge me conter le reste, lui dit Colin ; et allons dîner ensemble. »

Ils vont tous trois à pied, suivis du bagage. « Qu'est-ce donc que tout cet attirail ? Vous appartient-il ? — Oui, tout est à moi et à ma femme. Nous arrivons du pays ; je suis à la tête d'une bonne manufacture de fer étamé et de cuivre : j'ai épousé la fille d'un riche négociant en ustensiles nécessaires aux grands et aux petits ; nous travaillons beaucoup ; Dieu nous bénit ; nous n'avons point changé d'état, nous sommes heureux : nous aiderons notre ami Jeannot. Ne sois plus marquis ; toutes les grandeurs de ce monde ne valent pas un bon ami. Tu reviendras avec moi au pays, je t'apprendrai le métier : il n'est pas bien difficile ; je te mettrai de part, et nous vivrons gaiement dans le coin de terre où nous sommes nés. »

Jeannot, éperdu, se sentait partagé entre la douleur et la joie, la tendresse et la honte ; et il se disait tout bas : « Tous mes amis du bel air m'ont trahi, et Colin, que j'ai méprisé, vient seul à mon secours. Quelle instruction ! »

La bonté d'âme de Colin développa, dans le cœur de Jeannot, le germe du bon naturel que le monde n'avait pas encore étouffé ; il sentit qu'il ne pouvait abandonner son père et sa mère. « Nous aurons soin de ta mère, dit Colin ; et, quant à ton bonhomme de père qui est en pri-

son, j'entends un peu les affaires : ses créanciers, voyant
qu'il n'a plus rien, s'accommoderont pour peu de chose ;
je me charge de tout. »

Colin fit tant qu'il tira le père de prison. Jeannot
retourna dans sa patrie, avec ses parents qui reprirent
leur première profession. Il épousa une sœur de Colin,
laquelle, étant de même humeur que le frère, le rendit très
heureux. Et Jeannot le père, et Jeannotte la mère, et
Jeannot le fils virent que le bonheur n'est pas dans la
vanité.

VOLTAIRE.

(*Romans et Contes.*)

⁇

## La légende du forgeron.

Un forgeron forgeait une poutre de fer,
Et les dieux, les esprits invisibles de l'air,
Les témoins [1] inconnus des actions humaines,
Tandis qu'autour de lui, bruissant par centaines,
Les étincelles d'or faisaient comme un soleil,
Les dieux voyaient son cœur, à la forge pareil,
Palpiter, rayonnant, plein de bonnes pensées,
Étincelles d'amour en tous sens élancées !
Car, tout en martelant le fer de ses bras nus,
Le brave homme songeait aux frères inconnus
A qui son bon travail serait un jour utile...
Et donc, en martelant la poutre qui rutile [2],
Il chantait le travail qui rend dure la main,
Mais qui donne un seul cœur à tout le genre humain !

Tout à coup, la chanson du forgeron s'arrête :
« Ah ! dit-il tristement, en secouant la tête,
Mon travail est perdu, la barre ne vaut rien :

---

1. Esprits de l'air, génies familiers que le poète suppose témoins des
actions des hommes.
2. Qui est rutilante : d'un rouge brillant.

Une paille [1] est dedans ; recommençons. C'est bien ! »
Car le bon ouvrier est scrupuleux [2] et juste ;
Il ne plaint pas l'effort de son torse robuste ;
Il sait que ce qu'il doit c'est un travail bien fait,
Qu'une petite cause a souvent grand effet,
Que le mal sort du mal, le bien du bien, qu'en somme
Un ouvrage mal fait peut entraîner mort d'homme !
Les étincelles d'or faisaient comme un soleil,
Et de ce cœur vaillant, à la forge pareil,
Étincelles d'amour en tous sens élancées,
Jaillissaient le courage et les bonnes pensées !

Et la poutre de fer, dont l'ouvrier répond,
Sert un beau jour, plus tard, aux charpentes d'un pont ;
Et, sur le pont hardi qui fléchit et qui tremble,
Voici qu'un régiment — six cents hommes ensemble —
Passe, musique en tête, et le beau régiment
Sent sous ses pieds le pont fléchir affreusement...
Le pont fléchit, va rompre... et les six cents pensées
Vont aux femmes, aux sœurs, aux belles fiancées...
Et, dans le cœur des gens qui voient cela des bords,
La patrie a déjà pleuré les six cents morts !

Chante ! chante dès l'heure où ta forge s'allume !
Frappe, bon ouvrier, gaîment, sur ton enclume :
Le pont ne rompra pas ! Le pont n'a pas rompu !
Car le bon ouvrier a fait ce qu'il a pu,
Car la barre de fer est solide et sans paille...
Chante, bon ouvrier, chante en rêvant ! Travaille !
Règle tes chants d'amour sur l'enclume au beau son !
Ton cœur bat sur l'enclume et bat dans ta chanson !
... Les étincelles d'or, en tous sens élancées,
C'est le feu de ton cœur et tes bonnes pensées.

1. Défaut de liaison, crevasse qu'on rencontre parfois dans le métal
et qui compromet la solidité de l'ouvrage.
2. *Scrupuleux* : dont la conscience est d'une extrême délicatesse.
A proprement parler, le scrupule était une petite pierre prise primitive-
ment pour peser. Chez les Romains, c'était la vingt-quatrième partie
d'une once. Au figuré : ce qui embarrasse la conscience, comme une
pierre embarrasse celui qui chemine.

L'homme n'a jamais su, l'homme ne saura pas
Combien d'hommes il a soutenu de ses bras
Au-dessus du grand fleuve et de la mort certaine !
Et pas un seul soldat, et pas un capitaine
Ne saura qu'il lui doit la vie, et le retour
Au village où l'attend le baiser de l'amour.
Nul ne dira : « Merci, brave homme ! » à l'homme juste
Qui fit un travail fort avec son bras robuste...

Mais peut-être qu'un jour, quand ses fils pleureront
En rejetant le drap de son lit sur son front,
Quand la mort lui dira le secret [1] à l'oreille,
Peut-être il entendra tout à coup... ô merveille !...
Il verra les esprits invisibles de l'air
Lui conter le destin de sa poutre de fer,
Et lorsqu'on croisera ses pauvres mains glacées,
Lui, vivant immortel dans ses bonnes pensées,
Laissant sa vie à tous en exemple, en conseil,
Sentira rayonner son cœur comme un soleil.

JEAN AICARD.
(*Le dieu dans l'homme.*)

∽◊∽

### Jeux d'enfant.

Mon père était très au courant de mille jeux qu'il
m'enseignait, plein d'inventions auxquelles je n'aurais
jamais songé tout seul ; sans doute, ce qui m'y faisait
prendre tant de plaisir, c'est que, je le voyais bien, il y en
prenait aussi.

Assis sur une marche du perron, nous passions parfois
toute une heure, affairés, l'œil fixe, à user, en le frottant
contre la pierre, chacun un noyau d'abricot, tantôt d'un
côté, tantôt de l'autre, jusqu'à ce qu'il fût aminci des deux
parts, et qu'il ne restât plus qu'une cloison blanche qu'il
fallait, alors, percer en rond au moyen d'une aiguille ;

---

1. Le secret de l'éternité.

ensuite, gravement, fébrilement aussi, nous attaquions l'amande, toujours à l'aide de l'aiguille qui la piquait, la creusait, l'émiettait : ce n'était pas une médiocre peine que de faire sortir, morcelet à morcelet, toute l'amande ; ah ! qu'il y fallait d'adresse et de patience ! Mais aussi, quand le noyau, percé des deux côtés, était vide, c'était un sifflet qui, appliqué entre les lèvres, imitait le ramage des linots, des bouvreuils et des verdiers.

Nous avions beaucoup d'autres jeux où nous excellions : comme de fabriquer des pistolets, avec une branche de sureau vidée de sa moelle, et un bouchon de liège que retenait une cordelette ; comme de faire naviguer, dans la grande auge de pierre, sous la pompe, des batelets que nous construisions d'écorces de hêtre ou de tulipier [1], et dont les voiles étaient taillées dans de vieux mouchoirs de batiste.

Car mon père ne m'achetait jamais des joujoux tout faits chez les marchands. Avarice ? je ne pense pas ; peut-être intention, que j'ai soupçonnée plus tard, de m'initier, tout jeune, à des métiers manuels qui, dans l'avenir, pourraient m'être utiles.

De ses menus doigts très agiles, il me montrait à construire des cages, à faire des filets ; il m'enseigna l'élève des vers à soie : nous obtînmes huit ou dix cocons ; nous avions de petites voitures fabriquées de cartes à jouer, que des hannetons attelés traînaient sur le sable de la grande allée ; quelquefois les bestioles grimpaient, voletaient péniblement aux rosiers, les carrosses de carton s'enchevêtrant dans les feuilles, s'accrochant aux épines.

Je prenais à ces amusettes un plaisir très vif, très sérieux en même temps, parce qu'elles étaient aussi des travaux, et à cause de l'importance que mon père leur accordait.

Un de mes plus fiers souvenirs, c'est notre dressage d'oiseaux de proie pour la chasse.

---

1. *Tulipier* : arbre à bois blanc jaunâtre que l'on cultive pour l'ornement des parcs et jardins. Les fleurs, en forme de tulipe, sont d'un blanc verdâtre coloré de rouge ou d'orange.

Après plusieurs jours employés à lire dans de vieux
livres, mon père était allé au marché de la ville et en avait
rapporté un émerillon, un faucon et un épervier mou-
cheté.

L'émerillon fut appelé Tibère, le faucon Galba, l'épervier Commode[1]; ainsi mon père commençait à m'apprendre
l'histoire romaine.

Ce ne fut pas sans difficulté qu'avec de vieux chiffons,
empruntés à ma mère, et des morceaux de fils de fer,
trouvés je ne sais où, nous fîmes des capuchons pour les
bêtes chasseresses ; nous eûmes aussi un gant rouge où
nos élèves, brusquement décapuchonnés, mangeaient des
morceaux de viande crue ; plus tard, tout à fait dressés,
— après avoir saisi dans l'air quelque alouette ou quelque
perdrix, — ils reviendraient à ce gant rouge tendu vers
eux [2].

Mais Commode et Tibère moururent, à cause d'une ver-
mine qui leur vint sous l'aile, et que nous essayâmes en
vain de guérir en les baignant dans du sable.

Seul survécut le faucon Galba.

Son éducation fut bientôt assez parfaite pour qu'il
nous fût possible de tenter l'épreuve décisive de la réelle
chasse.

Ce fut un matin solennel. Habillé d'un habit de cuir,
coiffé d'une toque à plume, — une des plumes de l'un des
accipitres[3] défunts, — je marchais à côté de mon père silencieux, silencieux moi-même, portant sur mon poing ganté
d'écarlate le faucon encapuchonné ; je devais avoir l'air
d'un joli page de chasse.

---

1. *Tibère, Galba, Commode :* noms de trois empereurs romains.
2. Le faucon se porte sur le poing droit, la tête couverte d'un capu-
chon. A l'instant qu'une proie apparaît, le fauconnier enlève le
chaperon, lève et baisse alternativement le poing ; le faucon prend
son vol, poursuit la proie, la harcèle du bec et des serres jusqu'à ce
qu'elle tombe épuisée. Après la poursuite, il revient sur le poing du
fauconnier qui le récompense en lui donnant le *leurre,* morceau de
cuir rouge garni d'un appât. La chasse au faucon fut très en honneur
au moyen âge et jusque sous le règne de Louis XIII.
3. Du latin *accipiter :* épervier, oiseau de proie.

Nous arrivâmes dans une grande plaine.

Là, mon père prit notre élève, le plaça sur sa main, et, m'ayant ordonné de me tenir à dix pas environ, il attendit qu'un petit oiseau passât. De moment en moment il m'adressait des recommandations.

« Prends bien garde ! Dès que Galba aura saisi sa proie, tu lèveras le gant en l'air ! — Oui, papa. » J'éprouvais un inexprimable orgueil, en l'attente de quelque chose d'énorme et de glorieux.

Un pinson traversa l'air !

Mon père décapuchonna le faucon, qui, ses plumes secouées, aperçut la bestiole ailée, et s'élança en ligne droite, éperdument. Il l'empoigna des griffes et du bec, tout en voletant. « A toi ! » cria mon père. Je me précipitai, en élevant le gant, en appelant : « Galba ! Galba ! »

M'étais-je avancé trop vite ? avais-je appelé trop durement ? Je ne sais. Le faucon hésitait, sa proie au bec. « Galba ! Galba ! » Il lâcha l'oiselet, mais il se rua à travers l'air, sa sonnette tintante, vers un cerf-volant qui planait en plein ciel. La brave petite bête l'avait pris, sans doute, pour quelque monstrueux oiseau, et voulait le combattre. Il se jeta dessus, fine flèche élancée, passa au travers et, tout enorgueilli sans doute de sa victoire, se perdit dans le lointain gris. J'entendais encore le petit bruit de la clochette... je n'entendais plus rien.

Triste fin de notre seule chasse.

Je fondis en larmes, la tête cachée entre le gant rouge et ma main nue. Mon père était tout décontenancé, et, craignant peut-être que cet insuccès ne diminuât la confiance admirative que j'avais en lui : « Tiens ! » me dit-il pour me divertir de mon chagrin ; il avait ramassé dans l'herbe le pinson blessé, du sang aux plumes ; je cessai tout de suite de pleurer, je pris le petit oiseau, je le caressai, je le baisai. Mais la peur de mes doigts lui rendit de la force, il s'échappa, s'envola très vite. J'espère qu'il n'est pas mort de ses blessures. Quand nous rentrâmes à la maison, le déjeuner était prêt ; je ne pensais plus du tout au grand oiseau ni au petit, parce que la servante

annonça qu'il y avait, pour dessert, du blanc-manger dont
j'étais très friand.

Catulle Mendès.

(*Verger fleuri.* — Dentu, édit

◦ ◊ ◦

## Le fuseau de grand'mère.

Ah ! le bon temps qui s'écoulait
Dans le moulin de mon grand-père !
Pour la veillée on s'assemblait
Près du fauteuil de ma grand'mère ;
Ce que grand-père racontait,
Comme en silence on l'écoutait !
Et comme alors gaîment trottait
Le vieux fuseau de ma grand'mère !
    Comme il trottait !
Et quel bon temps ! quel temps c'était !

Grand-père était un vieux bonhomme :
Il avait bien près de cent ans ;
Tout était vieux sous son vieux chaume,
Hors les enfants de ses enfants :
Vieux vin dans de vieilles armoires,
Vieille amitié, douce toujours !
Vieilles chansons, vieilles histoires,
Vieux souvenirs des anciens jours !

Grand'mère était la gaîté même ;
On la trouvait toujours riant ;
Depuis le jour de son baptême
Elle riait en s'éveillant.
De sa maison, riant asile,
Elle était l'âme : aussi, depuis
Que son fuseau reste immobile,
On ne rit plus dans le pays.

Le vieux moulin de mon grand-père
Tout comme lui s'est abattu ;
Le vieux fuseau de ma grand'mère
A la muraille est suspendu.
Et vous, couchés sous l'herbe épaisse,
Comme au vieux temps encore unis,
Je crois vous voir quand le jour baisse,
Et tout en larmes je redis :

Ah ! le bon temps qui s'écoulait
Dans le moulin de mon grand-père !
Pour la veillée on s'assemblait
Près du fauteuil de ma grand'mère ;
Ce que grand-père racontait,
Comme en silence on l'écoutait !
Et comme alors gaîment trottait
Le vieux fuseau de ma grand'mère !
      Comme il trottait !
Et quel bon temps ! quel temps c'était !

            ÉDOUARD PLOUVIER.
               (*Poésies du foyer.*)

## Le chien de Brisquet.

En notre forêt de Lyons [1], vers le hameau de la Gou-
pillière, tout près d'un grand puits-fontaine qui appartient
à la chapelle Saint-Mathurin, il y avait un bonhomme,
bûcheron de son état, qui s'appelait Brisquet, ou autrement *le Fendeur à la bonne hache,* et qui vivait pauvrement du produit de ses fagots, avec sa femme qui s'appelait Brisquette.

Le bon Dieu leur avait donné deux jolis petits enfants :
un garçon de sept ans qui était brun et qui s'appelait Biscotin, et une blondine de six ans qui s'appelait Biscotine.
Outre cela, ils avaient une chienne à poil frisé, noire par

---

1. **Forêt de Normandie** dont le centre est à **Lyons-la-Forêt (Eure).**

tout le corps, si ce n'est au museau qu'elle avait couleur
de feu ; et c'était bien le meilleur chien du pays pour
son attachement à ses maîtres. On l'appelait la Bichonne.

Vous vous souvenez du temps où il vint tant de loups
dans la forêt de Lyons. C'était dans l'année des grandes
neiges, que les pauvres gens eurent si grand'peine à vivre.
Ce fut une terrible désolation dans le pays.

Brisquet, qui allait toujours à sa besogne, et qui ne
craignait pas les loups, à cause de sa bonne hache, dit
un matin à Brisquette : « Femme, je vous prie de ne laisser courir ni Biscotin ni Biscotine tant que M. le grand
louvetier [1] ne sera pas venu. Il y aurait du danger pour
eux. Ils ont assez de quoi marcher entre la butte et
l'étang, depuis que j'ai planté des piquets le long de
l'étang pour les préserver d'accident. Je vous prie aussi,
Brisquette, de ne pas laisser sortir la Bichonne qui ne
demande qu'à trotter. » Brisquet disait tous les matins la
même chose à Brisquette.

Un soir, il n'arriva pas à l'heure ordinaire. Brisquette
venait sur le pas de la porte, rentrait, ressortait, et disait
en se croisant les mains : « Mon Dieu, qu'il est attardé !... »
— Et puis elle sortait encore en criant : « Eh ! Brisquet ! »
— Et la Bichonne lui sautait jusqu'aux épaules, comme
pour lui dire : « N'irai-je pas? » — « Paix ! lui dit Brisquette. — Écoute, Biscotine, va jusque devers la butte,
pour voir si ton père ne revient pas. — Et toi, Biscotin,
suis le chemin au long de l'étang, en prenant bien garde
s'il n'y a pas de piquets qui manquent, et crie fort :
Brisquet ! Brisquet !... — Paix ! la Bichonne ! »

Les enfants allèrent, allèrent, et quand ils se furent
rejoints à l'endroit où le sentier de l'étang vient couper
celui de la butte : « Mordienne ! dit Biscotin, je retrou-
verai notre pauvre père ou les loups m'y mangeront. —
Pardienne ! dit Biscotine, ils m'y mangeront bien aussi. »

Pendant ce temps-là, Brisquet était revenu par le

---

1. *Grand louvetier* : officier qui commandait les équipages destinés
à la chasse du loup. Il y a encore des lieutenants de louveterie.

grand chemin de Puchay, en passant à la Croix-aux-Anes, sur l'abbaye de Mortemer, parce qu'il avait une hottée de cotrets à fournir chez Jean Paquier. « As-tu vu nos enfants? lui dit Brisquette. — Nos enfants? dit Brisquet, nos enfants? mon Dieu! sont-ils sortis? — Je les ai envoyés à ta rencontre jusqu'à la butte et à l'étang, mais tu as pris par un autre chemin. »

Brisquet ne posa pas sa bonne hache. Il se mit à courir du côté de la butte. « Si tu menais la Bichonne? » lui cria Brisquette. La Bichonne était déjà bien loin. Elle était si loin que Brisquet la perdit bientôt de vue. Et il avait beau crier : « Biscotin! Biscotine! » on ne lui répondait pas. Alors, il se prit à pleurer, parce qu'il s'imagina que ses enfants étaient perdus.

Après avoir couru longtemps, longtemps, il lui sembla reconnaître la voix de la Bichonne. Il marcha droit dans le fourré, à l'endroit où il l'avait entendue, et il y entra sa bonne hache levée.

La Bichonne était arrivée là, au moment où Biscotin et Biscotine allaient être dévorés par un gros loup. Elle s'était jetée devant en aboyant, pour que ses abois avertissent Brisquet. Brisquet, d'un coup de sa bonne hache, renversa le loup raide mort ; mais il était trop tard pour la Bichonne, elle ne vivait déjà plus.

Brisquet, Biscotin et Biscotine rejoignirent Brisquette. C'était une grande joie, et cependant tout le monde pleura. Il n'y avait pas un regard qui ne cherchât la Bichonne.

Brisquet enterra la Bichonne au fond de son petit courtil, sous une grosse pierre sur laquelle le maître d'école écrivit en latin :

C'est ici qu'est la Bichonne,
Le pauvre chien de Brisquet.

Et c'est depuis ce temps-là qu'on dit, en commun proverbe : *Malheureux comme le chien à Brisquet, qui n'allit qu'une fois au bois et que le loup mangit.*

CHARLES NODIER.
(*Contes.* — Charpentier, édit.)

### Le cheval arabe.

Un Arabe et sa tribu avaient attaqué, dans le désert, la caravane de Damas ; la victoire était complète, et les Arabes étaient déjà occupés à charger le riche butin, quand les cavaliers du pacha d'Acre, qui venaient à la rencontre de cette caravane, fondirent à l'improviste sur les Arabes victorieux, en tuèrent un grand nombre, firent les autres prisonniers, et, les ayant attachés avec des cordes, les emmenèrent à Acre pour en faire présent au pacha.

Le chef arabe, Abou-el-Marsch, avait reçu une balle dans le bras pendant le combat ; comme sa blessure n'était pas mortelle, les Turcs l'avaient attaché sur un chameau, et, s'étant emparés du cheval, emmenaient le cheval et le cavalier.

Le soir du jour où ils devaient entrer à Acre, ils campèrent avec leurs prisonniers dans les montagnes de Japhadt ; l'Arabe blessé avait les jambes liées ensemble par une courroie de cuir, et était étendu près de la tente où couchaient les Turcs.

Pendant la nuit, tenu éveillé par la douleur de sa blessure, il entendit hennir son cheval parmi les autres chevaux, entravés autour des tentes selon l'usage des Orientaux ; il reconnut sa voix, et, ne pouvant résister au désir d'aller parler encore une fois au compagnon de sa vie, il se traîna péniblement sur la terre, à l'aide de ses mains et de ses genoux, et parvint jusqu'à son coursier.

« Pauvre ami, lui dit-il, que feras-tu parmi les Turcs ? tu seras emprisonné sous les voûtes d'un kan [1], avec les chevaux d'un aga [2] ou d'un pacha ; les femmes et les enfants ne t'apporteront plus le lait de chameau, l'orge ou le doura [3] dans le creux de la main ; tu ne courras plus libre dans le désert comme le vent d'Égypte ; tu ne

---

1. Se dit d'un lieu, d'une hôtellerie où les caravanes se reposent.
2. *Aga, pacha :* chefs militaires chez les Turcs.
3. Sorte de graine analogue au millet. Nous la nommons sorgho.

fendras plus du poitrail l'eau du Jourdain, qui rafraîchissait ton poil aussi blanc que ton écume : qu'au moins, si je suis esclave, tu restes libre ! Tiens, va, retourne à la tente que tu connais ; va dire à ma femme qu'Abou-el-Marsch ne reviendra plus, et passe ta tête entre les rideaux de la tente pour lécher la main de mes petits enfants. »

En parlant ainsi, Abou-el-Marsch avait rongé, avec ses dents, la corde de poil de chèvre qui sert d'entrave aux chevaux arabes, et l'animal était libre ; mais, voyant son maître blessé et enchaîné à ses pieds, le fidèle et intelligent coursier comprit, avec son instinct, ce qu'aucune langue ne pouvait lui expliquer : il baissa la tête, flaira son maître, et, le saisissant avec les dents par la ceinture de cuir qu'il avait autour du corps, il partit au galop et l'emporta jusqu'à ses tentes.

En arrivant, et en jetant son maître sur le sable, aux pieds de sa femme et de ses enfants, le cheval expira de fatigue.

Toute la tribu l'a pleuré, les poètes l'ont chanté, et son nom est constamment dans la bouche des Arabes de Jéricho *.            LAMARTINE.

(*Voyage en Orient.* — Hachette, édit.)

〜◊〜

## Madame Théophile.

Madame Théophile était une chatte rousse à poitrail blanc, à nez rose et à prunelles bleues, ainsi nommée parce qu'elle vivait avec nous dans une grande intimité, dormant sur le pied de notre lit, rêvant sur les bras de notre fauteuil pendant que nous écrivions, descendant au jardin pour nous suivre dans nos promenades, assistant à nos repas et interceptant, parfois, le morceau que nous portions de notre assiette à notre bouche.

---

\* **Composition française :** *L'Arabe raconte à la tribu sa fuite et le merveilleux dévouement de son cheval.*

Une fois, un de nos amis, partant pour quelques jours, nous confia son perroquet pour en avoir soin tant que durerait son absence. L'oiseau, se sentant dépaysé, était monté, à l'aide de son bec, jusqu'au haut de son perchoir, et roulait autour de lui, d'un air passablement effaré, ses yeux semblables à des clous de fauteuil, en fronçant les membranes blanches qui lui servaient de paupières.

Madame Théophile n'avait jamais vu de perroquet ; et cet animal, nouveau pour elle, lui causait une surprise évidente. Aussi immobile qu'un chat embaumé d'Égypte [1], dans son lacis de bandelettes, elle regardait l'oiseau avec un air de méditation profonde, rassemblant toutes les notions d'histoire naturelle qu'elle avait pu recueillir sur les toits, dans la cour et le jardin. L'ombre de ses pensées passait par ses prunelles changeantes, et nous pûmes y lire ce résumé de son examen : « Décidément, c'est un poulet vert. » Ce résultat acquis, la chatte sauta à bas de la table où elle avait établi son observatoire et alla se raser dans un coin de la chambre, le ventre à terre, les coudes sortis, la tête basse, le ressort de l'échine tendu, comme la panthère noire du tableau de Gérôme [2] guettant les gazelles qui vont se désaltérer au lac.

Le perroquet suivait les mouvements de la chatte avec une inquiétude fébrile ; il hérissait ses plumes, faisait bruire sa chaîne, levait une de ses pattes en agitant les doigts, et repassait son bec sur le bord de la mangeoire. Son instinct lui révélait un ennemi méditant quelque mauvais coup. Quant aux yeux de la chatte, fixés sur l'oiseau avec une intensité fascinatrice [3], ils disaient, dans un langage que le perroquet entendait fort bien et qui

---

1. En Égypte, le chat était considéré comme un animal sacré ; de même le taureau, la vache, le bélier, le singe, le crocodile, l'hippopotame, l'épervier, l'ibis, le scarabée, etc. — Ces animaux étaient nourris avec beaucoup de soin dans le temple du dieu auquel ils étaient consacrés, et, après leur mort, on les embaumait.

2. Peintre contemporain : 1824-1904.

3. Une grande puissance d'attraction. On attribue à certains animaux, aux serpents surtout, la faculté de fasciner leur proie en la regardant fixement.

n'avait rien d'ambigu : « Quoique vert, ce poulet doit être bon à manger. »

Nous suivions cette scène avec intérêt, prêt à intervenir quand besoin serait. Madame Théophile s'était sensiblement rapprochée : son nez rose frémissait, elle fermait à demi les yeux, sortait et rentrait ses griffes contractiles. De petits frissons lui couraient sur l'échine, comme à un gourmet qui va se mettre à table devant une poularde truffée ; elle se délectait à l'idée du repas succulent et rare qu'elle allait faire. Ce mets exotique [1] chatouillait sa sensualité. Tout à coup son dos s'arrondit comme un arc qu'on tend, et un bond, d'une vigueur élastique, la fit tomber juste sur le perchoir. Le perroquet, voyant le péril, d'une voix de basse grave et profonde cria soudain : « As-tu déjeuné, Jacquot ? »

Cette phrase causa une indicible épouvante à la chatte, qui fit un saut en arrière. Une fanfare de trompette, une pile de vaisselle se brisant par terre, un coup de pistolet tiré à ses oreilles, n'eussent pas causé à l'animal félin une plus vertigineuse terreur. Toutes ses idées ornithologiques [2] étaient renversées. « Et de quoi ? De rôti de roi », continua le perroquet. La physionomie de la chatte exprima clairement : « Ce n'est pas un oiseau, c'est un monsieur, il parle ! »

> Quand j'ai bu du vin clairet,
> Tout tourne, tout tourne au cabaret,

chanta l'oiseau avec des éclats de voix assourdissants, car il avait compris que l'effroi causé par sa parole était son meilleur moyen de défense. La chatte nous jeta un regard plein d'interrogation, et, notre réponse ne la satisfaisant pas, elle alla se blottir sous le lit d'où il fut impossible de la faire sortir de la journée. Le lendemain, Madame Théophile, un peu rassurée, essaya une nouvelle tentative

---

1. *Exotique :* étranger, qui n'est pas du pays.
2. Ses connaissances en histoire naturelle. L'ornithologie est la partie de la zoologie qui traite des oiseaux.

repoussée de même. Elle se le tint pour dit, acceptant
l'oiseau pour un homme.          Théophile Gautier.

(Ménagerie intime. — Lemerre, édit.)

ം◊ം

### Le pinson d'Ardennes.

Un soir, je fus attiré dans une sente par de petits cris
aigus, et je vis un oiseau qui venait de se prendre au
trébuchet [1]. Il était à peu près de la taille d'un moineau,
et la furie avec laquelle il battait des ailes avait quasi
renversé la raquette.

Pourtant, soit que la détente de la ficelle eût été moins
brusque que d'habitude, soit que les pattes du patient
fussent plus résistantes, il n'était point endommagé. Il
avait le dos marron, et le dessus de la tête, ainsi que le bec,
d'un bleu ardoisé ; l'œil vif, les moustaches noires, le cou,
la poitrine et les flancs d'une belle couleur vineuse, le
croupion olivâtre, la queue fourchue, et une tache blanche
sur chaque aile.

« C'est un pinson d'Ardennes », dit mon grand-père.

Je m'en étais déjà aperçu, car, l'ayant pris par les
ailes pour le dégager, il m'avait, d'un coup de bec, pincé
jusqu'au sang.

Mon grand-père fit la remarque que ses pattes n'avaient
pas été brisées ; l'une d'elles était seulement légèrement
éraflée. Quant à moi, le voyant si alerte, et si mignon de
forme et de couleur, l'idée me vint de le mettre en cage et
de l'apprivoiser. Je suppliai qu'on me permît de l'emporter.

« Soit, dit mon aïeul en hochant la tête ; mais tu ne
l'élèveras pas : il est déjà trop fort et trop sauvage. »

Naturellement je n'en crus pas un mot, étant à cet
âge présomptueux où l'on ne doute de rien. J'enveloppai
le pinson dans mon mouchoir, et, une fois à la maison,
je le logeai dans un panier hermétiquement clos, en atten-

---

1. *Trebuchet :* piège en forme de cage pour prendre les petits oiseaux ;
la *raquette* est plus spécialement un piège à détente.

dant que je pusse, le lendemain, lui préparer une cage.

Je passai une bonne moitié de la nuit sans dormir, tant l'idée de mon prisonnier me trottait dans le cerveau. J'avais ouï dire que les pinsons ont de merveilleuses aptitudes musicales, et qu'avec de la patience on peut les dresser comme de véritables virtuoses[1] ; quand mes yeux se fermaient, j'entendais, en songe, mon élève chanter ainsi que l'oiseau bleu des contes de fées.

Dès le matin, je courus au panier. Le pinson n'avait guère mieux dormi que moi : il voletait farouchement et donnait de furieux coups de bec contre les parois. Toutes mes économies furent absorbées par l'achat d'une cage, meublée d'une auge, d'un abreuvoir, et d'une mangeoire que je remplis de chènevis. J'y transvasai l'oiseau, et, en attendant qu'il s'accoutumât à sa nouvelle demeure, je grimpai dans notre grenier consulter deux ou trois vieux bouquins d'ornithologie[2], afin de bien connaître les mœurs et les goûts de mon hôte.

Ainsi édifié, je revins vers la cage. Le captif ne paraissait nullement disposé à s'y apprivoiser. Agrippé aux barreaux, les ailes sans cesse en mouvement, il avait culbuté son auge, et dédaigné le chènevis qui foisonnait dans la mangeoire.

« Peut-être le menu ne lui plaît-il pas, pensai-je ; le livre parle d'œillettes, de senelles[3] et de faînes. » Je courus les champs afin de me procurer la nourriture indiquée, et, quand je revins, la fiévreuse agitation du prisonnier avait redoublé. Il continuait de s'élancer rageusement contre les barreaux ; il y meurtrissait sa jolie tête bleuâtre ; il y brisait les plumes de sa queue ; le duvet de son poitrail, hérissé, s'éparpillait dans l'air. Parfois, n'en pouvant plus, il se rencognait dans un angle, ouvrait tout grands ses profonds yeux noirs, et son regard désespéré semblait me crier :

---

1. *Virtuose* : musicien d'un grand talent. Se dit, par extension, de celui qui est passé maître dans son art : un virtuose de la parole.
2. Voir p. 145, note 2.
3. *Senelle* : fruit rouge de l'aubépine dont les oisillons sont friands.

« Mais lâche-moi donc !... lâche-moi donc ! »

Je fis la sourde oreille et je m'en allai, me berçant encore de l'espoir que la nuit le calmerait. Dès le fin matin, je courus de nouveau à la cage... Sur la planchette qui servait de parquet, immobile, les paupières closes, le plumage ébouriffé et terne, le pinson, déjà raidi, gisait au milieu des graines éparses et intactes. Le sauvage oiseau des montagnes, en haine de sa prison, s'était laissé mourir de faim.

Mon cœur se serra ; j'avais cette cruelle agonie sur la conscience. Pendant longtemps, je ne pus voir un oiseau sans éprouver une lourde sensation de malaise. Et aujourd'hui encore, après bien des années, en entendant sous bois les précoces roulades du pinson, ce souvenir d'enfance m'est remonté au cerveau avec la senteur amère d'un remords.          ANDRÉ THEURIET.

(*Contes pour les soirs d'hiver*. — Lemerre, édit.)

⚬◊⚬

### Gavroche.

Un soir, le petit Gavroche n'avait point mangé ; il se souvint qu'il n'avait pas non plus dîné la veille ; cela devenait fatigant. Il prit la résolution d'essayer de souper. Il s'en alla rôder au delà de la Salpêtrière [1] ; dans les lieux déserts, c'est là que sont les aubaines ; où il n'y a personne on trouve quelque chose.

Dans une de ses précédentes flâneries, il avait remarqué là un vieux jardin, hanté d'un vieux homme et d'une vieille femme, et, dans ce jardin, un pommier passable. A côté de ce pommier, il y avait une espèce de fruitier mal clos où l'on pouvait conquérir une pomme. Une pomme, c'est un souper ; une pomme, c'est la vie... Le jardin côtoyait une ruelle solitaire, non pavée, et bordée de broussailles en attendant les maisons ; une haie l'en séparait.

1. Quartier de Paris où s'élève l'hôpital de la Salpêtrière.

Gavroche se dirigea vers le jardin ; il retrouva la ruelle, il reconnut le pommier, il constata le fruitier, il examina la haie ; une haie, c'est une enjambée. Le jour déclinait, pas un chat dans la ruelle, l'heure était bonne. Gavroche ébaucha l'escalade, puis s'arrêta tout à coup. On parlait dans le jardin. Gavroche regarda par une des claires-voies de la haie.

A deux pas de lui, au pied de la haie et de l'autre côté, précisément au point où l'eût fait déboucher la trouée qu'il méditait, il y avait une pierre couchée qui faisait une espèce de banc, et sur ce banc était assis le vieux homme du jardin ayant devant lui la vieille femme debout. La vieille bougonnait. Gavroche, peu discret, écouta.

« Monsieur Mabeuf ! disait la vieille.

— Mabeuf ! pensa Gavroche, ce nom est farce. »

Le vieillard interpellé ne bougeait pas. La vieille répéta :

« Monsieur Mabeuf ! »

Le vieillard, sans quitter la terre des yeux, se décida à répondre :

« Quoi, mère Plutarque ?

— Mère Plutarque ! pensa Gavroche, autre nom farce. »

La mère Plutarque reprit, et force fut au vieillard d'accepter la conversation :

« Le propriétaire n'est pas content.

— Pourquoi ?

— On lui doit trois termes.

— Dans trois mois on lui en devra quatre.

— Il dit qu'il vous enverra coucher dehors.

— J'irai.

— La fruitière veut qu'on la paye. Elle ne lâche plus ses falourdes [1]. Avec quoi vous chaufferez-vous cet hiver ? Nous n'aurons point de bois.

— Il y a le soleil.

— Le boucher refuse crédit, il ne veut plus donner de viande.

---

1. *Falourde* : gros fagot de bûches liées ensemble.

— Cela se trouve bien. Je digère mal la viande. C'est lourd.

— Qu'est-ce qu'on aura pour dîner?

— Du pain.

— Le boulanger exige un acompte, et dit que pas d'argent pas de pain.

— C'est bon.

— Qu'est-ce que vous mangerez?

— Nous avons les pommes du pommier.

— Mais, monsieur, on ne peut pourtant pas vivre comme ça sans argent.

— Je n'en ai pas.»

La vieille s'en alla, le vieillard resta seul. Il se mit à songer. Gavroche songeait de son côté. Il faisait presque nuit.

Le premier résultat de la songerie de Gavroche, ce fut qu'au lieu d'escalader la haie il s'accroupit dessous. Les branches s'écartaient un peu au bas de la broussaille.

« Tiens, s'écria intérieurement Gavroche, une alcôve [1] » et il s'y blottit. Il était presque adossé au banc du père Mabeuf. Il entendait l'octogénaire respirer.

Alors, pour dîner, il tâcha de dormir.

Sommeil de chat, sommeil d'un œil. Tout en s'assoupissant, Gavroche guettait.

La blancheur du ciel crépusculaire blanchissait la terre, et la ruelle faisait une ligne livide entre deux rangées de buissons obscurs.

Tout à coup, sur cette bande blanchâtre, deux silhouettes parurent. L'une venait devant; l'autre, à quelque distance, derrière.

« Voilà deux êtres », grommela Gavroche.

La première silhouette semblait quelque vieux bourgeois courbé et pensif, vêtu plus que simplement, marchant lentement, à cause de l'âge, et flânant le soir aux étoiles.

La seconde était droite, ferme, mince. Elle réglait son pas sur le pas de la première ; mais, dans la lenteur volontaire de l'allure, on sentait de la souplesse et de l'agilité.

---

1. *Alcôve*: enfoncement, dans une chambre, fait pour y placer un lit.

Cette silhouette avait, avec on ne **sait quoi** de farouche et d'inquiétant, toute la tournure de ce qu'on appelait alors un élégant ; le chapeau était d'une bonne forme ; la redingote était noire, bien coupée, probablement de beau drap, et serrée à la taille. La tête se dressait avec une sorte de grâce robuste, et, sous le chapeau, on entrevoyait, dans le crépuscule, un pâle profil d'adolescent. Ce profil avait une rose à la bouche. Cette seconde silhouette était bien connue de Gavroche ; c'était Montparnasse.

Quant à l'autre, il n'en eût pu rien dire, sinon que c'était un vieux bonhomme.

Gavroche entra sur-le-champ en observation. L'un de ces deux passants avait évidemment des projets sur l'autre. Gavroche était bien situé pour voir la suite. L'alcôve était fort à propos devenue cachette.

Montparnasse à la chasse, à une pareille heure, en un pareil lieu, cela était menaçant. Gavroche sentait ses entrailles de gamin s'émouvoir de pitié pour le vieux.

Que faire ? intervenir ? une faiblesse en secourant une autre ! C'était de quoi rire pour Montparnasse. Gavroche ne se dissimulait pas que, pour ce redoutable bandit de dix-huit ans, le vieillard d'abord, l'enfant ensuite, c'étaient deux bouchées.

Pendant que Gavroche délibérait, l'attaque eut lieu, brusque et hideuse. Attaque de tigre à l'onagre[1], attaque d'araignée à la mouche. Montparnasse, à l'improviste, jeta la rose, bondit sur le vieillard, le colleta, l'empoigna et s'y cramponna, et Gavroche eut de la peine à retenir un cri. Un moment après, l'un de ces hommes était sous l'autre, accablé, râlant, se débattant, avec un genou de marbre sur la poitrine. Seulement, ce n'était pas tout à fait ce à quoi Gavroche s'était attendu. Celui qui était à terre, c'était Montparnasse ; celui qui était dessus, c'était le bonhomme. Tout ceci se passait à quelques pas de Gavroche.

Le vieillard avait reçu le choc, et l'avait rendu si ter-

1. *Onagre* : âne sauvage qui habite au nord-ouest de l'Inde.

riblement qu'en un clin d'œil l'assaillant et l'assailli avaient changé de rôle.

« Voilà un fier invalide », pensa Gavroche.

Et il ne put s'empêcher de battre des mains. Mais ce fut un battement de mains perdu. Il n'arriva pas jusqu'aux deux combattants, absorbés et assourdis l'un par l'autre, et mêlant leurs souffles dans la lutte.

Le silence se fit. Montparnasse cessa de se débattre. Gavroche eut cet aparté : « Est-ce qu'il est mort ? »

Le bonhomme n'avait pas prononcé un mot ni jeté un cri. Il se redressa, et Gavroche l'entendit qui disait à Montparnasse :

« Relève-toi. »

Montparnasse se releva, mais le bonhomme le tenait. Montparnasse avait l'attitude humiliée et furieuse d'un loup qui serait happé par un mouton.

Gavroche regardait et écoutait, faisant effort pour doubler ses yeux par ses oreilles. Il s'amusait énormément.

Il fut récompensé de sa consciencieuse anxiété de spectateur. Il put saisir au vol ce dialogue, qui empruntait à l'obscurité on ne sait quel accent tragique. Le bonhomme questionnait. Montparnasse répondait.

« Quel âge as-tu ? — Dix-neuf ans.

— Tu es fort, bien portant ; pourquoi ne travailles-tu pas ? — Ça m'ennuie.

— Quel est ton état ? — Fainéant.

— Parle sérieusement. Peut-on faire quelque chose pour toi ? Qu'est-ce que tu veux être ? — Voleur. »

Il y eut un silence. Le vieillard semblait profondément pensif. Il était immobile et ne lâchait point Montparnasse.

De moment en moment, le jeune bandit, vigoureux et leste, avait des soubresauts de bête prise au piège. Il donnait une secousse, essayait un croc-en-jambe, tordait éperdument ses membres, tâchait de s'échapper. Le vieillard n'avait pas l'air de s'en apercevoir, et lui tenait les deux bras d'une seule main, avec l'indifférence souveraine d'une force absolue.

La rêverie du vieillard dura quelque temps ; puis, regardant fixement Montparnasse, il éleva doucement la voix et lui adressa, dans cette ombre où ils étaient, une sorte d'allocution solennelle dont Gavroche ne perdit pas une syllabe :

« Mon enfant, tu entres par paresse dans la plus laborieuse des existences. Ah ! tu te déclares fainéant ! prépare-toi à travailler. As-tu vu une machine qui est redoutable ? cela s'appelle le laminoir [1]. Il faut y prendre garde, c'est une chose sournoise et féroce ; si elle vous attrape un pan de l'habit, vous y passez tout entier. Cette machine, c'est l'oisiveté. Arrête-toi, pendant qu'il en est temps encore, et sauve-toi ! Autrement c'est fini ; avant peu tu seras dans l'engrenage. Une fois pris, n'espère plus rien. A la fatigue, paresseux ! plus de repos. La main de fer du travail implacable t'a saisi. Gagner ta vie, avoir une tâche, accomplir un devoir, tu ne veux pas ! Être comme les autres, cela t'ennuie ! Eh bien, tu seras autrement. Le travail est la loi ; qui le repousse ennui, l'aura supplice. Tu ne veux pas être ouvrier, tu seras esclave... Ah ! mon pauvre enfant, tu fais fausse route, la fainéantise te conseille mal ; le plus rude des travaux, c'est le vol. Crois-moi, n'entreprends pas cette pénible besogne d'être paresseux. Devenir un coquin, ce n'est pas commode. Il est moins malaisé d'être honnête homme. Va, maintenant, et pense à ce que j'ai dit. A propos, que voulais-tu de moi ? ma bourse ? la voici. »

Et le vieillard, lâchant Montparnasse, lui mit dans la main sa bourse que Montparnasse soupesa un moment ; après quoi, avec la même précaution machinale que s'il l'eût volée, Montparnasse la laissa glisser doucement dans la poche de derrière de sa redingote.

Tout cela dit et fait, le bonhomme tourna le dos et reprit tranquillement sa promenade.

Montparnasse, stupéfait, le regarda disparaître dans le crépuscule. Cette contemplation lui fut fatale.

---

1. Machine composée de deux rouleaux d'acier entre lesquels on fait passer les métaux que l'on veut étirer en grandes lames ou en feuilles fort minces.

Tandis que le vieillard s'éloignait, Gavroche s'approchait.

Gavroche, d'un coup d'œil de côté, s'était assuré que
le père Mabeuf, endormi peut-être, était toujours assis
sur le banc. Puis, le gamin était sorti de sa broussaille,
et s'était mis à ramper dans l'ombre, en arrière de Montparnasse immobile. Il parvint jusqu'à Montparnasse sans
être vu ni entendu, insinua doucement sa main dans la
poche de derrière de la redingote en fin drap noir, saisit
la bourse, retira sa main, et, se remettant à ramper, fit
une évasion de couleuvre dans les ténèbres. Montparnasse,
qui n'avait aucune raison d'être sur ses gardes, et qui
songeait pour la première fois de sa vie, ne s'aperçut de
rien. Gavroche, quand il fut revenu au point où était le
père Mabeuf, jeta la bourse par-dessus la haie et s'enfuit
à toutes jambes[1].

La bourse tomba sur le pied du père Mabeuf. Cette
commotion le réveilla. Il se pencha et ramassa la bourse.
Il n'y comprit rien, et l'ouvrit. C'était une bourse à deux
compartiments ; dans l'un, il y avait quelque monnaie ;
dans l'autre, il y avait six napoléons.

M. Mabeuf, fort effaré, porta la chose à sa gouvernante :
« Cela tombe du ciel », dit la mère Plutarque.

VICTOR HUGO.
(*Les Misérables*.)

ംⸯⷈ

## Le chien déchaîné.

Lasse d'avoir tant marché, la famille Piccolin décide
qu'elle va se rafraîchir dans cette ferme, et M. Piccolin,
du pied, pousse la barrière. Il recule, parce qu'un chien
attaché aboie, furieux, et se précipite vers lui d'une
longueur de chaîne.

---

1. Gavroche a bon cœur ; mais il n'a reçu aucune éducation : « ses
parents l'avaient jeté dans la vie d'un coup de pied, et le pavé lui était
moins dur que le cœur de sa mère ! » (VICTOR HUGO.)
Son action mérite à la fois la louange et le blâme.

« On voit que tu ne m'as jamais vu, dit M. Piccolin ; tu ne me reconnais pas. »

Il demande à la fermière, qui regarde ces visiteurs de sa porte, sans se déranger :

« Est-ce qu'il mord, votre chien, ma brave femme?

— Il mordrait s'il pouvait, dit la fermière, et, quand on le lâche la nuit, je vous promets qu'il ne fait guère bon rôder autour d'ici.

— Oh ! je sais, dit M. Piccolin, qu'on les apprivoise avec du fromage de Gruyère.

— Ne vous y fiez point, dit la fermière, si vous tenez à vos mollets.

— J'y tiens, dit M. Piccolin. En attendant, je vous prie de nous donner quatre tasses de lait pour moi et ma famille. »

La fermière ne se presse pas de les servir. Elle les sert pourtant, et, comme elle a autre chose à faire, elle ne s'inquiète plus d'eux.

Les Piccolin, tenant du bout des doigts leurs tasses de lait, qu'ils boivent par petites gorgées, se promènent dans la cour. Ils regardent les volailles et les instruments aratoires. Mais une inquiétude limite leur plaisir, et ils jettent fréquemment un coup d'œil au chien, qui continue d'aboyer derrière eux.

« Te tairas-tu? lui dit M. Piccolin ; ne sommes-nous pas encore amis?

— Le chien, tout noir, montre ses dents, si blanches qu'une femme en serait fière, dit M^me Piccolin, et semble un nègre révolté.

— La belle bête ! dit M. Piccolin. Quoiqu'on ait du courage, elle impressionne. »

Ils en oublient de visiter les étables et ils viennent finir leurs tasses de lait devant le chien.

« À propos, comment t'appelles-tu? » dit M. Piccolin.

Personne ne répond.

M. Piccolin passe en revue des noms de chiens célèbres. Aucun ne produit d'effet à ce chien, et sa fureur augmente.

M. Piccolin, qui n'ose approcher, le flatte vainement de loin sur ses propres cuisses.

« Mon gaillard, lui dit-il, tu en fais un vacarme !
Tais-toi donc, tu vas t'étrangler. C'est heureux que ta
chaîne soit solide. »

Elle paraît si solide qu'ils deviennent familiers. Ne
pouvant calmer le chien, ils l'excitent, lui jettent du
sable, aboient avec lui, ou, dédaigneux, attendent qu'il
finisse.

« Quand tu voudras », lui dit M. Piccolin.

Et le chien hurle et bave, la gueule en feu comme un
enfer, et il tord si violemment sa chaîne que, tout à coup,
elle se casse et tombe par terre.

Il est libre !

Instantanément, les Piccolin se figent. M^me Piccolin
dit : « Mon Dieu ! Mon Dieu ! » M. Piccolin, qui riait,
reste bouche ouverte, comme s'il riait toujours. Les
petits Piccolin oublient de se sauver. Une tasse s'échappe
et se brise, et la fermière, les bras levés, accourt, moins
vite, elle le sent, que le malheur !

Mais le plus stupide c'est encore le chien.

Le bond dont il allait s'élancer, il ne le fait pas. Il
tourne sur place. Il flaire sa chaîne qui ne le retient plus.
Comme pris en faute, penaud, avec un grognement sourd,
il rentre dans sa niche.

Jules Renard.
(*Les Bucoliques.* — Ollendorf, édit.)

ఎﭤఎ

## La nuit terrible.

Un jour, je voyageais en Calabre [1] ; c'est un pays de
méchantes gens qui, je crois, n'aiment personne, et en
veulent surtout aux Français. De vous dire pourquoi, cela
serait long ; suffit qu'ils nous haïssent à mort, et qu'on
passe mal son temps lorsqu'on tombe entre leurs mains [2].

---

1. Province du sud de l'Italie formant le pied de la botte.
2. Les paysans massacraient, torturaient tous les Français isolés.

J'avais pour compagnon un jeune homme de figure agréable. Je ne dis pas cela pour vous intéresser, mais parce que c'est la vérité.

Dans ces montagnes, les chemins sont des précipices ; nos chevaux marchaient avec beaucoup de peine. Mon camarade allant devant, un sentier qui lui parut plus praticable et plus court nous égara. Ce fut ma faute : devais-je me fier à une tête de vingt ans? Nous cherchâmes, tant qu'il fit jour, notre chemin à travers ces bois ; mais plus nous cherchions, plus nous nous perdions, et il était nuit noire quand nous arrivâmes près d'une maison fort noire.

Nous y entrâmes, non sans soupçon ; mais comment faire? Là, nous trouvons toute une famille de charbonniers à table, où du premier mot on nous invita. Mon jeune homme ne se fit pas prier ; nous voilà mangeant et buvant, lui du moins, car pour moi j'examinais le lieu et la mine de nos hôtes. Nos hôtes avaient bien mines de charbonniers ; mais la maison, vous l'eussiez prise pour un arsenal : ce n'étaient que fusils, pistolets, sabres, couteaux et coutelas.

Tout me déplut, et je vis bien que je déplaisais aussi. Mon camarade, au contraire ; il était de la famille, il riait, il causait avec eux ; et, par une imprudence que j'aurais dû prévoir (mais quoi ! s'il était écrit...), il dit d'abord d'où nous venions, où nous allions, qui nous étions. Français, imaginez un peu ! chez nos plus mortels ennemis, seuls, égarés, si loin de tout secours humain ! Et puis, pour ne rien omettre de ce qui pouvait nous perdre, il fit le riche, promit à ces gens, pour la dépense et pour nos guides du lendemain, ce qu'ils voulurent. Enfin il parla de sa valise, priant fort qu'on en eût grand soin, qu'on la mît au chevet de son lit ; il ne voulait point, disait-il, d'autre traversin. Ah ! jeunesse, jeunesse ! que votre âge est à plaindre ! Cousine, on crut que nous portions les diamants de la couronne.

Le souper fini, on nous laisse ; nos hôtes couchaient en bas, nous dans la chambre haute où nous avions mangé. Une soupente élevée de sept à huit pieds, où l'on montait par une échelle, c'était là le coucher qui nous attendait, espèce de nid dans lequel on s'introduisait en rampant, sous des solives chargées de provisions pour toute l'année. Mon camarade y grimpa seul, et se coucha tout endormi, la tête sur la précieuse valise ; moi, déterminé à veiller, je fis bon feu et m'assis auprès.

La nuit s'était déjà passée presque entière assez tranquillement, et je commençais à me rassurer, quand, sur l'heure où il me semblait que le jour ne pouvait être loin, j'entendis au-dessous de moi notre hôte et sa femme parler et se disputer ; et, prêtant l'oreille par la cheminée qui communiquait avec celle d'en bas, je distinguai parfaitement ces propres mots du mari : « Eh bien, enfin, voyons, faut-il les tuer tous deux ? » A quoi la femme répondit : « Oui. » Et je n'entendis plus rien.

Que vous dirai-je ? Je restai respirant à peine, tout mon corps froid comme un marbre ; à me voir, vous n'eussiez su si j'étais mort ou vivant. Dieu ! quand j'y pense encore !... Nous deux, presque sans armes, contre eux, douze ou quinze, qui en avaient tant ! Et mon camarade mort de sommeil et de fatigue ! L'appeler, faire du bruit, je n'osais ; m'échapper tout seul, je ne pouvais ; la fenêtre n'était guère haute ; mais, en bas, deux gros dogues hurlant comme des loups... En quelle peine je me trouvais : imaginez-le si vous pouvez.

Au bout d'un quart d'heure, qui fut long, j'entendis sur l'escalier quelqu'un, et, par la fente de la porte, je vis le père, sa lampe d'une main, dans l'autre un de ses grands couteaux. Il montait, sa femme après lui, moi derrière la porte : il ouvrit ; mais, avant d'entrer, il posa la lampe, que sa femme vint prendre ; puis il entra pieds nus, et elle, dehors, lui disait à voix basse, masquant avec ses doigts le trop de lumière de la lampe : « Doucement, va doucement. »

Quand il fut à l'échelle, il monte, son couteau dans les dents ; et, venu à la hauteur du lit, ce pauvre jeune homme étendu offrant sa gorge découverte, d'une main il prend son couteau, et, de l'autre... Ah ! cousine... il saisit un jambon qui pendait au plancher, en coupe une tranche, et se retire comme il était venu. La porte se ferme, la lampe s'en va, et je reste seul à mes réflexions.

Dès que le jour parut, toute la famille, à grand bruit, vint nous éveiller, comme nous l'avions recommandé. On apporte à manger : on sert un déjeuner fort propre, fort bon, je vous assure. Deux chapons en faisaient partie, dont il fallait, dit notre hôtesse, emporter l'un et manger l'autre.

En les voyant, je compris enfin le sens de ces terribles mots : « Faut-il les tuer tous deux ? » Et je vous crois, cousine, assez de pénétration pour deviner à présent ce que cela signifiait.

P.-L. COURIER.
(*Lettres*.)

∽◊∽

## Les rats blancs.

Un jour, deux de ces prétendus matelots qui vendent des couvertures bariolées, des mouchoirs en fibres d'ananas et autres denrées exotiques [1], passèrent par notre rue de Longchamp. Ils avaient, dans une petite cage, deux rats blancs de Norvège, avec des yeux roses les plus jolis du monde.

En ce temps-là, nous avions le goût des animaux blancs, et jusqu'à notre poulailler était peuplé de poules exclusivement blanches. Nous achetâmes les deux rats, et on leur construisit une grande cage, avec des escaliers intérieurs menant aux différents étages, des mangeoires, des chambres à coucher, des trapèzes pour la gymnastique. Ils étaient là, certes, plus à l'aise et plus heureux que le rat de La Fontaine dans son fromage de Hollande.

Ces gentilles bêtes dont on a, nous ne savons pourquoi,

---

1. *Denrées exotiques* : marchandises de provenance étrangère.

une horreur puérile, s'apprivoisèrent bientôt de la façon la plus étonnante, lorsqu'elles furent certaines qu'on ne leur voulait point de mal. Elles se laissaient caresser comme des chats, et, vous prenant le doigt entre leurs petites mains roses, d'une délicatesse idéale, vous léchaient amicalement.

On les lâchait ordinairement à la fin des repas ; elles vous montaient sur les bras, sur les épaules, sur la tête, entraient et ressortaient par les manches des robes de chambre et des vestons, avec une adresse et une agilité singulières. Tous ces exercices, exécutés très gracieusement, avaient pour but d'obtenir la permission de fourrager les restes du dessert ; on les posait alors sur la table ; en un clin d'œil, le rat et la rate avaient déménagé les noix, les noisettes, les raisins secs et les morceaux de sucre. Rien n'était plus amusant à voir que leur air empressé et furtif, et que leur mine attrapée quand ils arrivaient au bord de la nappe ; mais on leur tendait une planchette aboutissant à leur cage, et ils emmagasinaient leurs richesses dans leur garde-manger.

Le couple se multiplia rapidement, et de nombreuses familles, d'une égale blancheur, descendirent et montèrent les petites échelles de la cage. Nous nous vîmes donc à la tête d'une trentaine de rats, tellement privés que, lorsqu'il faisait froid, ils se fourraient dans nos poches pour avoir chaud, et s'y tenaient tranquilles.

Quelquefois, nous faisions ouvrir les portes de cette Ratopolis, et, montant au dernier étage de notre maison, nous faisions entendre un petit sifflement bien connu de nos élèves. Alors les rats, qui franchissent difficilement des marches d'escalier, se hissaient par un balustre[1], empoignaient la rampe, et, se suivant à la file avec un équilibre acrobatique, gravissaient ce chemin étroit, et venaient nous retrouver en poussant de petits cris et en manifestant la joie la plus vive.

---

1. *Balustres :* petites colonnes façonnées qui, réunies, forment une balustrade.

Maintenant, il faut avouer un héotisme [1] de notre part ; à force d'entendre dire que la queue des rats ressemblait à un ver rouge, et déparait la gentillesse de l'animal, nous choisîmes une de nos jeunes bestioles, et nous lui coupâmes, avec une pelle rouge, cet appendice tant critiqué.

Le petit rat supporta très bien l'opération, se développa heureusement, et devint un maître rat à moustaches ; mais, quoique allégé du prolongement caudal [2], il était bien moins agile que ses camarades ; il ne se risquait à la gymnastique qu'avec prudence, et tombait souvent. Dans les ascensions, le long de la rampe, il était toujours le dernier. Il avait l'air de tâter la corde, comme un danseur sans balancier.

Nous comprîmes alors de quelle utilité la queue était aux rats ; elle leur sert à se tenir en équilibre, lorsqu'ils courent le long des corniches et des saillies étroites. Ils la portent à droite ou à gauche, pour se faire contrepoids, alors qu'ils penchent d'un côté ou d'un autre. De là ce perpétuel frétillement qui semble sans cause. Mais quand on observe attentivement la nature, on voit qu'elle ne fait rien de superflu, et qu'il faut mettre beaucoup de réserve à la corriger.

La fin de ces rats fut singulière. Un jour d'été lourd, orageux, où le thermomètre était près d'atteindre les quarante degrés du Sénégal, on avait placé leur cage dans le jardin, sous une tonnelle festonnée de vigne, car ils semblaient souffrir beaucoup de la chaleur. La tempête éclata, avec éclairs, pluie, tonnerre et rafales. Les grands peupliers du bord de la rivière se courbaient comme des joncs ; et, armé d'un parapluie que le vent retournait, nous nous préparions à aller chercher nos rats, lorsqu'un éclair éblouissant, qui semblait ouvrir les profondeurs du ciel, nous arrêta sur la première marche qui descend de la terrasse au parterre.

---

1. *Béotisme :* lourdeur d'esprit, sottise ; allusion à la réputation des anciens Béotiens qui passaient pour peu cultivés et même grossiers.
2. *Caudal :* du mot latin *cauda*, la queue.

Un coup de foudre épouvantable, plus fort que la dé-tonation de deux cents pièces d'artillerie, suivit l'éclair presque instantanément, et la commotion fut si violente que nous fûmes à demi renversé.

L'orage se calma un peu après cette terrible explosion ; mais, ayant gagné la tonnelle, nous trouvâmes les trente-deux rats, les pattes en l'air, foudroyés du même coup.

Les fils de fer de leur cage avaient, sans doute, attiré et conduit le fluide électrique.

Ainsi moururent, tous ensemble, comme ils avaient vécu, les trente-deux rats de Norvège ; mort enviable, rarement accordée par le destin !

THÉOPHILE GAUTIER.

(*Ménagerie intime.* — Lemerre, édit.)

o◊o

### Les émotions d'un perdreau rouge racontées par lui-même.

Vous savez que les perdreaux vont par bandes, et nichent ensemble, aux creux des sillons, pour s'enlever à la moindre alerte, éparpillés dans la volée comme une poignée de grains qu'on sème. Notre compagnie à nous est gaie et nombreuse, établie en plaine sur la lisière d'un grand bois, ayant du butin et de beaux abris de deux côtés. Aussi, depuis que je sais courir, bien emplumé, bien nourri, je me trouvais très heureux de vivre. Pourtant quelque chose m'inquiétait un peu, c'était cette fameuse ouver-ture de la chasse dont nos mères commençaient à parler tout bas entre elles. Un ancien de notre compagnie me disait toujours à ce propos : « N'aie pas peur, Rou-get, — on m'appelle Rouget à cause de mon bec et de mes pattes couleur de sorbe ; — n'aie pas peur, Rouget. Je te prendrai avec moi le jour de l'ouverture, et je suis sûr qu'il ne t'arrivera rien. »

C'est un vieux coq très malin et encore alerte, quoiqu'il

ait le fer à cheval [1] déjà marqué sur la poitrine et quelques plumes blanches par-ci par-là. Tout jeune, il a reçu un grain de plomb dans l'aile, et comme cela l'a rendu un peu lourd, il y regarde à deux fois avant de s'envoler, prend son temps et se tire d'affaire. Souvent il m'emmenait avec lui jusqu'à l'entrée du bois. Il y a là une singulière petite maison, nichée dans les châtaigniers, muette comme un terrier vide et toujours fermée.

« Regarde bien cette maison, petit, me disait le vieux ; quand tu verras de la fumée monter du toit, le seuil et les volets ouverts, ça ira mal pour nous. »

Et moi je me fiais à lui, sachant bien qu'il n'en était pas à sa première ouverture.

En effet, l'autre matin, au petit jour, j'entends qu'on rappelait tout bas dans le sillon...

« Rouget, Rouget. »

C'était mon vieux coq. Il avait des yeux extraordinaires.

« Viens vite, me dit-il, et fais comme moi. »

Je le suivis, à moitié endormi, en me coulant entre les mottes de terre, sans voler, sans presque sauter, comme une souris. Nous allions du côté du bois ; et je vis en passant qu'il y avait de la fumée à la cheminée de la petite maison, du jour aux fenêtres, et devant la porte grande ouverte des chasseurs tout équipés, entourés de chiens qui sautaient. Comme nous passions, un des chasseurs cria :

« Faisons la plaine ce matin, nous ferons le bois après déjeuner. »

Alors je compris pourquoi mon vieux compagnon nous emmenait d'abord sous la futaie. Tout de même le cœur me battait, surtout en pensant à nos pauvres amis.

Tout à coup, au moment d'atteindre la lisière, les chiens se mirent à galoper de notre côté...

« Rase-toi, rase-toi », me dit le vieux en se baissant.

---

1. Se dit d'un plumage rouge foncé, en forme de fer à cheval, qui vient sur le ventre du perdreau, du coq de bruyère quand ils sont vieux.

En même temps, à dix pas de nous, une caille effarée ouvrit ses ailes et son bec tout grands, et s'envola avec un cri de peur. J'entendis un bruit formidable et nous fûmes entourés par une poussière d'une odeur étrange, toute blanche et toute chaude, bien que le soleil fût à peine levé. J'avais si peur que je ne pouvais plus courir. Heureusement nous entrions dans le bois. Mon camarade se blottit derrière un petit chêne, je vins me mettre près de lui, et nous restâmes là cachés, à regarder entre les feuilles.

Dans les champs, c'était une terrible fusillade. A chaque coup je fermais les yeux, tout étourdi ; puis, quand je me décidais à les ouvrir, je voyais la plaine grande et nue, les chiens courant, furetant dans les brins d'herbe, dans les javelles, tournant sur eux-mêmes comme des fous. Derrière eux, les chasseurs juraient, appelaient ; les fusils brillaient au soleil. Un moment, dans un petit nuage de fumée, je crus voir — quoiqu'il n'y eût aucun arbre alen-tour — voler comme des feuilles éparpillées. Mais mon vieux coq me dit que c'était des plumes ; et, en effet, à cent pas devant nous, un superbe perdreau gris tombait dans le sillon en renversant sa tête sanglante.

Quand le soleil fut très chaud, très haut, la fusillade s'arrêta subitement. Les chasseurs revenaient vers la petite maison, où l'on entendait pétiller un grand feu de sarments. Ils causaient entre eux, le fusil sur l'épaule, discutaient les coups, pendant que leurs chiens venaient derrière, harassés, la langue pendante...

« Ils vont déjeuner, me dit mon compagnon, faisons comme eux. »

Et nous entrâmes dans un champ de sarrasin qui est tout près du bois, un grand champ blanc et noir, en fleur et en graine, sentant l'amande. De beaux faisans au plumage mordoré picotaient là, eux aussi, en baissant leurs crêtes rouges, de peur d'être vus. Ah ! ils étaient moins fiers que d'habitude. Tout en mangeant, ils nous demandèrent des nouvelles, et si l'un des leurs était déjà tombé. Pendant ce temps, le déjeuner des chasseurs,

d'abord silencieux, devenait de plus en plus bruyant ;
nous entendions choquer les verres et partir les bou-
chons de bouteilles. Le vieux trouva qu'il était temps de
rejoindre notre abri.

A cette heure, on aurait dit que le bois dormait. La
petite mare où les chevreuils vont boire n'était troublée
par aucun coup de langue. Pas un museau de lapin dans
les serpolets de la garenne. On sentait seulement un
frémissement mystérieux, comme si chaque feuille, chaque
brin d'herbe abritait une vie menacée. Ces gibiers de forêt
ont tant de cachettes, les terriers, les fourrés, les fagots,
les broussailles, et puis des fossés, ces petits fossés de
bois qui gardent l'eau si longtemps après qu'il a plu.
J'avoue que j'aurais aimé être au fond de l'un de ces
trous-là ; mais mon compagnon préférait rester à découvert, avoir du large, voir de loin et sentir l'air ouvert
devant lui. Bien nous en prit, car les chasseurs arrivaient
sous le bois.

Oh ! ce premier coup de feu en forêt, ce coup de feu qui
trouait les feuilles comme une grêle d'avril et marquait
les écorces, jamais je ne l'oublierai. Un lapin détala, au
travers du chemin, en arrachant des touffes d'herbe avec
ses griffes tendues. Un écureuil dégringola d'un châtaignier en faisant tomber les châtaignes encore vertes.
Il y eut deux ou trois vols lourds de gros faisans et un
tumulte dans les branches basses, les feuilles sèches, au
vent de ce coup de fusil qui agita, réveilla, effraya tout
ce qui vivait dans le bois. Des mulots se coulaient au fond
de leurs trous. Un cerf-volant, sorti du creux de l'arbre
contre lequel nous étions blottis, roulait ses gros yeux
bêtes, fixes de terreur. Et puis, des demoiselles bleues,
des bourdons, des papillons, pauvres bestioles s'effarant
de tous côtés... Jusqu'à un petit criquet aux ailes écar-
lates qui vint se poser tout près de mon bec ; mais j'étais
trop effrayé moi-même pour profiter de sa peur.

Le vieux, lui, était toujours aussi calme. Très attentif
aux aboiements et aux coups de feu, quand ils se rappro-
chaient il me faisait signe, et nous allions un peu plus

loin, hors de la portée des chiens et bien cachés par le
feuillage. Une fois pourtant je crus que nous étions perdus. L'allée que nous devions traverser était gardée, de
chaque bout, par un chasseur embusqué. D'un côté un
grand gaillard à favoris noirs, qui faisait sonner toute une
ferraille à chacun de ses mouvements : couteau de chasse,
cartouchière, boîte à poudre, sans compter de hautes
guêtres bouclées jusqu'aux genoux et qui le grandis-
saient encore ; à l'autre bout un petit vieux, appuyé
contre un arbre, fumait tranquillement sa pipe en cli-
gnant des yeux comme s'il voulait dormir. Celui-là ne me
faisait pas peur ; mais c'était ce grand là-bas...

« Tu n'y entends rien, Rouget », me dit mon camarade en riant ; et sans crainte, les ailes toutes grandes,
il s'envola presque dans les jambes du terrible chasseur à
favoris.

Et le fait est que le pauvre homme était si empêtré
dans tout son attirail de chasse, si occupé à s'admirer
du haut en bas **que,** lorsqu'il épaula son fusil nous étions
déjà hors de portée. Ah ! si les chasseurs savaient, quand
ils se croient seuls à un coin de bois, combien de petits
yeux fixes les guettent des buissons, combien de petits
becs pointus se retiennent de rire à leur maladresse !

Nous allions, nous allions toujours. N'ayant rien de
mieux à faire qu'à suivre mon vieux compagnon, mes
ailes battaient au vent des siennes, pour se replier, immobiles, aussitôt qu'il se posait. J'ai encore dans les yeux
tous les endroits où nous avons passé : la garenne rose de
bruyères, pleine de terriers au pied des arbres jaunes,
avec ce grand rideau de chênes où il me semblait voir la
mort cachée partout ; la petite allée verte où ma mère
Perdrix avait promené tant de fois sa nichée au soleil
de mai, où nous sautions tout en piquant les fourmis
rouges qui nous grimpaient aux pattes, où nous rencontrions des petits faisans farauds, lourds comme des poulets, et qui ne voulaient pas jouer avec nous.

. . . . . . . . . . . . . . . . . . . . . . .

Le jour tombait. Les coups de fusil s'éloignaient, deve-

naient plus rares. Puis tout s'éteignit. C'était fini. Alors
nous revînmes tout doucement vers la plaine, pour avoir
des nouvelles de notre compagnie.

Sur notre route, nous rencontrions de malheureuses
petites bêtes, abattues par un plomb de hasard, et restant
là, abandonnées aux fourmis; des mulots, le museau plein
de poussière; des pies, des hirondelles foudroyées dans
leur vol, couchées sur le dos, et tendant leurs petites pattes
roides vers la nuit qui descendait vite, comme elle fait
en automne, claire, froide et mouillée. Mais, le plus navrant
de tout, c'était d'entendre, à la lisière du bois, au bord
du pré, et là-bas, dans l'oseraie de la rivière, des appels
anxieux, tristes, disséminés, auxquels rien ne répondait *.

ALPHONSE DAUDET.
(*Contes du lundi*. — Fasquelle, édit.)

❧

## Chasseurs d'ours.

C'était un pauvre paysan du village de Fouly, nommé
Guillaume Mona. L'ours venait toutes les nuits voler des
poires, car à ces bêtes tout est bon. Cependant, il s'adressait de préférence à un poirier chargé de crassanes. Qui
est-ce qui se douterait qu'un animal comme ça a les goûts
de l'homme, et qu'il ira choisir, dans un verger, justement
les poires fondantes?

Or, le paysan de Fouly préférait aussi, par malheur,
les crassanes à tous les autres fruits. Il crut d'abord que
c'étaient des enfants qui venaient faire du dégât dans son
enclos; il prit en conséquence son fusil, le chargea avec
du gros sel de cuisine et se mit à l'affût.

Vers les onze heures, un rugissement retentit dans la
montagne. « Tiens, dit-il, il y a un ours dans les environs. » Dix minutes après, un second rugissement se fit

---

* **Composition française :** *Raconter les émotions d'un petit lièvre à
l'ouverture de la chasse ou bien les émotions d'un jeune chasseur.*

entendre ; mais si puissant, si rapproché, que Guillaume pensa qu'il n'aurait pas le temps de gagner sa maison et se jeta à plat ventre contre terre, n'ayant plus qu'une espérance, que c'était pour ses poires et non pour lui que l'ours venait.

Effectivement, l'animal parut presque aussitôt au coin du verger, s'avança en droite ligne vers le poirier en question, passa à dix pas de Guillaume, monta lestement sur l'arbre, dont les branches craquaient sous le poids de son corps, et se mit à y faire une consommation telle qu'il était évident que deux visites pareilles rendraient la troisième inutile. Lorsqu'il fut rassasié, l'ours descendit lentement, comme s'il avait du regret d'en laisser, repassa près de notre chasseur, à qui le fusil chargé de sel ne pouvait pas être dans cette circonstance d'une grande utilité, et se retira tranquillement dans la montagne.

Tout cela avait duré une heure à peu près, pendant laquelle le temps avait paru plus long à l'homme qu'à l'ours. Cependant l'homme était un brave... et il avait dit tout bas, en voyant l'ours s'en aller :

« C'est bon, va-t'en ; mais ça ne se passera pas comme ça ; nous nous reverrons. »

Le lendemain, un de ses voisins, qui vint le visiter, le trouva occupé à scier en lingots les dents d'une fourche.

« Qu'est-ce que tu fais donc là ? lui dit-il.

— Je m'amuse », répondit Guillaume.

Le voisin prit les morceaux de fer, les tourna et les retourna dans sa main, en homme qui s'y connaît, et, après avoir réfléchi un instant :

« Tiens, Guillaume, dit-il, si tu veux être franc, tu avoueras que ces petits chiffons de fer sont destinés à percer une peau plus dure que celle d'un chamois.

— Peut-être, répondit Guillaume.

— Tu sais que je suis bon enfant, reprit François (c'était le nom du voisin) ; eh bien, si tu veux, à nous deux l'ours ; deux hommes valent mieux qu'un.

— C'est selon », dit Guillaume.

Et il continua de scier son troisième lingot.

« Tiens, continua François, je te laisserai la peau à toi tout seul, et nous ne partagerons que la prime [1] et la chair.

— J'aime mieux tout, dit Guillaume.

— Mais tu ne peux pas m'empêcher de chercher la trace de l'ours dans la montagne, et, si je la trouve, de me mettre à l'affût sur son passage.

— Tu es libre. »

Et Guillaume, qui avait achevé de scier ses trois lingots, se mit, en sifflant, à mesurer une charge de poudre double de celle que l'on met ordinairement dans une carabine.

« Il paraît que tu prendras ton fusil de munition? dit François.

— Un peu ! trois lingots de fer sont plus sûrs qu'une balle de plomb.

— Cela gâte la peau.

— Cela tue plus raide.

— Et quand comptes-tu faire ta chasse?

— Je te dirai cela demain.

— Une dernière fois, tu ne veux pas?

— Non.

— Je te préviens que je vais chercher la trace.

— Bien du plaisir.

— A nous deux, dis?

— Chacun pour soi.

— Adieu, Guillaume !

— Bonne chance, voisin ! »

Et le voisin, en s'en allant, vit Guillaume mettre sa double charge de poudre dans son fusil de munition, y glisser ses trois lingots et poser l'arme dans un coin de la boutique. Le soir, en repassant devant la maison, il aperçut, sur le banc qui était près de la porte, Guillaume assis et fumant tranquillement sa pipe. Il vint à lui de nouveau.

---

1. Somme donnée, à titre d'encouragement, à ceux qui détruisent des animaux nuisibles.

« Tiens, lui dit-il, je n'ai pas de rancune. J'ai trouvé
la trace de notre bête ; ainsi, je n'ai plus besoin de toi.
Cependant, je viens te proposer, encore une fois, de faire
à nous deux?

— Chacun pour soi », dit Guillaume.

Après, le voisin ne peut rien dire de ce que fit Guillaume dans la soirée.

A dix heures et demie, sa femme le vit prendre son
fusil, rouler un sac de toile grise sous son bras et sortir.
Elle n'osa lui demander où il allait, car Guillaume n'était
pas homme à rendre des comptes à une femme.

François, de son côté, avait véritablement trouvé la
trace de l'ours ; il l'avait suivie jusqu'au moment où elle
s'enfonçait dans le verger de Guillaume, et, n'ayant pas
le droit de se mettre à l'affût sur les terres de son voisin,
il se plaça entre la forêt de sapins qui est à mi-côte de
la montagne et le jardin de Guillaume.

Comme la nuit était assez claire, il vit sortir celui-ci
par sa porte de derrière. Guillaume s'avança jusqu'au
pied d'un rocher grisâtre, qui avait roulé de la montagne
jusqu'au milieu de son clos, et qui se trouvait à vingt pas
tout au plus du poirier, s'y arrêta, regarda autour de lui
si personne ne l'épiait, déroula son sac, entra dedans,
ne laissant sortir par l'ouverture que sa tête et ses deux
bras, et, s'appuyant contre le roc, se confondit bientôt
tellement avec la pierre, par la couleur de son sac et
l'immobilité de sa personne, que le voisin, qui savait qu'il
était là, ne pouvait pas même le distinguer. Un quart
d'heure se passa ainsi dans l'attente de l'ours. Enfin,
un rugissement prolongé l'annonça. Cinq minutes après,
François l'aperçut.

Mais, soit par ruse, soit qu'il eût éventé le second chasseur, il ne suivait pas sa route habituelle ; il avait, au
contraire, décrit un circuit, et, au lieu d'arriver à la
gauche de Guillaume, comme il avait fait la veille, cette
fois il passait à sa droite, hors de la portée de l'arme de
François, mais à dix pas tout au plus du bout du fusil de
Guillaume.

Guillaume ne bougea pas. On aurait pu croire qu'il ne voyait pas même la bête sauvage qu'il était venu guetter, et qui semblait le braver en passant si près de lui. L'ours, qui avait le vent mauvais [1], parut, de son côté, ignorer la présence d'un ennemi, et continua lestement son chemin vers l'arbre. Mais, au moment où, se dressant sur ses pattes de derrière, il embrassait le tronc de ses pattes de devant, présentant à découvert sa poitrine que ses épaisses épaules ne protégeaient plus, un sillon rapide de lumière brilla tout à coup contre le rocher, et la vallée entière retentit du coup de fusil à double charge et du rugissement que poussa l'animal mortellement blessé.

Il n'y eut peut-être pas une seule personne, dans tout le village, qui n'entendît pas le coup de fusil de Guillaume et le rugissement de l'ours.

L'ours s'enfuit, repassant, sans l'apercevoir, à dix pas de Guillaume, qui avait rentré ses bras et sa tête dans son sac, et qui se confondait de nouveau avec le rocher.

Le voisin regardait cette scène, appuyé sur ses genoux et sur sa main gauche, serrant sa carabine de la main droite, pâle et retenant son haleine. Pourtant, c'est un crâne chasseur ! Eh bien, il a avoué que, dans ce moment-là, il aurait autant aimé être dans son lit qu'à l'affût.

Ce fut bien pis quand il vit l'ours blessé, après avoir fait un circuit, chercher à reprendre sa trace de la veille qui le conduisait droit à lui. Il fit un signe de croix (car ils sont pieux, les chasseurs suisses), recommanda son âme à Dieu et s'assura que sa carabine était armée. L'ours n'était plus qu'à cinquante pas de lui, rugissant de douleur, s'arrêtant pour se rouler et se mordre le flanc à l'endroit de sa blessure, puis reprenant sa course.

Il approchait toujours. Il n'était plus qu'à trente pas. Deux secondes encore, et il venait se heurter contre le canon de la carabine du voisin, lorsqu'il s'arrêta tout à coup, aspira bruyamment le vent qui venait du côté du

---

1. C'est-à-dire qui ne flairait pas la présence du chasseur.

village, poussa un rugissement terrible et rentra dans le verger.

« Prends garde à toi, Guillaume, prends garde ! » s'écria François en s'élançant à la poursuite de l'ours, et oubliant tout pour ne penser qu'à son ami : car il vit bien que, si Guillaume n'avait pas eu le temps de recharger son fusil, il était perdu ; l'ours l'avait éventé.

Il n'avait pas fait dix pas qu'il entendit un cri. Celui-là, c'était un cri humain, un cri de terreur et d'agonie tout à la fois ; un cri dans lequel celui qui le poussait avait rassemblé toutes les forces de sa poitrine, toutes ses prières à Dieu, toutes ses demandes de secours aux hommes :

« A moi !... » Puis rien, pas même une plainte, ne succéda au cri de Guillaume.

François ne courait pas, il volait ; la pente du terrain précipitait sa course. Au fur et à mesure qu'il approchait, il distinguait plus clairement la monstrueuse bête, qui se mouvait dans l'ombre, foulant aux pieds le corps de Guillaume et le déchirant par lambeaux.

François était à quatre pas d'eux, et l'ours était si acharné à sa proie qu'il n'avait pas paru l'apercevoir. Il n'osait tirer, de peur de tuer Guillaume s'il n'était pas mort ; car il tremblait tellement qu'il n'était plus sûr de son coup. Il ramassa une pierre et la jeta à l'ours.

L'animal se retourna, furieux, contre son nouvel ennemi ; ils étaient si près l'un de l'autre, que l'ours se dressa sur ses pattes de derrière pour l'étouffer ; François le sentit bourrer, avec son poitrail, le canon de sa carabine. Machinalement, il appuya le doigt sur la gâchette : le coup partit.

L'ours tomba à la renverse : la balle lui avait traversé la poitrine et brisé la colonne vertébrale.

François le laissa se traîner, en hurlant, sur ses pattes de devant et courut à Guillaume. Ce n'était plus un homme, ce n'était plus même un cadavre. C'étaient des os et de la chair meurtrie ; la tête avait été dévorée presque entièrement.

Alors, comme il vit, au mouvement des lumières qui passaient derrière les croisées, que plusieurs habitants du village étaient réveillés, il appela à plusieurs reprises, désignant l'endroit où il était. Quelques paysans accoururent avec des armes, car ils avaient entendu les cris et les coups de feu. Bientôt tout le village fut assemblé dans le verger de Guillaume.

Sa femme vint avec les autres. Ce fut une scène horrible. Tous ceux qui étaient là pleuraient comme des enfants.

On fit pour elle, dans toute la vallée du Rhône, une quête qui rapporta sept cents francs. François lui abandonna sa prime, fit vendre à son profit la peau et la chair de l'ours. Enfin chacun s'empressa de l'aider et de la secourir.

ALEXANDRE-DUMAS.

*(Impressions de voyage. —* Calmann-Lévy, édit.)

◦◦◦

## L'enfant du désert.

J'étais encore enfant ; un matin, sous la tente,
Mon père, l'œil en feu, la gorge haletante,
Rentra, jetant son arc et ses traits, et me dit :
« Yakoub, par Mahomet ! ce canton est maudit :
Chaque nuit mon troupeau d'un mouton diminue.
La lionne au bercail est encor revenue :
Sur le sable j'ai vu ses pas appesantis.
Sans doute dans quelque antre elle a quelques petits.. . »

Je ne répondis rien ; mais, quand sortit mon père,
Je pris l'arc et les traits, et, courbé vers la terre,
Je suivis la lionne. Elle avait traversé
Le Nil : au même endroit qu'elle je le passai ;
Elle avait au désert cru me cacher sa fuite :
J'entrai dans le désert, ardent à sa poursuite ;

Elle avait, évitant le soleil au zénith [1],
Cherché de l'ombre au pied du grand sphinx [2] de granit,
De l'antique désert antique sentinelle :
Comme elle fatigué, je m'y couchai comme elle...
Comme elle je repris ma course, et, jusqu'au soir,
Mon pas pressa son pas ; puis je cessai d'y voir,
Immobile, implorant un seul bruit saisissable
Qui vînt à moi... flottant sur cette mer de sable.

J'écoutai, retenant mon souffle... Par moments
On entendait au loin de sourds rugissements ;
Vers eux, comme un serpent, je me glissai dans l'ombre.
Sur mon chemin un antre ouvrait sa gueule sombre,
Et dans ses profondeurs j'aperçus, sans effroi,
Deux yeux étincelants qui se fixaient sur moi.
Je n'avais plus besoin ni de bruit ni de trace,
Car la lionne et moi nous étions face à face.
Ah ! ce fut un combat terrible, hasardeux,
Où l'homme et le lion rugissaient tous les deux.
Mais les rugissements de l'un d'eux s'éteignirent...
Puis du sang de l'un d'eux les sables se teignirent ;
Et, quand revint le jour, il éclaira d'abord
Un enfant qui dormait auprès d'un lion mort...

Alexandre Dumas.

(*Charles VII chez ses grands vassaux.* — Calmann-Lévy.)

⋄〇⋄

### Combat d'un gladiateur contre un tigre.

On avait établi, selon l'usage, surtout sous le ciel
d'Afrique, au haut des gradins, des poteaux surmontés
de piques dorées, auxquels étaient attachés des voiles de

---

1. *Zénith :* point du ciel situé au-dessus de l'observateur ; le point
opposé est le nadir.
2. *Sphinx :* monstre fabuleux que les Égyptiens représentaient avec un
corps de lion et une tête d'homme. Le plus remarquable par ses dimen-
sions est le sphinx de Giseh, taillé tout entier dans un roc gigantesque.

pourpre retenus par des nœuds de soie et d'or. Ces voiles
étendus formaient, au-dessus des spectateurs, une vaste
tente circulaire dont les reflets éclatants donnaient, à
tous ces visages africains, une teinte animée en parfaite
harmonie avec leur expression vive et passionnée. Au-
dessus de l'arène [1] le ciel était libre et vide, et des flots
de lumière en descendaient.

Soixante mille spectateurs avaient trouvé place ;
soixante mille autres erraient autour de l'enceinte, et ils
se renvoyaient, les uns aux autres, ce vague tumulte où
rien n'est distinct, ni fureur ni joie ; l'amphithéâtre ressemblait à un vaisseau dans lequel la vague a pénétré,
et qu'elle a rempli jusqu'au pont, tandis que d'autres
vagues le battent, à l'extérieur, et se brisent en mugissant
contre lui.

Un horrible rugissement, auquel répondirent les cris
de la foule, annonça l'arrivée du tigre, car on venait
d'ouvrir sa loge.

A l'une des extrémités, un homme était couché sur le
sable, nu et comme endormi, tant il se montrait insou-
ciant de ce qui agitait si fort la multitude ; et, tandis que
le tigre s'élançait de tous côtés dans l'arène vide, impatient de la proie attendue, lui, appuyé sur un coude,
semblait fermer ses yeux pesants comme un moisson-
neur qui, fatigué d'un jour d'été, se couche et attend le
sommeil.

Cependant plusieurs voix, parties des gradins, demandent à l'intendant du jeu de faire avancer la victime ; car,
ou le tigre ne l'a point distinguée, ou il l'a dédaignée en
la voyant si docile. Les préposés de l'arène, armés de
longues piques, obéissent à la volonté du peuple, et, du
bout de leur fer aigu, excitent le gladiateur. Mais, à peine
a-t-il ressenti les atteintes de leurs lances, qu'il se lève
avec un cri terrible, auquel répondent, en mugissant
d'effroi, toutes les bêtes enfermées dans les cavernes de

---

1. *Arène :* du latin *arena,* sable. Terrain de l'amphithéâtre que l'on
couvrait de sable et où se livraient les combats des gladiateurs et ceux
des bêtes féroces.

l'amphithéâtre. Saisissant aussitôt une des lances qui
avaient ensanglanté sa peau, il l'arrache d'un seul effort
à la main qui la tenait, la brise en deux portions, jette
l'une à la tête de l'intendant qu'il renverse ; et, gardant
celle qui est garnie de fer, il va lui-même, avec cette
arme, au-devant de son sauvage ennemi.

Dès qu'il se fut levé, et que le regard des spectateurs
put mesurer, sur le sable, l'ombre que projetait sa taille
colossale, un murmure d'étonnement circula dans toute
l'assemblée. Le peuple était content : tigre et gladiateur,
il jugeait les deux adversaires dignes l'un de l'autre.

Pendant ce temps, le gladiateur s'avançait lentement
dans l'arène, se tournant parfois du côté de la loge impériale en laissant tomber ses bras avec une sorte d'abattement, ou creusant la terre, qu'il allait bientôt ensan-
glanter, du bout de sa lance.

Comme il était d'usage que les criminels ne fussent
pas armés, quelques voix crièrent : « Point d'armes au
bestiaire ! le bestiaire sans armes ! » Mais lui, brandissant
le tronçon qu'il avait gardé et le montrant à cette multitude : « Venez le prendre », disait-il, mais d'une bouche
contractée, avec des lèvres pâles, et une voix rauque
presque étranglée par la colère. Les cris ayant redoublé,
cependant, il leva la tête, fit du regard le tour de l'assemblée, lui sourit dédaigneusement, et, brisant de nouveau entre ses mains l'arme qu'on lui demandait, il en
jeta les débris à la tête du tigre, qui aiguisait en ce moment ses dents et ses griffes contre le socle d'une colonne.

Ce fut là son défi.

L'animal, se sentant frappé, détourna la tête, et, voyant
son adversaire debout au milieu de l'arène, d'un bond il
s'élança sur lui ; mais le gladiateur l'évita en se baissant jusqu'à terre, et le tigre alla tomber, en rugissant,
à quelques pas. Le gladiateur se releva, et trois fois il
trompa, par la même manœuvre, la fureur de son sauvage
ennemi ; enfin le tigre vint à lui à pas comptés, les yeux
étincelants, la queue droite, la langue déjà sanglante,
montrant les dents et allongeant le museau ; mais,

cette fois, ce fut le gladiateur qui, au moment où il allait le saisir, le franchit d'un saut, aux applaudissements de la foule que l'émotion de cette lutte maîtrisait déjà tout entière.

Enfin, après avoir longtemps fatigué son ennemi furieux, plus excédé [1] des encouragements que la foule semblait lui donner que des lenteurs d'un combat qui avait semblé d'abord si inégal, le gladiateur l'attendit de pied ferme, et le tigre, tout haletant, courut à lui avec un rugissement de joie. Un cri d'horreur, ou peut-être de joie aussi, partit en même temps de tous les gradins, quand l'animal, se dressant sur ses pattes, posa ses griffes sur les épaules nues du gladiateur et avança sa tête pour le dévorer ; mais celui-ci jeta sa tête en arrière, et, saisissant de ses deux bras raidis le cou soyeux de l'animal, il le serra avec une telle force que, sans lâcher prise, le tigre redressa son museau et le leva violemment, pour laisser arriver jusqu'à ses poumons un peu d'air dont les mains du gladiateur lui fermaient le passage comme deux tenailles de forgeron.

Le gladiateur, cependant, sentant ses forces faiblir et s'en aller, avec son sang, sous les griffes tenaces de l'animal, redoublait d'efforts pour en finir au plus tôt, car la lutte, en se prolongeant, devait tourner contre lui. Se dressant donc sur ses deux pieds, et se laissant tomber de tout son poids sur son ennemi, dont les jambes ployèrent sous le fardeau, il brisa ses côtes, et fit rendre à sa poitrine écrasée un son qui s'échappa, de sa gorge longtemps étreinte, avec des flots de sang et d'écume. Se relevant tout d'un coup à moitié, et dégageant ses épaules, dont un lambeau demeura attaché à l'une des griffes sanglantes, il posa un genou sur le flanc pantelant de l'animal ; et, le pressant avec une force que sa victoire avait doublée, il le sentit se débattre un moment sous lui ; et, le comprimant toujours, il vit ses muscles se raidir et sa tête, un moment redressée, retomber sur le sable, la gueule

1. *Excédé :* importuné, fatigué.

entr'ouverte et souillée d'écume, les dents serrées et les
yeux éteints.

Une exclamation générale s'éleva aussitôt, et le gladiateur, dont le triomphe avait ranimé les forces, se redressa
sur ses pieds, et, saisissant le monstrueux cadavre, le
jeta de loin, comme un hommage, sous la loge impériale.

ALEXANDRE GUIRAUD.

(Flavien.)

ᴏ◊ᴏ

## Combat dans un village.

Le bataillon se mettait en route, quand une sorte de
pétillement terrible retentit au bout du village. C'étaient
des coups de fusil qui se suivaient, quelquefois plusieurs
ensemble, quelquefois un à un.

Les républicains[1] allaient entrer dans la rue.

« Halte ! » cria le commandant qui regardait, debout
sur ses étriers, prêtant l'oreille.

Je m'étais mis à la fenêtre, et je voyais tous ces
hommes attentifs, et les officiers hors des rangs, autour
de leur chef qui parlait avec vivacité.

Tout à coup, un soldat parut au détour de la rue ; il
courait, son fusil sur l'épaule.

« Commandant, dit-il de loin, tout essoufflé, les
Croates [2] ! L'avant-poste est enlevé,... ils arrivent !...»

A peine le commandant eut-il entendu cela qu'il se
retourna, courant sur la ligne, ventre à terre, et criant :

« Formez le carré !»

Les officiers, les tambours, la cantinière se repliaient
en même temps autour de la fontaine, tandis que les
compagnies se croisaient comme un jeu de cartes : en
moins d'une minute elles formèrent le carré sur trois
rangs, les autres au milieu, et, presque aussitôt, il se fit
dans la rue un bruit épouvantable : les Croates arrivaient,

---

1. Les soldats français, les volontaires de 1792. Ceci se passe dans
le Palatinat ou Bavière rhénane . la Rhénanie, disons-nous aujourd'hui.
2. Soldats originaires de la Croatie, province autrichienne.

la terre tremblait. Je les vois encore déboucher au tournant de la rue, leurs grands manteaux rouges flottant
derrière eux comme les plis de cinquante étendards, et
courbés si bas sur leur selle, la latte [1] en avant, qu'on
apercevait à peine leurs faces osseuses et brunes aux
longues moustaches jaunes.

Il faut que les enfants soient possédés du diable, car,
au lieu de me sauver, je restai là, les yeux écarquillés,
pour voir la bataille. J'avais bien peur, c'est vrai, mais
la curiosité l'emportait encore.

Le temps de regarder et de frémir, les Croates étaient
sur la place. J'entendis, à la même seconde, le commandant crier : « Feu ! » Puis un coup de tonnerre, puis rien
que le bourdonnement de mes oreilles. Tout le côté du
carré tourné vers la rue venait de faire feu à la fois ; les
vitres de nos fenêtres tombaient en grelottant ; la fumée
entrait dans la chambre avec des débris de cartouches,
et l'odeur de la poudre remplissait l'air.

Moi, les cheveux hérissés, je regardais, et je voyais les
Croates sur leurs grands chevaux, debout dans la fumée
grise, bondir, retomber et rebondir, comme pour grimper
sur le carré ; et ceux de derrière arriver, arriver sans cesse,
hurlant d'une voix sauvage : « Forwærtz ! forwærtz ! [2] »

« Feu du second rang ! » cria le commandant, au milieu des hennissements et des cris sans fin.

Il avait l'air de parler dans notre chambre, tant sa voix
était calme.

Un nouveau coup de tonnerre suivit ; et, comme le crépi
tombait, comme les tuiles roulaient des toits, comme
le ciel et la terre semblaient se confondre, Lisbeth, derrière, dans la cuisine, poussait des cris si perçants que,
même à travers ce tumulte, on les entendait comme un
coup de sifflet.

Après les feux de peloton commencèrent les feux de
file. On ne voyait plus que les fusils du deuxième rang

---

1. Grand sabre de cavalerie, à lame droite et mince.
2. En avant ! en avant !

s'abaisser, faire feu et se relever, tandis que le premier rang, le genou à terre, croisait la baïonnette, et que le troisième chargeait les fusils et les passait au second.

Les Croates tourbillonnaient autour du carré, frappant au loin de leurs grandes lattes ; de temps en temps un chapeau tombait, quelquefois l'homme. Un de ces Croates, repliant son cheval sur les jambes, bondit si loin qu'il franchit les trois rangs et tomba dans le carré ; mais, alors, le commandant républicain se précipita sur lui, et, d'un furieux coup de pointe, le cloua, pour ainsi dire, sur la croupe de son cheval ; je vis le républicain retirer son sabre, rouge jusqu'à la garde : cette vue me donna froid ; j'allais fuir, mais j'étais à peine levé que les Croates firent volte-face et partirent, laissant un grand nombre d'hommes et de chevaux sur la place.

Les chevaux essayaient de se relever, puis retombaient. Cinq ou six cavaliers, pris sous leur monture, faisaient des efforts pour dégager leurs jambes ; d'autres, tout sanglants, se traînaient à quatre pattes, levant la main et criant, d'une voix lamentable : « Pardône, Françôse ! » dans la crainte d'être massacrés ; quelques-uns, ne pouvant endurer ce qu'ils souffraient, demandaient en grâce qu'on les achevât. Le plus grand nombre restaient immobiles.

Pour la première fois je compris bien la mort : ces hommes que j'avais vus, deux minutes avant, pleins de vie et de force, chargeant leurs ennemis avec fureur et bondissant comme des loups, ils étaient là, couchés pêle-mêle, insensibles comme les pierres du chemin.

Dans les rangs des républicains il y avait aussi des places vides, des corps étendus sur la face, et quelques blessés, les joues et le front pleins de sang ; ils se bandaient la tête, le fusil au pied, sans quitter les rangs ; leurs camarades les aidaient à serrer le mouchoir et à remettre le chapeau dessus.

Le commandant, à cheval près de la fontaine, la corne de son grand chapeau à plumes sur le dos et le sabre au poing, faisait serrer les rangs ; près de lui se tenaient les tambours, en ligne, et, un peu plus loin, tout près de l'auge, la cantinière avec sa charrette. On entendait les trompettes des Croates sonner la retraite. Au tournant de la rue, ils avaient fait halte ; une de leurs sentinelles attendait là, derrière l'angle de la maison commune ; on ne voyait que la tête de son cheval. Quelques coups de fusil partaient encore.

« Cessez le feu ! » cria le commandant.

Et tout se tut ; on n'entendit plus que la trompette au loin.

La cantinière fit alors le tour des rangs, à l'intérieur, pour verser de l'eau-de-vie aux hommes, tandis que sept ou huit grands gaillards allaient puiser de l'eau à la fontaine, dans leurs gamelles, pour les blessés qui, tous, demandaient à boire d'une voix pitoyable.

Moi, penché hors de la fenêtre, je regardais au fond de la rue déserte, me demandant si les manteaux rouges oseraient revenir. Le commandant regardait aussi dans cette direction, et causait avec un capitaine appuyé sur la selle de son cheval. Tout à coup le capitaine traversa le carré, écarta les rangs, et se précipita chez nous en criant :

« Le maître de la maison ?

— Il est sorti.

— Eh bien,... toi,... conduis-moi dans votre grenier,... vite ! »

Je laissai là mes sabots, et me mis à grimper l'escalier du fond de l'allée comme un écureuil.

Le capitaine me suivait. En haut, il vit, du premier coup d'œil, l'échelle du colombier et monta devant moi. Dans le colombier, il se posa les deux coudes au bord de la lucarne un peu basse, se penchant pour voir. Je regardais par-dessus son épaule. Toute la route, à perte de vue, était couverte de monde : de la cavalerie, de l'infanterie, des canons, des caissons, des manteaux rouges, des pelisses vertes, des habits blancs, des casques, des cuirasses, des files de lances et des baïonnettes, des lignes de chevaux, et tout cela s'avançait vers le village.

« C'est une armée ! » murmurait le capitaine à voix basse.

Il se retourna brusquement pour redescendre ; mais, s'arrêtant sur une idée, il me montra, le long du village, à deux portées de fusil, une file de manteaux rouges qui s'enfonçaient dans un repli de terrain derrière les vergers.

« Tu vois ces manteaux rouges? dit-il.

— Oui.

— Est-ce qu'un chemin de voiture passe là?

— Non, c'est un sentier.

— Et ce grand ravin qui le coupe au milieu, droit devant nous, est-ce qu'il est profond?

— Oh ! oui.

— On n'y passe jamais avec les voitures et les charrues?

— Non ! on ne peut pas. »

Alors, sans m'en demander davantage, il redescendit l'échelle à reculons, aussi vite que possible, et se jeta dans l'escalier. Je le suivais ; nous fûmes bientôt en bas, mais, nous n'étions pas encore au bout de l'allée, que l'approche d'une masse de cavalerie faisait frémir les maisons. Malgré cela, le capitaine sortit, traversa la place, écarta deux hommes dans les rangs et disparut.

Des milliers de cris brefs, étranges, semblables à ceux d'une nuée de corbeaux : « Hourrah ! hourrah ! » remplissaient alors la rue d'un bout à l'autre, et couvraient presque le roulement sourd du galop.

Moi, tout fier d'avoir conduit le capitaine dans le colombier, j'eus l'imprudence de m'avancer sur la porte. Les uhlans, car cette fois c'étaient les uhlans [1], arrivaient comme le vent, la lance en arrêt, le dolman en peau de mouton flottant sur le dos, les oreilles enfoncées dans leurs gros bonnets de poil, les yeux écarquillés, le nez comme enfoui dans les moustaches, et le grand pistolet à crosse de cuivre dans la ceinture. Ce fut comme une vision. Je n'eus que le temps de me jeter en arrière ; je

---

1. *Uhlans :* cavaliers armés de lances.

n'avais plus une goutte de sang dans les veines, et ce
n'est qu'au moment où la fusillade recommença que je
me féveillai, comme d'un rêve, au fond de notre chambre,
en face des fenêtres brisées.

L'air était obscurci, le carré tout blanc de fumée. Le
commandant se voyait seul, derrière, immobile sur son
cheval, près de la fontaine ; on l'aurait pris pour une
statue de bronze, à travers ce flot bleuâtre d'où jaillissaient des centaines de flammes rouges. Les uhlans,
comme d'immenses sauterelles, bondissaient tout autour,
dardaient leurs lances et les retiraient ; d'autres lâchaient
leurs grands pistolets dans les rangs, à quatre pas.

Il me semblait que le carré pliait ; c'était vrai.

« Serrez les rangs ! tenez ferme ! » criait le commandant
de sa voix calme.

« Serrez les rangs ! serrez ! » répétaient les officiers de
distance en distance.

Mais le carré pliait, il formait un demi-cercle au milieu ;
le centre touchait presque à la fontaine. A chaque coup
de lance arrivait la parade de la baïonnette, comme
l'éclair, mais quelquefois l'homme s'affaissait. Les républicains n'avaient plus le temps de recharger ; ils ne
tiraient plus, et les uhlans arrivaient toujours, plus
nombreux, plus hardis, enveloppant le carré de leur
tourbillon, et poussant déjà des cris de triomphe, car ils
se croyaient vainqueurs.

Moi-même je croyais les républicains perdus, lorsque,
au plus fort de l'action, le commandant, levant son
chapeau au bout de son sabre, se mit à chanter une
chanson [1] qui vous donnait la chair de poule, et tout le
bataillon, comme un seul homme, se mit à chanter avec
lui.

En un clin d'œil, tout le devant du carré se redressa,
refoulant dans la rue toute cette masse de cavaliers,
pressés les uns contre les autres, avec leurs grandes
lances, comme les épis dans les champs.

1. La *Marseillaise*.

On aurait dit que cette chanson rendait les républicains furieux ; c'est tout ce que j'ai vu de plus terrible !...

Deux minutes après, la rue était vide. Il restait bien encore vingt-cinq ou trente de ces pauvres diables, enfermés dans la place. Ils n'avaient pas vu la retraite et semblaient tout déconcertés, ne sachant pas où fuir ; mais ce fut bientôt fini : une nouvelle décharge les coucha sur le dos, sauf deux ou trois qui s'enfoncèrent dans la ruelle des Tanneurs.

On ne voyait plus que des tas de chevaux et d'hommes morts ; le sang coulait au-dessous et suivait notre rigole jusqu'au guévoir [1].

« Cessez le feu ! cria le commandant pour la seconde fois ; chargez ! »

Les républicains, diminués de moitié, leurs grands chapeaux penchés sur le dos, l'air dur et terrible, attendaient l'arme au bras. Derrière, à quelques pas de notre maison, le commandant délibérait avec ses officiers. Je l'entendais très bien :

« Nous avons une armée autrichienne devant nous, disait-il brusquement ; il s'agit de tirer notre peau d'ici. Dans une heure, nous aurons vingt ou trente mille hommes sur les bras ; ils tourneront le village avec leur infanterie et nous serons tous perdus. Je vais faire battre la retraite. Quelqu'un a-t-il quelque chose à dire ?

— Non, c'est bien vu », répondirent les autres.

Alors ils s'éloignèrent, et, deux minutes après, je vis les républicains défiler devant chez nous d'un pas lent et ferme, les yeux étincelants, les baïonnettes rouges, les mains noires de poudre.

ERCKMANN-CHATRIAN.
(*Madame Thérèse.* — Hetzel, édit.)

1. Abreuvoir en Lorraine et en Alsace.

‹ ◊ ›

# TROISIÈME PARTIE

## PAGES D'HISTOIRE

Vous êtes l'avenir, vous êtes l'espérance,
Et le jour n'est pas loin où vous serez la France.
V. DE LAPRADE.

∽ ◊ ∽

### I

### Vercingétorix.

Pendant que César préparait l'asservissement de Rome, quelqu'un s'efforçait de préparer la délivrance de la Gaule.

Il y avait alors, dans les montagnes d'Auvergne, un jeune homme dont le père, appelé Celtil, avait été autrefois condamné à mourir par le feu pour avoir tenté de se faire roi. Le fils se nommait Vercingétorix.

César cherchait partout à remplacer les républiques de la Gaule par des rois qui fussent ses serviteurs. Il avait attiré près de lui le fils de Celtil, lui avait donné le titre d'ami, et lui avait fait entrevoir la couronne d'Auvergne.

Mais Vercingétorix était revenu dans ses montagnes, décidé à ne pas livrer sa patrie pour venger son père, et, au lieu de se faire le lieutenant de César dans la Gaule asservie, il résolut d'arracher la Gaule à César ou de mourir.

Il ranima d'abord le cœur de ses compatriotes, les hommes de l'Auvergne, puis il parvint à conjurer secrètement la Gaule presque entière.

On attendit que César fût parti pour l'Italie : alors les députés des nations gauloises se réunirent au fond de la forêt des Carnutes, dans le pays chartrain, et là, les Carnutes, gardiens de cette terre qu'on appelait le milieu sacré de la Gaule, reçurent le serment juré par les députés sur les étendards de toutes les nations gauloises, plantés en faisceau dans un cercle de pierres consacrées [1].

Le signal de l'insurrection partit de la forêt sainte. L'Auvergne le répéta. Vingt nations du Centre et de l'Ouest se levèrent aussitôt, et proclamèrent Vercingétorix chef suprême de la guerre.

Vercingétorix marcha au nord, pour soulever les Belges et attaquer les quartiers d'hiver des Romains, et envoya son lieutenant au midi, pour soulever les Gaulois méridionaux et attaquer la province romaine.

César revint comme la foudre, fit sortir de terre, pour ainsi dire, un corps d'armée, mit la province romaine en défense, et, franchissant les montagnes en plein hiver, descendit en Auvergne à travers six pieds de neige (53 à 52 av. J.-C.).

Vercingétorix comprit qu'il ne vaincrait pas les Romains en bataille rangée, parce que leur science militaire était trop grande, et il entreprit de les vaincre par la famine.

Il fit résoudre, par le conseil des confédérés gaulois, qu'on brûlerait toutes les villes et villages autour de l'ennemi, afin qu'il n'y trouvât point de subsistance.

Plus de vingt villes du Berri furent brûlées en un jour ; mais, quand il s'agit de brûler aussi Avaricum, qui est aujourd'hui Bourges, les hommes du Berri supplièrent qu'on épargnât leur capitale qui était, disaient-ils, la plus belle ville de la Gaule, et ils promirent de la bien défendre.

Ils la défendirent, en effet, avec grand courage ; mais ils ne purent empêcher les Romains d'y pénétrer par

---

[1]. Pierres improprement appelées druidiques. Au milieu du cercle limité par des pierres se livraient les duels, se prêtaient les serments, se célébraient les festins.

escalade. Les Romains tuèrent tout dans la place : quarante mille personnes ; et les ressources qu'ils y trouvèrent rendirent inutile le sacrifice de tant d'autres villes.

Les Gaulois, contre leur coutume depuis qu'ils étaient en décadence, ne perdirent pas courage dans le malheur. Ils obéissaient à Vercingétorix comme ils n'avaient jamais obéi à personne, et ils imitaient, par son ordre, la manière de combattre, les travaux et les machines de guerre des Romains.

César mit le siège devant Gergovie, capitale de l'Auvergne, qui était sur une montagne, à peu de distance de Clermont-Ferrand, et il tenta de forcer la ville par escalade comme il avait fait à Avaricum.

Mais Vercingétorix tomba sur les Romains, pendant qu'ils donnaient l'assaut, et les rejeta, avec grande perte, du haut de la montagne de Gergovie jusque dans leur camp. César fut obligé de lever le siège.

C'était la première bataille que César eût perdue, et ce fut pour Vercingétorix une grande gloire.

## II

### Chute d'Alésia.

*La lutte suprême entre les Romains et les Gaulois s'engagea sous les murs d'Alésia. Après une bataille acharnée, où la victoire fut longtemps incertaine, Vercingétorix fut rejeté dans la ville assiégée et l'armée de secours s'éloigna.*

Les défenseurs d'Alésia, délaissés sans retour, rentrèrent, aux approches de la nuit, dans l'antique cité qui avait été le berceau de la Gaule et qui allait en être le tombeau.

Qui pourrait dire les douleurs de cette horrible nuit pour toute cette foule infortunée ? Qui pourrait dire, surtout, ce qui se passa au fond du cœur de l'homme qui était devenu, en quelque sorte, la Gaule incarnée, et qui sentait défaillir en lui l'âme de toute une race humaine ?...

Le héros, le patriote n'avait plus rien à faire ici-bas :

la patrie était perdue. L'homme pouvait encore quelque chose pour ses frères ; il pouvait peut-être encore les sauver de la mort et de la servitude personnelle. Cette pensée fut la dernière consolation de cette grande âme. Le lendemain, Vercingétorix convoqua ses compagnons et s'offrit à eux, pour qu'ils satisfassent aux Romains par sa mort ou qu'ils le livrassent vivant. Il poussait le dévouement jusqu'à renoncer à mourir. On envoya savoir les volontés de César. Le proconsul ordonna qu'on livrât les chefs et les armes, et vint siéger sur un tribunal élevé entre les retranchements.

Tout à coup un cavalier de haute taille, couvert d'armes splendides, monté sur un cheval magnifiquement caparaçonné, arrive au galop droit au siège de César. Vercingétorix s'était paré comme la victime pour le sacrifice. Sa brusque apparition, son imposant aspect excitent un mouvement de surprise et presque d'effroi. Il fait tourner son cheval en cercle autour du tribunal de César, jette ses armes aux pieds du vainqueur, et se tait.

Devant la majesté d'une telle infortune, les durs soldats de Rome se sentaient émus. César se montra au-dessous de sa prospérité ; il fut implacable envers l'homme qui lui avait fait perdre, un seul jour, le nom d'invincible. Il éclata en reproches sur son amitié trahie, sur ses bienfaits méprisés, et livra le héros de la Gaule aux liens des licteurs [1]. Vercingétorix, réservé aux pompes outrageantes du triomphe [2], dut attendre, six années entières, que la hache du bourreau vînt enfin affranchir son âme et l'envoyer rejoindre ses pères dans le « cercle céleste ».

HENRI MARTIN.

(*Histoire populaire* et *Histoire de France.* — Jouvet, édit.)

---

1. Officiers publics qui marchaient devant les premiers magistrats de Rome : ils portaient une hache enveloppée et liée dans un faisceau de verges. L'office des licteurs consistait surtout à exécuter les condamnés.
2. Le Sénat accordait les honneurs du triomphe aux généraux victorieux. Le vainqueur se rendait en procession militaire au temple du Capitole, monté sur un char doré, et suivi des captifs enchaînés que l'on étranglait ensuite.

## Aventures d'Attale.

Un jeune homme appelé Attale, issu d'une des premières familles sénatoriales de Gaule, neveu de Grégoire, alors évêque de Langres et anciennement comte d'Autun, était devenu l'esclave d'un Frank qui habitait le voisinage de Trèves ; son emploi était de garder au champ les nombreux chevaux de son maître.

Dès que la discorde eut éclaté entre les rois Hildebert et Théoderik, l'évêque de Langres se hâta d'envoyer dans le Nord à la recherche de son neveu, afin de savoir exactement en quel état il se trouvait. Au retour des gens chargés de cette commission, l'évêque les envoya de nouveau, avec des présents pour le Barbare dont Attale gardait les chevaux ; mais celui-ci refusa tout, en disant : « Un homme de si grande famille ne peut se racheter à moins de dix livres d'or. »

On rapporta cette réponse à l'évêque, et, en un moment, toute sa maison en fut instruite. Les esclaves s'apitoyaient sur le sort du jeune homme. L'un d'eux, nommé Léon, qui avait l'office de cuisinier, dans un élan de dévouement courut vers son maître et lui dit : « Si tu voulais me permettre d'y aller, je suis sûr que je parviendrais à le tirer de sa captivité. »

L'évêque répondit qu'il le voulait bien ; et Léon, tout joyeux, partit en diligence pour le lieu qu'on lui avait indiqué.

A son arrivée, il épia d'abord l'occasion d'enlever le jeune homme ; mais la chose était trop difficile, et il fut contraint d'y renoncer. Alors il confia son projet à un homme, probablement Romain de naissance, et lui dit : « Viens avec moi à la maison de ce Barbare, et, là, vends-moi comme esclave ; l'argent sera pour toi : tout ce que je demande, c'est que tu me facilites les moyens d'accomplir ce que j'ai résolu. »

Cet arrangement fait, tous deux entrèrent dans la maison du Frank, et le cuisinier fut vendu par son com-

pagnon pour la somme de douze pièces d'or. Avant de
payer, le maître demanda à l'esclave quel genre d'ouvrage
il savait faire.

« Moi, répondit Léon, je suis en état de préparer tout ce
qui se mange à la table des maîtres, et je ne crains pas que,
pour ce talent, on trouve mon pareil. Je te le dis en vérité,
quand tu voudrais donner un festin au roi, je me ferais
fort de tout apprêter de la manière la plus convenable.

— Eh bien, reprit le Frank, voici le jour du soleil qui
approche ; ce jour-là, j'inviterai chez moi mes voisins et
mes parents : il faut que tu me fasses un dîner qui les
étonne et dont ils disent : Nous n'avons rien vu de mieux
dans la maison du roi.

— Que mon maître donne l'ordre de me faire fournir
un bon nombre de volailles, et j'exécuterai ce qu'il me
commande. »

Le dimanche venu, le repas fut servi à la grande satis-
faction des convives, qui ne cessèrent de complimenter
leur hôte jusqu'au moment de se séparer.

Depuis ce jour, l'habile cuisinier devint le favori de son
maître ; il avait l'intendance de la maison et le commandement sur les autres esclaves, auxquels il distribuait à
son gré leurs rations de potage et de viande.

Il employa un an à s'assurer les bonnes grâces de son
maître et à lui inspirer une entière confiance. Puis, croyant
le moment venu, il songea à se mettre en relation avec
Attale, auquel il avait affecté jusque là de paraître
absolument étranger. Il se rendit, comme par passe-
temps, dans le pré où le jeune homme gardait ses chevaux,
et s'assit par terre à quelques pas de lui pour qu'on ne
les vît point causer ensemble.

Dans cette position, il lui dit : « Voici le temps de
songer au pays : cette nuit, quand tu auras ramené les
chevaux à leur étable, je t'avertis que tu ne dois point
céder au sommeil, mais te tenir prêt au premier appel ;
car nous nous mettrons en route. »

Le jour où cet entretien eut lieu, le Frank avait chez
lui, à dîner, plusieurs de ses parents, parmi lesquels se

trouvait le mari de sa fille. C'était un homme d'un caractère jovial, et qui ne dédaignait pas de plaisanter avec les esclaves de son beau-père.

Vers minuit, tous les convives ayant quitté la table pour aller se coucher, le gendre, qui craignait d'avoir soif, se fit suivre à son lit par Léon, portant une cruche de bière ou d'hydromel [1]. Pendant que l'esclave posait le vase, le Frank se mit à le regarder entre les yeux, et lui parla ainsi, d'un ton railleur :

« Dis-moi donc, toi, l'homme de confiance, est-ce que bientôt l'envie ne te prendra pas de voler les chevaux de mon beau-père pour retourner dans ton pays? — Je compte le faire cette nuit même, s'il plaît à Dieu, répondit le Romain sur le même ton. — S'il en est ainsi, repartit le Frank, je ferai faire bonne garde autour de moi, afin que tu ne m'emportes rien. » Là-dessus, il rit aux éclats d'avoir trouvé cette bonne plaisanterie, et Léon le quitta en riant.

Quand tout le monde fut endormi, le cuisinier sortit de sa chambre, courut à l'étable des chevaux, et appela Attale. Le jeune homme fut debout en un instant et sella deux chevaux. Quand ils furent prêts, son compagnon lui demanda s'il avait une épée. « Je n'ai, répondit-il, d'autre arme qu'une petite lance. » Alors Léon entra hardiment dans le corps de logis qu'habitait le maître, lui prit son bouclier et sa framée [2].

Au bruit qu'il fit, le Frank se réveilla, et demanda qui c'était et ce qu'on voulait. L'esclave répondit : « C'est moi, Léon, ton serviteur ; je viens de réveiller Attale pour qu'il se lève en diligence et mène les chevaux au pré : il a le sommeil aussi dur qu'un ivrogne. — Fais comme il te plaira », répondit le maître ; et aussitôt il se rendormit.

Léon donna les armes au jeune homme ; et tous deux,

---

1. Breuvage fait d'eau, de miel, et, sans doute aussi, de plantes fermentées.
2. Ancienne arme des Franks : javelot court ou épée à deux tranchants.

prenant sur leurs chevaux un paquet d'habits, passèrent
la porte extérieure sans être vus de personne.

Ils suivirent la grande route de Reims, depuis Trèves
jusqu'à la Meuse ; mais, quand il fallut traverser la rivière,
ils trouvèrent, sur le pont, des gardes qui ne voulurent point
les laisser passer outre à moins de savoir qui ils étaient
et s'ils ne prenaient pas de faux noms. Obligés de passer
le fleuve à la nage, ils attendirent la chute du jour, et,
abandonnant leurs chevaux, nagèrent, en s'aidant avec
des planches, jusqu'à l'autre bord. A la faveur de l'obscurité, ils gagnèrent un bois et y passèrent la nuit.

Cette nuit était la seconde depuis celle de leur évasion,
et ils n'avaient encore pris aucune nourriture ; par bonheur, ils trouvèrent un prunier couvert de fruits, dont ils
mangèrent, et qui soutinrent un peu leurs forces.

Ils continuèrent de se diriger sur Reims à travers les
plaines de la Champagne, observant soigneusement si
quelqu'un ne venait pas derrière eux. Pendant qu'ils
marchaient ainsi avec précaution, ils entendirent le trot
de plusieurs chevaux. Aussitôt ils quittèrent la route, et,
trouvant près de là un buisson, ils se mirent derrière,
couchés par terre, avec leurs épées nues devant eux.

Le hasard fit que les cavaliers s'arrêtèrent près de ce
buisson. L'un d'eux se mit à dire : « Quel malheur que
ces maudits coquins aient pris la fuite sans que j'aie pu
encore les retrouver ; mais, je le dis par mon salut, si je
mets la main sur eux, je ferai pendre l'un et hacher
l'autre en morceaux. »

Les fugitifs entendirent ces paroles, et aussitôt après
le pas des chevaux qui s'éloignaient. La nuit même, ils
arrivèrent à Reims, sains et saufs, mais accablés de
fatigue. Ils demandèrent, à la première personne qu'ils
virent dans les rues, la demeure d'un prêtre de la ville
nommé Paul. Ayant trouvé la maison de leur ami, ils
frappèrent à sa porte au moment où l'on sonnait les matines. Léon nomma son jeune maître et conta, en peu de
mots, leurs aventures ; sur quoi le prêtre s'écria : « Voilà
mon songe vérifié : cette nuit j'ai vu deux pigeons, l'un

blanc et l'autre noir, qui sont venus en volant se poser sur ma maison. »

C'était le dimanche ; et, ce jour-là, l'Église, dans sa rigidité primitive, ne permettait aux fidèles de prendre aucune nourriture avant la messe. Mais les voyageurs, qui mouraient de faim, dirent à leur hôte : « Dieu nous pardonne, et, sauf le respect dû à son saint jour, il faut que nous mangions quelque chose ; car voici le quatrième jour que nous n'avons touché ni pain, ni viande. » Le prêtre, faisant cacher les deux jeunes gens, leur donna du pain et du vin et sortit pour aller à matines.

Le maître des fugitifs était arrivé avant eux à Reims : il y cherchait des informations et donnait partout le signalement et les noms des deux esclaves. On lui dit que le prêtre Paul était un ancien ami de l'évêque de Langres ; et, afin de voir s'il ne pourrait pas tirer de lui quelque chose, il se rendit, de grand matin, à son église. Mais il eut beau questionner : malgré la sévérité des lois portées contre les receleurs d'esclaves, le prêtre fut imperturbable.

Léon et Attale passèrent deux jours dans sa maison. Ensuite, en meilleur équipage qu'à leur arrivée, ils prirent la route de Langres. L'évêque, en les revoyant, éprouva une grande joie, et, selon l'expression de l'historien auquel nous devons ce récit, pleura sur le cou de son neveu.

L'esclave qui, à force d'adresse, de persévérance et de courage, était parvenu à délivrer son jeune maître, reçut en récompense la liberté dans les formes prescrites par la loi romaine [1].

AUGUSTIN THIERRY.
(*Lettres sur l'Histoire de France.*)

---

1. L'esclave fut conduit en cérémonie à l'église, et là, toutes les portes étant ouvertes en signe du droit que devait avoir l'affranchi d'aller partout où il voudrait, l'évêque Grégoire déclara solennellement « qu'il lui plaisait de le rendre libre et de le faire citoyen romain ». (A. THIERRY.)

◦◊◦

## Charlemagne visitant les écoles.

Après une longue absence, le victorieux Charles, de retour dans la Gaule, se fit amener les enfants remis aux soins de Clément et voulut qu'ils lui montrassent leurs lettres et leurs vers.

Les élèves sortis des classes moyenne et inférieure présentèrent des ouvrages qui passaient toute espérance, où se faisaient sentir les plus douces saveurs de la science ; les nobles, au contraire, n'eurent à produire que de froides et misérables pauvretés.

Le très sage Charles, imitant alors la justice du souverain Juge, leur dit : « Je vous loue beaucoup, mes enfants, de votre zèle à remplir mes intentions et à rechercher votre propre bien de tous vos moyens. Maintenant, efforcez-vous d'atteindre à la perfection ; alors je vous donnerai de riches évêchés, de magnifiques abbayes, et vous tiendrai toujours pour gens considérables à mes yeux. »

Tournant ensuite un front irrité vers les élèves demeurés à sa gauche, portant la terreur dans leurs consciences par son regard enflammé, tonnant plutôt qu'il ne parlait, il lança sur eux ces paroles pleines de la plus amère ironie : « Quant à vous, nobles ; vous, fils des principaux de la nation ; vous, enfants délicats, vous reposant sur votre naissance et votre fortune, vous avez négligé mes ordres et le soin de votre propre gloire dans vos études, et préféré vous abandonner à la mollesse, au jeu, à la paresse ou à de futiles occupations. »

Ajoutant à ces premiers mots son serment accoutumé, et levant vers le ciel sa tête auguste et son bras invincible, il s'écria, d'une voix foudroyante : « Par le roi des cieux, permis à d'autres de vous admirer. Je ne fais, moi, nul cas de votre naissance ; sachez et retenez bien que, si vous ne vous hâtez de réparer, par une constante application, votre négligence passée, vous n'obtiendrez jamais rien de Charles.* »          *Chroniques du Moine de Saint-Gall.*
(Traduction Guizot.)

* **Composition française :** *Un personnage visite votre école et adresse quelques mots aux élèves. Raconter cette visite.*

## Roland à Roncevaux.

Tous les preux [1] étaient morts, mais aucun n'avait fui.
Il reste seul debout, Olivier près de lui ;
L'Afrique [2] sur le mont l'entoure et tremble encore.
« Roland, tu vas mourir, rends-toi, criait le More ;

« Tous tes pairs [3] sont couchés dans les eaux des torrents. »
Il rugit comme un tigre, et dit : « Si je me rends,
Africain, ce sera lorsque les Pyrénées
Sur l'onde avec leurs corps rouleront entraînées [4].

— Rends-toi donc, répond-il, ou meurs, car les voilà. »
Et du plus haut des monts un grand rocher roula.
Il bondit, il roula jusqu'au fond de l'abîme,
Et de ses pins, dans l'onde, il vint briser la cime.

« Merci, cria Roland ; tu m'as fait un chemin. »
Et, jusqu'au pied des monts le roulant d'une main,
Sur le roc affermi comme un géant s'élance,
Et, prête à fuir, l'armée à ce seul pas balance [5].

\*
\* \*

Tranquilles cependant, Charlemagne et ses preux
Descendaient la montagne et se parlaient entre eux.
A l'horizon déjà, par leurs eaux signalées,
De Luz et d'Argélès se montraient les vallées.

---

1. *Preux :* braves, vaillants ; n'est guère usité que dans le style élevé.
2. L'Afrique, c'est-à-dire les Mores, peuple venu de l'Afrique du Nord.
3. Suivant les romans de chevalerie, douze paladins étaient attachés à la personne de Charlemagne. On les appelait les *douze pairs de France.*
4. Quand, avec les corps des guerriers, les Pyrénées elles-mêmes rouleront dans le lit des torrents.
5. A la vue de Roland, les Sarrasins sont sur le point de prendre la fuite.

L'armée applaudissait. Le luth du troubadour [1]
S'accordait pour chanter les saules de l'Adour ;
Le vin français coulait dans la coupe étrangère ;
Le soldat, en riant, parlait à la bergère.

Roland gardait les monts ; tous passaient sans effroi.
Assis nonchalamment sur un noir palefroi [2]
Qui marchait revêtu de housses violettes,
Turpin disait, tenant les saintes amulettes [3] :

« Sire, on voit dans le ciel des nuages de feu ;
Suspendez votre marche ; il ne faut tenter Dieu.
Par monsieur saint Denis [4], certes ce sont des âmes
Qui passent dans les airs sur ces vapeurs de flammes.

« Deux éclairs ont relui, puis deux autres encor. »
Ici l'on entendit le son lointain du cor.
L'empereur étonné, se jetant en arrière,
Suspend du destrier la marche aventurière.

« Entendez-vous ? dit-il. — Oui, ce sont des pasteurs
Rappelant leurs troupeaux épars sur les hauteurs,
Répondit l'archevêque ; ou la voix étouffée
Du nain vert Obéron [5] qui parle avec sa fée. »

Et l'Empereur poursuit ; mais son front soucieux
Est plus sombre et plus noir que l'orage des cieux.
Il craint la trahison, et, tandis qu'il y songe,
Le cor éclate et meurt, renaît et se prolonge.

---

1. Nom donné aux anciens poètes provençaux ; ceux du Nord s'appelaient trouvères. Les *troubadours* s'accompagnaient du luth, instrument de musique à cordes assez semblable à la guitare.
2. On donnait ce nom au cheval de parade sur lequel les rois, les
princes, les grands seigneurs et les grandes dames faisaient leur entrée
triomphale dans les villes et les châteaux. Il se disait aussi parfois du
destrier ou cheval de bataille d'un chevalier. — De *palefroi* on a fait
le mot *palefrenier*.
3. *Amulettes :* reliques, images de saints ou autres objets bénits
par les prières de l'Église.
4. Invocation à saint Denis, apôtre des Gaules et premier évêque de
Paris, qui eut la tête tranchée sur la butte Montmartre.
5. Roi des génies de l'air et époux de Titania, la déesse des songes.

« Malheur ! c'est mon neveu ! malheur ! car, si Roland
Appelle à son secours, ce doit être en mourant.
Arrière, chevaliers, repassons la montagne !
Tremble encor sous nos pieds, sol trompeur de l'Espagne ! »

*
* *

Sur le plus haut des monts s'arrêtent les chevaux ;
L'écume les blanchit ; sous leurs pieds, Roncevaux
Des feux mourants du jour à peine se colore ;
A l'horizon lointain fuit l'étendard du More.

« Turpin, n'as-tu rien vu dans le fond du torrent?
— J'y vois deux chevaliers : l'un mort, l'autre expirant.
Tous deux sont écrasés sous une roche noire ;
Le plus fort, dans sa main, élève un cor d'ivoire ;
Son âme en s'exhalant nous appela deux fois. »

Dieu ! que le son du cor est triste au fond des bois * !

ALFRED DE VIGNY.
(*Le Cor.*)

ه‿ه

### Le chevalier Grise-Gonelle.

Comme il approchait de Paris, Otton, par un caprice
bizarre, manda à Hugues Capet qu'il allait lui faire chanter un *alleluia* tel qu'il n'en avait jamais ouï. Bientôt, en
effet, il posa son camp sur les hauteurs de Montmartre, et,
ayant réuni une multitude de clercs [1], il leur ordonna
d'entonner, à pleine voix, l'hymne *Alleluia, te martyrum* [2];

---

1. *Clercs:* personnes consacrées à l'état ecclésiastique, par opposition à
laïque. Se disait, au moyen âge, de tout homme lettré, le clergé
étant alors seul dépositaire du trésor des sciences et des lettres.

2. Hymne empruntée à la messe des martyrs. Anciens rituels :
*Alleluia, te martyrum chorus laudat...* Alleluia ! le chœur des martyrs
te loue.
Répons : *Martyrum chorus, laudate Dominum de cœlis, Alleluia...*
Chœur des martyrs, louez le Seigneur du haut des cieux, Alleluia.
* **Composition française :** *Raconter la mort de Roland à Ronce-
vaux.*

les soixante mille soldats répondaient en chœur : si bien
qu'en tintèrent les oreilles de Hugues et des Parisiens.

Paris, comme au temps des Northmans, occupait seulement l'île de la cité ; il était relié à la rive droite de la
Seine par un pont, que fermait une porte barrée de fer et
fortifiée. Les Allemands s'avancèrent, et, pour défier la
population, un neveu de l'Empereur poussa son cheval
jusqu'à la porte et y enfonça sa lance. Les Parisiens,
furieux, sortirent, tuèrent le prince et culbutèrent son
escorte. Les fils restaient dignes de leurs pères qui avaient
si bien combattu avec le comte Eudes.

Ainsi, dès qu'ils s'étaient heurtés à la vraie France, les
étrangers avaient été arrêtés court. De tous côtés arrivaient au duc des guerriers pleins de bravoure et de
patriotisme. Lothaire n'avait pu trouver un soldat ;
l'appel du duc de France avait suffi pour former une
armée.

Comme dans les poèmes homériques, la lutte générale
était suspendue, quelquefois, par des combats singuliers [1].
Les chroniqueurs [2] s'oublient volontiers à les conter ; si
leur authenticité n'est pas toujours certaine, ils sont bien
dans l'esprit du temps et, l'on peut dire, d'une vérité au
moins relative. Un Germain, semblable à ces guerriers
dont la stature colossale effrayait les légions [3] de Marius
et les soldats mêmes de César, provoqua, pendant plusieurs jours, les chevaliers français. Plusieurs, parmi les
plus braves et les plus illustres, succombèrent successivement, et le roi défendit qu'aucun chevalier sortît désormais contre le géant.

1. Combats d'homme à homme. Ainsi luttent, dans l'*Iliade*, les héros
d'Homère.

2. Auteurs de chroniques. L'*annaliste* enregistre simplement, année
par année, les faits qui s'accomplissent de son temps. Le *chroniqueur*
cherche surtout à conserver les faits dont il a été auteur et témoin,
mais en donnant à sa personnalité une place moindre que ne le font
les auteurs de Mémoires. L'*historien* étudie les faits dans leurs causes,
leur enchaînement et leurs conséquences : il les classe et les analyse.

3. La *légion romaine*, comme chez nous le régiment, formait l'unité
tactique chez les Romains. Sa force numérique a varié selon les époques.
On a coutume d'évaluer à dix mille hommes l'effectif d'une légion en
campagne.

Or, la proclamation de Hugues Capet ayant été répandue dans tous les fiefs qui relevaient de son duché, les vassaux arrivaient en foule, pour se joindre au suzerain et au roi. Au nombre des plus empressés fut Geoffroy, comte d'Anjou, qui, depuis 958, avait succédé à son père, le savant et pieux Foulques le Bon.

C'était un homme de petite stature, mais d'une agilité et d'une force prodigieuses. Il n'aimait pas, comme son père, à chanter au lutrin des chanoines de Tours ; il ne se plaisait que dans les combats et les aventures.

Arrivé à Orléans, avec ses hommes d'armes, il apprit les hauts faits du géant allemand sous les murs de Paris. Il résolut aussitôt d'affronter sa rencontre ; mais, ne voulant pas que son dessein fût connu, il dit aux siens qu'il allait rejoindre un de ses amis à un rendez-vous, et ordonna à sa troupe de continuer sa marche jusqu'à Château-Landon[1] et de l'attendre là. Quant à lui, montant à cheval, il emmène seulement un chevalier et deux archers, et, secrètement, prend le chemin de Paris. Le soir il couche à Étampes, où il ne se fait connaître de personne. Le lendemain, il arrive au bord de la Seine, et va demander l'hospitalité dans un moulin où il passe la nuit.

Le matin venu, il se met, avec son cheval, dans une barque, et le meunier lui fait traverser la Seine. Il n'avait plus d'autre compagnon qu'un chevalier. En débarquant, il aperçoit le formidable champion de l'Allemagne qui, suivant son habitude, venait insulter de ses cris et de ses provocations les soldats de Hugues Capet.

Il prend ses armes, il monte à cheval, et s'avance dans la plaine au-devant du guerrier. Bientôt les deux adversaires précipitent la course de leurs chevaux et fondent l'un sur l'autre. Les assiégés, avertis de ce qui se passait, encombraient les tours, les murailles, et jusqu'aux faîtes des églises, pour être témoins de ce spectacle héroïque.

Le choc est si terrible qu'il retentit jusqu'aux collines

---

1. Ancienne capitale du Gâtinais, dans l'arrondissement de Fontainebleau.

lointaines. Le géant décharge sur le comte un coup épouvantable, qui brise son écu et sa cuirasse, mais ne blesse
que le cheval. De son côté, Geoffroy pousse vigoureusement sa lance, qui pénètre sous les armes de son adversaire jusqu'à la poitrine et le renverse sur le sol. Aussitôt
il saute à terre, tandis que le colosse, pantelant et roulant
des yeux terribles, s'efforce de se relever en menaçant
encore. Soudain « le nouveau David », dit le chroniqueur,
lui retire son propre glaive et lui coupe la tête. Puis il
remonte à cheval, et, emportant son sanglant trophée, il
regagne sa barque où l'attendaient son hôte et le chevalier.
Il repasse la Seine à la hâte ; il remet au meunier la tête
monstrueuse du vaincu, avec ordre de la porter au roi,
et, défendant toujours à ses compagnons de le nommer
sur la route, il gagne Château-Landon et se remet à la
tête de ses troupes.

Les Parisiens applaudirent, du haut de leurs murailles,
le héros inconnu. Le meunier présenta au roi la tête du
Goliath allemand, et, interrogé par lui, il répondit qu'il
ignorait le nom et le rang du chevalier vainqueur, mais
qu'il était assuré de le reconnaître s'il le voyait.

Quelques jours après, tous les princes, ducs et comtes
étant réunis autour de Lothaire et de Hugues Capet, le
roi fit venir le meunier, et lui ordonna de chercher dans la
foule des seigneurs. Au premier regard il reconnut le
comte, et, s'approchant vivement de lui, il fléchit le genou,
et, le tirant par sa tunique, il dit au roi et à tous les
assistants : « C'est cette gonelle grise. » Geoffroy portait
une sorte de casaque, faite d'une étoffe grossière qu'on
fabriquait en Anjou.

Le mot du meunier fit fortune, et, de ce jour-là, au
milieu des vives félicitations du roi et des acclamations
des seigneurs français, le comte d'Anjou reçut le surnom
de Grise-Gonelle qu'il rendit populaire et qu'il a gardé
dans l'histoire *.                    Ernest Mourin.

(*Histoire des Comtes de Paris.*)

* **Composition française :** *Raconter l'histoire de David et du géant
Goliath.*

### Victoire de Bouvines.

Les deux armées restèrent quelque temps à peu de distance l'une de l'autre sans oser commencer l'action, et les Français se retiraient par le pont de Bouvines, pour marcher sur le Hainaut, quand l'ennemi, attaquant l'arrière-garde, les obligea à faire face (1214).

« Philippe, dit son chapelain Guillaume le Breton qui, pendant l'action, resta derrière le roi à chanter des psaumes ; Philippe se reposait à ce moment sous un arbre, proche d'une chapelle et son armure défaite ; au premier bruit du combat, il entra dans l'église pour y faire une courte prière, s'arma promptement, et sauta sur son destrier avec une aussi grande joie que s'il dût aller à noce ou à fête ; alors commença à crier par les champs : « Aux « armes, hommes de guerre, aux armes ! » et les trompettes sonnèrent.

« Le roi se porta en avant sans attendre sa bannière, l'oriflamme de Saint-Denis, tissu de soie d'un rouge éclatant qui était, ce jour-là, portée par un très vaillant homme, Gallon de Montigni. L'évêque élu de Senlis, Guérin, ordonna les batailles de manière que les Français eussent le soleil à dos, tandis que l'ennemi l'eût dans les yeux.

« Trois cents bourgeois de Soissons, qui servaient à cheval, commencèrent l'action à l'aile droite en chargeant audacieusement les chevaliers de Flandre. Ceux-ci hésitent quelque temps à lutter avec des hommes du peuple. Cependant, le cri : *Mort aux Français !* poussé par un d'eux, les anime, et les Bourguignons, conduits par leur duc, étant venus renforcer les gens de Soissons, la mêlée devint furieuse. C'est de ce côté que combattait le comte Ferrand. »

Quand l'action avait commencé, les milices des communes étaient déjà au delà de Bouvines ; elles repassèrent le pont en toute hâte, coururent du côté de l'enseigne royale, et vinrent se placer au centre, en avant du roi et de sa bataille. Les chevaliers allemands, au milieu desquels était l'empereur Otton, chargèrent ces braves gens et passèrent au travers pour percer jusqu'au roi ; mais les plus renommés des hommes d'armes de France se jetèrent au-devant d'eux et les arrêtèrent.

Pendant cette mêlée, les fantassins allemands passèrent derrière les cavaliers et arrivèrent à l'endroit où était Philippe. Ils l'arrachèrent de son cheval, et, pendant qu'il était renversé à terre, essayèrent de le percer par la visière de son casque ou le défaut de son armure. Montigni, qui portait l'enseigne de France, élevait et agitait sa bannière pour appeler au secours : quelques chevaliers et les gens des communes accoururent. On délivra le roi, on le remit sur un destrier, et il se rejeta dans la mêlée.

L'Empereur, à son tour, faillit être pris. Guillaume des Barres, le plus brave et le plus fort chevalier de toute l'armée, l'heureux adversaire de Richard Cœur de Lion qu'il avait deux fois terrassé, tenait déjà Otton par son heaume et le frappait violemment, quand un flot d'ennemis se rua sur lui. Ne pouvant lui faire lâcher prise, ni l'atteindre, ils tuèrent son cheval pour le renverser lui-même à terre ; mais il se dégagea à temps, et, seul, à pied, comme un lion furieux, fit, avec son épée et son poignard, un large vide autour de lui. Otton, du moins, put s'échapper.

A la droite, le comte de Flandre, Ferrand, était tombé blessé aux mains des Français , au centre, l'Empereur, avec ses princes allemands, fuyait ; mais, à gauche, Renaud de Boulogne et les Anglais tenaient bon. Ils avaient fait plier les gens de Dreux, du Perche, du Ponthieu et du Vimeu.

« A cette vue, dit le poète chroniqueur, Philippe de Dreux, évêque de Beauvais, s'afflige, et, comme il tenait par hasard une massue à la main, oubliant sa qualité d'évêque, il frappe le chef des Anglais, l'abat, et avec lui bien d'autres, brisant les membres, mais ne versant pas le sang, et recommandant à ceux qui l'entouraient de dire que c'étaient eux qui avaient fait ce grand abatis, de peur qu'on ne l'accusât d'avoir violé les canons [1] et commis une œuvre illicite pour un prêtre. »

Les Anglais furent bientôt en pleine déroute, à l'exception de Renaud de Boulogne, qui avait disposé une troupe de sergents à pied en double cercle hérissé de longues piques. Il s'élançait de là comme d'un fort, ou s'y réfugiait pour reprendre haleine. A la fin, son cheval fut blessé ; il tomba lui-même et fut pris : cinq autres comtes et vingt-cinq seigneurs bannerets étaient déjà captifs.

Le retour du roi à Paris fut une marche triomphale ; partout, sur son passage, les églises retentissaient d'actions de grâces, et on entendait les doux chants des clercs mêlés au bruit des cloches et aux sons harmonieux des instruments de guerre. Les maisons étaient tendues de courtines et de tapisseries, les chemins jonchés de rameaux verts et de fleurs nouvelles. Tout le peuple, hommes et femmes, enfants et vieillards, accourait aux carrefours des chemins ; tous voulaient voir le comte de Flandre qui, blessé et enchaîné, était couché dans une litière, et ils lui disaient : « Ferrand, te voilà ferré maintenant et lié ; tu ne regimberas [2] plus pour ruer et lever le bâton contre ton maître. »

A Paris, les bourgeois et la multitude des clercs, des écoliers et du peuple, allèrent à la rencontre du roi, chantant des hymnes et des cantiques. Ils firent une fête sans égale, et, le jour n'y suffisant pas, ils festoyèrent la nuit avec de nombreux luminaires, en sorte que la nuit paraissait aussi brillante que le jour. Les écoliers firent durer la fête une semaine entière. Pendant ces réjouissances, les milices communales, qui s'étaient si bien comportées dans la bataille, vinrent en pompe livrer leurs prisonniers au prévôt [3] de Paris.

Cent dix chevaliers étaient tombés entre leurs mains,

---

1. L'évêque craignait qu'on ne l'accusât d'avoir violé les *canons* c'est-à-dire les lois de l'Église, et fait une chose défendue aux prêtres.

2. Tu ne refuseras plus d'obéir, tu ne te révolteras plus contre ton maître.

3. Officier de justice préposé à la surveillance du grand et du petit Châtelet.

sans les petites gens. Le roi leur en donna une partie
pour les mettre à rançon ; il renferma le reste aux grand
et petit Châtelet de Paris. Ferrand fut détenu dans la
nouvelle tour du Louvre ; il y resta treize ans. Près de
Senlis s'éleva l'abbaye de la Victoire dont les ruines
subsistent encore.

VICTOR DURUY.
(*Histoire de France.*)

ఆ‌జ‌ఆ

## Saint Louis à Chypre.

Le samedi nous vîmes l'île de Chypre, et une montagne
qui est en Chypre qu'on appelle la montagne de la Croix.
Ce samedi il s'éleva une brume, et elle descendit de la
terre sur la mer ; et, pour cela, nos mariniers crurent que
nous étions plus loin de l'île de Chypre que nous n'étions,
parce qu'ils voyaient la montagne par-dessus la brume ;
et, pour cela, ils firent avancer hardiment : d'où il advint
ainsi que notre vaisseau heurta contre un banc de sable
qui était sous l'eau.

Or il advint que, si nous n'eussions rencontré ce peu de
sable là où nous heurtâmes, nous eussions heurté contre
tout plein de roches qui étaient couvertes, là où notre
vaisseau eût été tout brisé, et nous tous naufragés et
noyés.

Aussitôt le cri s'éleva sur le vaisseau, si grand que
chacun criait : « Hélas ! » et les mariniers et les autres
frappaient des mains, parce que chacun avait peur de se
noyer. Quant j'ouïs cela, je me levai de mon lit où j'étais
couché, et allai au château [1] avec les mariniers. Quand je
vins là, frère Rémon, qui était templier [2] et maître des

---

1. Terme de marine ancienne : espèce de cabane élevée sur la poupe
ou la proue d'un navire et destinée à servir d'abri.

2. Chevalier du Temple. Membre de l'ordre célèbre, à la fois militaire et religieux, fondé à Jérusalem en 1118. Les templiers furent
ainsi nommés parce qu'ils habitèrent d'abord près de l'emplacement
occupé jadis par le *temple* de Salomon.

mariniers, dit à un de ses valets : « Jette la sonde » ; et ainsi fit-il. Et, dès qu'il l'eut jetée, il s'écria et dit : « Hélas ! nous sommes à terre. » Quand frère Rémon ouït cela, il déchira sa robe jusques à la ceinture, et se prit à s'arracher la barbe et à crier : « Hélas ! hélas ! »

Les mariniers s'écrièrent : « Çà ! la galère, pour recueillir le roi. » Mais, de quatre galères que le roi avait là, il n'y eut pas de galère qui s'approchât ; en quoi ils firent très sagement, car il y avait bien huit cents personnes dans le vaisseau, qui toutes eussent sauté dans les galères pour sauver leur vie, et ainsi les eussent coulées à fond.

Celui qui avait la sonde la jeta une seconde fois, et revint à frère Rémon et lui dit que le vaisseau n'était plus sur le fond. Et alors frère Rémon l'alla dire au roi, qui était étendu en croix sur le pont du vaisseau, tout déchaussé, vêtu d'une simple cotte et tout échevelé, comme un homme qui s'attendait bien à être noyé.

Sitôt qu'il fut jour, nous vîmes devant nous la roche là où nous eussions heurté si le vaisseau n'eût heurté contre le banc de sable.

Le matin, le roi envoya quérir le maître nautonier des vaisseaux, lequel envoya quatre plongeurs au fond de la mer. Et ils plongèrent dans la mer ; et, quand ils revenaient, le roi et le maître nautonier les entendaient l'un après l'autre, de sorte que l'un des plongeurs ne savait pas ce que l'autre avait dit : toutefois on trouva, par les quatre plongeurs, que notre vaisseau, en frottant sur le sable, avait bien perdu trois toises de la quille sur quoi le vaisseau était construit.

Alors le roi appela les maîtres nautoniers devant nous, et leur demanda quel conseil ils donneraient pour le coup que son vaisseau avait reçu. Ils se consultèrent ensemble, et conseillèrent au roi de descendre du vaisseau là où il était et d'entrer dans un autre. « Et nous vous donnons ce conseil, car nous croyons, certainement, que tous les ais de votre vaisseau sont tout disloqués ; c'est pourquoi nous craignons que, quand votre vaisseau viendra en haute mer, il ne puisse soutenir le choc des vagues et qu'il ne se mette en pièces. Car il advint de même, quand vous vîntes de France, qu'un vaisseau heurta aussi ; et, quand il vint en haute mer, il ne put soutenir le choc des vagues, mais il se rompit ; et tous ceux qui étaient sur le vaisseau périrent, excepté une femme et son enfant qui échappèrent sur un débris du vaisseau. »

Alors le roi demanda à monseigneur Pierre le chambellan [1] ; à monseigneur Gilles le Brun, connétable [2] de France ; à monseigneur Gervais d'Escraines, qui était maître-queu [3] du roi ; à l'archidiacre de Nicosie, qui portait son sceau et qui depuis fut cardinal; et à moi, ce que nous lui conseillions sur ces choses. Et nous lui répondîmes que, sur toutes les choses de ce monde, on devait croire ceux qui en savaient le plus : « Nous vous conseillons donc, quant à nous, de faire ce que les nautoniers vous conseillent. »

Alors le roi dit aux nautoniers : « Je vous demande sur votre honneur, au cas que le vaisseau fût vôtre et qu'il fût chargé de marchandises à vous, si vous en descendriez? » Et ils répondirent tous ensemble que non, parce qu'ils aimeraient mieux mettre leur personne en aventure de se noyer que d'acheter un vaisseau quatre mille livres et plus. « Et pourquoi me conseillez-vous donc de descendre? — Parce que, firent-ils, le jeu n'est pas égal ; car ni or ni argent ne peut valoir le prix de votre personne, de votre femme et de vos enfants qui sont céans [4] ; et pour cela nous ne vous conseillons pas de vous mettre, ni vous ni eux, en aventure. »

Le roi dit alors : « Seigneurs, j'ai ouï votre avis et l'avis de mes gens ; or, je vous dirai à mon tour le mien, qui

1. Premier officier de la *chambre* du roi, celui qui servait le roi préférablement aux premiers gentilshommes. Il avait, comme marque distinctive, une clef d'or attachée à la poche droite de l'habit.

2. On appelait ainsi, en France, le premier officier militaire de la couronne, qui avait le commandement général des armées en l'absence du roi. — La marque de la puissance du *connétable* était une épée nue, qu'il recevait des mains du roi, et qu'il portait devant le prince dans toutes les cérémonies royales.

3. *Maître-queu :* autrefois chef des cuisiniers dans une grande maison.

4. Ici dedans.

est tel que, si je descends du vaisseau, il y a céans cinq cents personnes et plus qui demeureront dans l'île de Chypre, par peur du péril de leur corps (car il n'y en a pas un qui n'aime autant sa vie que je fais la mienne), et qui jamais, par aventure, ne rentreront dans leur pays. C'est pourquoi j'aime mieux mettre en la main de Dieu ma personne, ma femme et mes enfants, que de causer tel dommage à un aussi grand nombre de gens qu'il y a céans. »

Sire de Joinville.<br>(Traduction de Wailly.)

∽§∽

## Duguesclin dans un tournoi.

Un magnifique tournoi fut annoncé dans la ville de Rennes, à l'occasion du mariage de Jeanne de Penthièvre, héritière du duché de Bretagne, avec messire Charles de Châtillon, comte de Blois, neveu du roi de France. Toute la noblesse de la province fut invitée à assister à cette fête. Le sire Renaud Duguesclin s'y rendit, n'épargnant rien pour y faire bonne figure, et menant à sa suite un grand nombre de ses vassaux.

Bertrand suivit aussi son père, monté sur un pauvre roussin, et en si mince équipage qu'il faisait pitié aux passants. Réduit, comme toujours, par sa détresse, au rôle de spectateur ; témoin enthousiaste des joutes et sentant sa force, il était dévoré du désir de se mêler aux combattants : que n'eût-il donné pour un bon cheval et des armes ! Enfin, n'y tenant plus, et voyant un chevalier, son parent, le sire de Bizien, se retirer de la lice après avoir rompu plusieurs lances, il le suivit jusqu'en son logis. Là, se jetant à ses pieds, il le conjura de lui prêter, pour trois courses seulement, son armure et son cheval. Touché des instances du jeune homme, le chevalier lui accorda sa demande de bon cœur ; il lui donna un cheval frais et voulut l'armer lui-même.

Ivre de joie et d'orgueil, Bertrand court au tournoi,
entre fièrement dans la lice, et, sans se nommer, défie
un chevalier au combat. Au signal donné, ils fondent l'un
sur l'autre : Bertrand enlève, par un coup adroit, la visière
de son antagoniste, et le heurte si rudement que cheval
et cavalier roulent sur le sable, le cheval tué du coup et
son maître évanoui.

Un chevalier se présenta pour venger le vaincu :
c'était le sire Renaud Duguesclin ; il tenait sa visière
baissée, et Bertrand ne le reconnut pas d'abord. Il s'élança
donc pour le combattre ; mais, ayant distingué les armoiries[1] de son père et son chiffre, brodés sur sa cotte d'armes,
il releva sa lance en passant près de lui, et s'inclina sur
ses arçons, en signe de respect, au grand étonnement des
spectateurs. Puis il défia successivement quinze autres
chevaliers, et les renversa tous dans l'arène sans être
ébranlé.

La surprise et l'admiration étaient au comble, et, de
toutes parts, on demandait le nom du vainqueur dont la
visière demeurait baissée. Les plus belles dames l'applau-
dissaient avec transport et brûlaient de le connaître.
L'une d'elles, enfin, supplie un chevalier normand, célèbre
par son adresse et sa force, de descendre dans l'arène et
d'enlever, s'il peut, la visière du champion inconnu.

Le Normand entre donc en lice à son tour, et ajuste
si bien son adversaire, avec sa lance, qu'il lui emporte
son casque ; mais Bertrand l'enlace de son bras gauche,
l'enlève de dessus son cheval, et le jette dans la poussière aux acclamations frénétiques des assistants. Renaud
Duguesclin reconnaît son fils ; il accourt, l'embrasse
dans le transport de sa joie, et révèle ainsi son nom à
l'assemblée.

Bertrand est proclamé vainqueur des joutes au son des
fanfares, aux cris enthousiastes de la foule, et reçoit le

---

1. *Armoiries :* marques, emblèmes ou signes qui servent à distinguer les personnes et les familles nobles, les peuples, les villes, les cor-
porations, etc. Les armoiries ont été ainsi nommées parce qu'elles se
peignaient sur les *armes*, sur le bouclier ou écu.

prix du tournoi : c'était un beau cygne d'argent massif
de grandeur naturelle ; Bertrand courut l'offrir au chevalier qui lui avait, si généreusement, prêté son cheval et
ses armes. Ce jour, dit la vieille chronique, fut le plus
heureux de sa vie.

Son père, depuis lors, lui montra autant d'estime que
d'affection ; il crut au brillant avenir qui lui avait été
prédit ; il l'équipa militairement, et le mit en état de
paraître dans le monde avec honneur *.

E. DE BONNECHOSE.
(*Biographie de Duguesclin.*)

∽◊∽

## Le grand Ferré.

Il y a un lieu assez fort dans le petit village de Longueil,
près de Compiègne. Les habitants, voyant qu'ils seraient
en péril si l'ennemi s'en emparait, demandèrent au seigneur régent et à l'abbé de Saint-Corneille, dont ils
étaient les serfs, la permission de le fortifier. Après l'avoir
obtenue, ils y portèrent des vivres et des armes, prirent
pour capitaine un d'entre eux, grand et bel homme,
appelé Guillaume des Alouettes, et jurèrent de se défendre
jusqu'à la mort. Dès que cela fut fait et connu, beaucoup
accoururent des villages voisins afin de s'y mettre en
sûreté.

Le capitaine avait pour serviteur un autre paysan très
grand, très vigoureux, et aussi brave qu'il était fort :
c'était le grand Ferré. Malgré sa haute taille et sa force,
le grand Ferré n'avait de lui-même que petite opinion
et le capitaine en faisait tout ce qu'il voulait.

Les voilà donc là environ deux cents, tous laboureurs
et habitués à gagner leur propre vie avec le travail des
mains. Les Anglais, qui occupaient un fort près de Creil,
en apprenant ces préparatifs de défense, furent pleins de

---

\* **Composition française :** *Un tournoi tragique. Mort de Henri II
tué par Montgomery.*

mépris pour de telles gens. « Allons chasser ces manants [1], dirent-ils ; le lieu est bon et fort, occupons-le. » Et il fut fait comme il avait été dit.

Deux cents Anglais y marchèrent. On ne faisait pas bonne garde : les portes mêmes étaient ouvertes ; ils entrèrent hardiment. Au bruit qu'ils firent, ceux du dedans, qui étaient dans les maisons, coururent aux fenêtres, et, voyant tant d'hommes bien armés, tombèrent en grand effroi. Le capitaine descendit toutefois, avec quelques-uns des siens, et se mit à frapper bravement sur les Anglais ; mais, bientôt entouré, il fut blessé mortellement. A cette vue, les autres et le grand Ferré se dirent : « Descendons et vendons chèrement notre vie, car il n'y a pas de miséricorde à attendre. » Ils se rassemblèrent et, sortant soudainement par diverses portes, se précipitèrent à coups redoublés sur les Anglais. Ils frappaient comme quand ils battent le grain sur l'aire ; les bras se levaient, puis s'abattaient, et, à chaque coup, un Anglais tombait.

Quand le grand Ferré arriva près de son capitaine expirant, il fut pris d'une vive douleur, et se rejeta, avec furie, sur l'ennemi. Comme il dépassait tous ses compagnons de la tête, on le voyait brandir sa hache, frapper, redoubler les coups, dont pas un ne manquait son homme. Les casques étaient brisés, les têtes fendues, les bras coupés. En peu de temps il fit place nette autour de lui, en tua dix-huit, en blessa bien plus.

Ses compagnons, encouragés, faisaient merveille, si bien que les Anglais quittèrent la partie et se mirent à fuir. Les uns sautèrent dans le fossé plein d'eau et se noyèrent ; les autres **se pressèrent** aux portes, mais les traits y pleuvaient drus et serrés.

Le grand Ferré, arrivé au milieu de la rue où ils avaient planté leur étendard, tue le porte-enseigne, se saisit du drapeau, et dit à un des siens d'aller le jeter dans le fossé.

---

1. Manant, manoir, du latin *manere* (demeurer). Les paysans attachés aux terres du manoir étaient des *manants*, tous vilains et roturiers, et, par extension, hommes grossiers, mal élevés.

Celui-ci lui montre, avec effroi, la masse encore épaisse des Anglais : « Suis-moi », lui dit-il ; et, prenant sa grande hache à deux mains, il frappe à droite, il frappe à gauche, et se fait un chemin jusqu'au fossé, où l'autre jette dans la boue l'enseigne ennemie.

Le grand Ferré se reposa alors un moment, mais retourna bientôt contre ce qui restait d'Anglais. Bien peu de ceux qui étaient venus pour faire ce coup purent s'échapper, grâce à Dieu et au grand Ferré qui en tua, ce jour-là, plus de quarante.

Les Anglais furent bien confus et irrités de voir que tant de leurs braves hommes d'armes avaient péri par les mains de ces vilains. Le lendemain, ils revinrent en plus grand nombre ; mais les gens de Longueil ne les craignaient plus. Ils sortirent à leur rencontre, le grand Ferré marchant à leur tête. Quand ils le virent, et qu'ils sentirent le poids de son bras et de sa hache de fer, ils auraient bien voulu n'être pas venus de ce côté-là. Ils ne s'en allèrent pas si vite que beaucoup ne fussent mortellement blessés, tués ou pris. Parmi ceux-ci se trouvèrent des hommes de haut lignage [1]. Si les gens de Longueil avaient consenti à les mettre à rançon, comme font les nobles entre eux, ils se fussent enrichis. Mais ils n'y voulurent pas entendre et les tuèrent, disant qu'ainsi ils ne leur feraient plus tort.

A ce dernier combat la besogne était rude, et le grand Ferré s'y était fort échauffé. Il but de l'eau froide en quantité et fut aussitôt pris par la fièvre. Il retourna alors dans son village, rentra dans sa cabane et se mit au lit ; mais en plaçant près de lui sa bonne hache, une hache de fer, si lourde qu'un homme de force ordinaire pouvait à peine, à deux mains, la soulever de terre.

Quand les Anglais apprirent que le grand Ferré était malade, ils furent en liesse [2], et, pour ne pas lui donner le temps de se guérir, ils lui dépêchèrent douze soldats avec ordre de le tuer. Sa femme les vit venir de loin et

1. De grande famille.
2. Vieux mot : en joie, en allégresse.

lui cria : « Oh ! mon pauvre Ferré, voici les Anglais ; que
vas-tu faire ? » Lui oublie son mal, se lève vivement, et,
prenant sa lourde hache, sort dans la cour. Quand ils
entrèrent : « Ah ! brigands ! vous venez pour me prendre
au lit ! Vous ne me tenez pas encore... » Il s'adossa au
mur, pour n'être pas entouré, et, jouant de la hache, les
mit à male mort [1]. Sur douze, il en tua cinq ; le reste se
sauva.

Le grand Ferré retourna à son lit ; mais il s'était
échauffé à donner tant de coups ; il but encore de l'eau
froide ; la fièvre redoubla, et, peu de jours après, ayant
reçu les sacrements, il trépassa.

Le grand Ferré fut enterré au cimetière de son village ;
tous ses compagnons, tout le pays le pleurèrent, car, lui
vivant, les Anglais n'auraient jamais osé en approcher *.

Le Continuateur de Nangis
(*Traduction Duruy.*)

⚬◊⚬

## Jeanne d'Arc.

### SON ENFANCE.

Jeanne était la troisième fille d'un laboureur, Jacques
Darc[2], et d'Isabelle Romée.

Tandis que les autres enfants allaient, avec le père, travailler aux champs ou garder les bêtes, la mère tint
Jeanne près d'elle, l'occupant à coudre ou à filer. Elle
n'apprit ni à lire ni à écrire ; mais elle sut tout ce que
savait sa mère des choses saintes. Elle reçut sa religion,
non comme une leçon, une cérémonie, mais dans la forme
populaire et naïve d'une belle histoire de veillée, comme
la foi simple d'une mère.

---

1. Leur fit subir une mort cruelle.
2. Vingt-cinq ans après la mort de Jeanne, Charles VII fit reviser
le procès de la Pucelle et anoblit la famille d'Arc.
 *. **Composition française** : *Raconter le dernier exploit du grand Ferré ;
sa mort.*

Son village était à deux pas des grandes forêts des Vosges. De la porte de la maison de son père elle voyait le vieux bois des chênes. Les fées hantaient ce bois ; elles aimaient surtout une certaine fontaine, près d'un grand hêtre qu'on nommait l'arbre des fées, des dames. Les petits enfants y suspendaient des couronnes, y chantaient.

Jeanne naquit parmi ces légendes, dans ces rêveries populaires. Mais le pays offrait, à côté, une tout autre poésie, celle-ci sauvage, atroce, trop réelle, hélas ! la poésie de la guerre... La guerre ! ce mot seul dit toutes les émotions ; ce n'est pas tous les jours, sans doute, l'assaut et le pillage, mais bien plutôt l'attente, le tocsin, le réveil en sursaut, et, dans la plaine, au loin, le rouge sombre de l'incendie...

Jeanne eut sa part dans ces romanesques aventures. Elle vit arriver les pauvres fugitifs ; elle aida, la bonne fille, à les recevoir ; elle leur cédait son lit et allait coucher au grenier. Ses parents furent aussi, une fois, obligés de s'enfuir. Puis, quand le flot des brigands fut passé, la famille revint et retrouva le village saccagé, la maison dévastée, l'église incendiée.

Elle sut ainsi ce que c'est que la guerre. Elle comprit cet état antichrétien ; elle eut horreur de ce règne du diable, où tout homme mourait en péché mortel. Elle se demanda si Dieu permettrait cela toujours, s'il ne mettrait pas un terme à ces misères, s'il n'enverrait pas un libérateur, comme il l'avait fait souvent pour Israël [1], un Gédéon, une Judith?...

### SA MORT.

... Quand Jeanne se trouva en bas de la place, entre ces Anglais qui portaient les mains sur elle, la nature pâlit et la chair se troubla ; elle cria de nouveau : «O Rouen, tu seras donc ma dernière demeure !.. » Elle

---

1. Nom donné au peuple juif. Gédéon et Judith ont été, tous les deux, des libérateurs de leur peuple.

n'en dit pas plus, et ne pécha pas par ses lèvres dans
ce moment même d'effroi et de trouble...

Elle n'accusa ni son roi, ni ses saintes. Mais, parvenue
au haut du bûcher, voyant cette grande ville, cette foule
immobile et silencieuse, elle ne put s'empêcher de dire :
« Ah ! Rouen, Rouen, j'ai grand'peur que tu n'aies à
souffrir de ma mort ! » Celle qui avait sauvé le peuple,
et que le peuple abandonnait, n'exprima, en mourant,
(admirable douceur d'âme !) que de la compassion pour
lui...

Elle fut liée sous l'écriteau infâme, mitrée d'une mitre
où on lisait : « Hérétique, relapse, apostate, ydolastre... [1] »
Et alors le bourreau mit le feu... Elle le vit d'en haut et
poussa un cri... Puis, comme le frère qui l'exhortait ne
faisait pas attention à la flamme, elle eut peur pour lui,
s'oubliant elle-même, et elle le fit descendre.

Cependant, la flamme montait... Au moment où elle
la toucha, la malheureuse frémit et demanda de l'eau
bénite ; de l'eau, c'était apparemment le cri de la frayeur...
Mais, se relevant aussitôt, elle ne nomma plus que Dieu,
que ses anges et ses saintes. Elle leur rendit témoignage :
« Oui, mes voix étaient de Dieu, mes voix ne m'ont pas
trompée !... »

Dix mille hommes pleuraient... Quelques Anglais seuls
riaient ou tâchaient de rire. Un d'eux, des plus furieux,
avait juré de mettre un fagot au bûcher ; elle expirait au
moment où il le mit, il se trouva mal : ses camarades le
menèrent à une taverne pour le faire boire et reprendre
ses esprits ; mais il ne pouvait se remettre : « J'ai vu,
disait-il hors de lui-même, j'ai vu de sa bouche, avec le
dernier soupir, s'envoler une colombe. » D'autres avaient
lu dans les flammes le mot qu'elle répétait : « Jésus ! »
Le bourreau alla, le soir, trouver frère Isambart ; il était
tout épouvanté ! Il se confessa, mais il ne pouvait croire

---

1. *Hérétique :* qui professe une doctrine condamnée par l'Église
catholique. *Relapse :* qui retombe dans le même péché après avoir
fait pénitence publique. *Apostate :* qui renonce à la foi chrétienne.
*Idolâtre :* qui adore de faux dieux.

que Dieu lui pardonnât jamais... Un secrétaire du roi d'Angleterre disait tout haut, en revenant : « Nous sommes perdus ; nous avons brûlé une sainte ! »

Cette parole, échappée à un ennemi, n'est pas moins grave. Elle restera. L'avenir n'y contredira pas. Oui, selon la Religion, selon la Patrie, Jeanne d'Arc fut une sainte.

Michelet.<br>(Histoire de France.)

ᖆᖇᖇ

## Mission de Jeanne.

O sainte, ô Jeanne d'Arc, toi la bonne Lorraine,
Tu ne fus pas pour nous avare de ta peine.
Devant notre pays aveugle et châtié,
Pastoure[1], tu frémis d'une grande pitié.
Sans regret tu pendis au clou ta cotte[2] rouge,
Et toi, qui frissonnais pour une herbe qui bouge,
Tu mis sur tes cheveux le dur bonnet de fer.
Pour déloger Bedford[3], envoyé par l'enfer,
Tu partis à la voix de sainte Catherine !
Et porter un habit d'acier sur la poitrine,
Et t'offrir, brebis sainte, au couteau du boucher,
Et chevaucher pendant les longs jours, et coucher
Sur le sol nu, pendant l'hiver, comme un gendarme ;
Tu faisais tout cela sans verser une larme,
Jusqu'à ce que la France eût vengé son affront,
Et, comme un lion fier, secoué sur son front
Sa chevelure, et par tes soins, bonne pastoure,
Eût retrouvé son los[4] antique et sa bravoure !

1. *Pastoure :* petite bergère (du latin *pastor* qui a donné pâtre, pasteur, pastoureau, pastourelle).
2. *Cotte :* jupe de paysanne, plissée par le haut à la ceinture.
3. *Bedford :* frère de Henri V, roi d'Angleterre, et régent de France pour son neveu Henri VI lorsque, après Azincourt, les Anglais furent maîtres de presque tout le royaume.
4. *Los* (lô) : vieux mot qui signifie louange.

\* \*

O toi, pays de Loire où le fleuve étincelle,
Tu la vis accourir, cette rude Pucelle
Qui, portant sa bannière avec le lys dessus,
Combattait dans la plaine au nom du roi Jésus !
Faucheuse, elle venait faucher la moisson mûre,
Et le joyeux soleil dorait sa blanche armure.
Elle pleurait d'offrir des festins aux vautours [1],
Et montait la première aux échelles des tours.
Partout sûre en son cœur de vaincre, Orléans, Troyes,
Malgré le Bourguignon vorace, étaient ses proies.
Lorsqu'elle pénétrait dans ces séjours de rois,
On entendait sonner, dans le vent, les beffrois [2]
Avec de grands cris d'or pleins d'une joie étrange,
Et le peuple ravi la suivait comme un ange.

\* \*

Puis elle retournait, héros insoucieux,
A la bataille, et saint Michel, au haut des cieux
Flamboyants, secouait devant elle son glaive.
Le roi Charles conduit par elle comme en rêve,
Et sacré sous l'azur, dans l'église de Reims ;
Tant de succès hardis, tant d'exploits souverains,
Tant de force, Dunois, Xaintrailles et Lahire
Suivant, joyeux, ce chef de guerre au doux sourire ;
Le grand pays qui met des lys dans son blason [3]
Ressuscité des morts, malgré la trahison :
Tout cela, tant l'Histoire est un muet terrible !
Devait finir, un jour, à ce bûcher horrible
Où la Pucelle meurt dans un rouge brasier.
Et le songeur ne sait s'il doit s'extasier

1. Après le combat, Jeanne pleurait comme un enfant devant les ca-
davres, et on la voyait soigner les ennemis blessés.
2. *Beffroi* : tour qui renferme une cloche prête à sonner l'alarme ;
ce mot désigne souvent la cloche elle-même.
3. *Blason* : ensemble des signes, des armoiries qui composent un écu.
L'écu de France avait trois fleurs de lis d'or en champ d'azur.

Davantage devant l'adorable martyre,
Qu devant la guerrière enfant qu'un peuple admire,
Le rendant à l'honneur après ses lâchetés,
Et dont le sang d'agneau nous a tous rachetés !

THÉODORE DE BANVILLE.
(*Les Exilés.* — Fasquelle, édit.)

ৎ৶ৎ

## Louis XI à Plessis-lez-Tours.

Vivant pour ainsi dire seul au Plessis, sans la reine,
sans ses enfants ; ne voyant guère que ses conseillers, qui
avaient leur logis non au château, mais à Tours, il
s'occupait aussi, dans les intervalles que lui laissaient
les affaires, de son parc, de ses ouvriers, du train intérieur de sa maison. Il avait fait venir de Flandre des
vaches et une laitière, les avait établies près de lui, et
faisait faire sous ses yeux le beurre et le fromage.

Il aimait à se familiariser avec les petites gens, à deviser [1] sans façon avec eux, se plaisant à les mettre à leur
aise, tout autant qu'à troubler les grands par ses menaces
ou ses railleries. Un jour, étant descendu dans les cui-
sines, il y trouva un petit garçon qui tournait la broche ;
cet enfant ne le connaissait pas. « Que gagnes-tu ? lui
dit-il. — Autant que le roi, répondit l'enfant ; lui et moi
gagnons notre vie : Dieu le nourrit et il me nourrit. »
La réponse lui plut ; il le tira de la cuisine, l'attacha au
service de sa personne et lui fit beaucoup de bien.

Une autre fois, sur la parole de son astrologue [2] qui lui

---

1. *Deviser :* s'entretenir familièrement.
2. Prétendu savant qui lisait l'avenir dans les astres. Les *astrologues*
furent en honneur chez les anciens et même chez les modernes. Sous
Louis XI, Catherine de Médicis, Henri III, Henri IV, Anne d'Autriche,
on n'osait rien entreprendre d'important sans consulter les astres ;
dans toute maison considérable, il fallait un astrologue, un fou et un
nain.

« La sottise humaine, dit Arnauld, ne perd jamais ses droits ; ce que
nos pères voyaient dans le ciel, on le cherche aujourd'hui dans un jeu
de cartes, dans le marc de café, ou dans la prédiction d'une cartoman-
cienne. »

avait prédit le beau temps, il était allé à la chasse. Quand
il fut au bois, il rencontra un pauvre homme qui touchait [1] son âne chargé de charbon. On lui demanda s'il
ferait beau, et il annonça qu'il tomberait assurément une
grande pluie. Lorsque le roi fut rentré, bien trempé, il
fit venir le charbonnier : « D'où vient, dit-il, que tu en
sais plus que mon astrologue? — Ah ! Sire, dit celui-ci,
ce n'est pas moi, c'est mon âne ; quand je le vois se gratter et secouer les oreilles, je suis bien sûr qu'il y aura de
l'eau. » Pour lors, ce fut un grand sujet de moquerie
pour le roi, qui reprochait à son astrologue d'en savoir
moins qu'un âne.

Un autre de ses passe-temps, et il s'y était toujours
livré depuis sa jeunesse, lorsqu'il était de loisir, c'était de
rester longtemps à table, à parler tout à son aise, à
raconter des histoires, à en faire dire aux convives, et à se
gausser [2] des uns et des autres. Il ne lui fallait pas grande
et noble compagnie ; à défaut de ceux de ses serviteurs
et de ses conseillers avec qui il était familier, comme
les sires du Lude, d'Argenton, du Bouchage, il faisait
asseoir près de lui des bourgeois et des gens de moindre
condition lorsqu'il les avait pris en gré.

Un riche marchand de la ville de Tours, qu'on nommait
maître Jean, souvent avait été ainsi admis à la table du
roi, qui le traitait au mieux et conversait avec lui. Cet
homme imagina de demander des lettres d'anoblissement.
Quand il les eut, il revint se présenter devant le roi,
vêtu comme un seigneur. Le roi lui tourna le dos ; puis,
le voyant surpris, il lui dit : « Vous étiez le premier
marchand de mon royaume et vous avez voulu en être
le dernier gentilhomme. »

Tout railleur qu'il était, le roi savait endurer la réplique
et aimait les reparties vives et soudaines, lors même
qu'elles s'adressaient à lui. Ayant rencontré l'évêque de
Chartres, monté sur une superbe mule avec un harnais
doré, il lui dit : « On voit bien que nous ne sommes plus

1. Qui frappait son âne pour le faire avancer.
2. *Se gausser de quelqu'un :* se moquer de lui.

au temps de la primitive Église, quand les évêques montaient, comme Notre-Seigneur, sur une ânesse garnie d'un licou. — Ah ! Sire, reprit l'évêque, n'était-ce pas du temps où les rois étaient pasteurs ? »

DE BARANTE.
(*Histoire des ducs de Bourgogne.*)

⌑

### Bayard au pont du Garigliano.

Un jour, s'avisa Pedro de Paz de faire une alarme aux Français, et, avec cent ou cent vingt chevaux, se mit à passer la rivière du Garigliano en un certain lieu où il savait le gué. Et il avait mis, derrière chaque cheval, un homme de pied garni d'arquebuse [1].

Il faisait cette alarme afin que l'armée y courût, qu'on abandonnât le pont et que, ce pendant [2], leur force y vînt et le gagnât. Il exécuta très bien son entreprise, et fit au camp des Français une âpre et chaude alarme où chacun se retirait, croyant que ce fût sous l'effort des Espagnols ; mais non était.

Le bon chevalier, qui désirait toujours être près des coups, s'était logé joignant du pont [3], et, avec lui, un hardi gentilhomme qui se nommait l'écuyer Le Basco, écuyer d'écurie du roi de France Louis douzième, lesquels commencèrent à armer quand ils ouïrent le bruit. S'ils furent bientôt prêts et montés à cheval, ne faut pas le demander, délibérés d'aller où l'affaire était.

Mais le bon chevalier, en regardant par delà la rivière, va aviser environ deux cents chevaux des Espagnols, qui venaient droit au pont pour le gagner [4], ce qu'ils eussent fait sans grande résistance, et cela était la totale des-

---

1. L'homme de pied, monté en croupe du cavalier, portait une arquebuse, arme à feu qui a précédé le mousquet et le fusil.
2. Pendant ce temps.
3. Tout proche du pont.
4. Pour s'emparer du pont, s'en rendre maîtres.

truction de l'armée française. Commença à dire à son
compagnon : « Monseigneur l'écuyer, mon ami, allez
vitement quérir de nos gens pour garder ce pont, ou
nous sommes tous perdus. Ce pendant, je mettrai peine
de les amuser jusques à votre venue, mais hâtez-vous ! »

Ce qu'il fit, et le bon chevalier, la lance au poing,
s'en va au bout dudit pont, où de l'autre côté étaient
déjà les Espagnols prêts à passer. Mais, comme lion
furieux, va mettre sa lance en arrêt, et donna en la troupe
qui était déjà sur ledit pont, de sorte que trois ou quatre
se vont ébranler, desquels en chut [1] deux dans l'eau qui
oncques puis [2] n'en relevèrent, car la rivière était grosse
et profonde.

Cela fait, on lui tailla beaucoup d'affaires, car si durement fut assailli que, sans trop grande chevalerie, n'eût
su résister [3] ; mais, comme un tigre échauffé, s'accula à la
barrière du pont, afin qu'ils ne gagnassent le derrière. Et,
à coups d'épée, se défendit si très bien que les Espagnols
ne savaient que dire, et ne croyaient pas que ce fût un
homme, mais un démon.

Bref, tant bien et si longuement se maintint que
l'écuyer Le Basco, son compagnon, lui amena assez noble
secours, comme de cent hommes d'armes, lesquels arrivés
firent aux dits Espagnols abandonner du tout le pont
et les chassèrent un grand mille de là. Et plus eussent
fait, quand ils aperçurent une grosse troupe de leurs gens,
de sept à huit cents chevaux, qui les venaient secourir.
Dit le bon chevalier à ses hommes : « Messeigneurs, nous
avons aujourd'hui assez fait d'avoir sauvé notre pont ;
retirons-nous le plus serrément que nous pourrons. »

Son conseil fut tenu à bon ; commencèrent à eux retirer le beau pas [4]. Toujours était le bon chevalier le dernier, qui soutenait toute la charge ou la plupart, dont à

---

1. En tomba. Verbe *choir* ; ne se dit guère qu'à l'infinitif et au par-
ticipe passé. D'où le substantif : *une chute.*
2. Qui jamais depuis ne s'en relevèrent.
3. Sans sa grande bravoure, Bayard n'eût pu soutenir le choc des
ennemis.
4. Fièrement et en bon ordre.

la longue se trouva fort pressé à l'occasion de son cheval
qui, si las était, que plus ne se pouvait soutenir, car tout
le jour avait combattu dessus. Vint de rechef une grosse
envahie des ennemis qui, tous d'un floc [1], donnèrent sur
les Français, en façon que aucuns [2] furent versés par
terre. Le cheval du bon chevalier fut acculé contre un
fossé, où il fut environné de vingt ou trente qui criaient :
« Rendez-vous, rendez-vous, seigneur. »

Il combattait toujours et ne savait que dire, sinon :
« Messeigneurs, il me faut bien rendre, car moi tout seul
ne saurais combattre votre puissance. »

Or, étaient déjà fort éloignés ses compagnons, qui se
retiraient droit à leur pont, croyant toujours avoir le bon
chevalier parmi eux. Et, quand ils furent un peu éloignés,
l'un d'entre eux, nommé le chevalier Guiffrey, gentilhomme du Dauphiné et son voisin, commença à dire :
« Hé ! messeigneurs, nous avons tout perdu ! le bon
capitaine Bayard est mort ou pris, car il n'est point avec
nous. N'en saurons-nous autre chose ? Et aujourd'hui il
nous a si bien conduits et fait recevoir tant d'honneur !
Je fais vœu à Dieu que, s'il n'y devait aller que moi seul,
j'y retournerai. Et plutôt serai mort ou pris que je n'en
aie des nouvelles. »

Je ne sais qui de la troupe fut plus marri, quand ils
connurent que le chevalier Guiffrey disait vrai. Chacun
se mit à pied pour resangler son cheval. Puis remon-
tèrent, et, d'un courage invaincu, se vont mettre au grand
galop après les Espagnols, qui emmenaient la fleur et
l'élite de toute gentillesse [3], et seulement par la faute de
son cheval : car, s'il eût autant pu endurer de peine que
lui, jamais il n'eût été pris.

Il faut entendre que, ainsi que les Espagnols se retiraient et qu'ils emmenaient le bon chevalier, pour le
grand nombre qu'ils étaient ne se daignèrent amuser à
le dérober de ses armes, ni lui ôter son épée qu'il avait

1. *Floc* : sorte d'onomatopée indiquant un grand choc.
2. Quelques-uns.
3. De toute la noblesse ; des gentilshommes.

au côté. Bien le dessaisirent d'une hache d'armes qu'il
avait en la main, et, en marchant, toujours lui demandaient qui il était. Lui qui savait bien que, s'il se nommait
par son droit nom, jamais vif il n'échapperait, parce que
plus le redoutaient Espagnols qu'homme de la nation
française, sut bien le changer. Toujours disait-il qu'il
était gentilhomme.

Ce pendant vont arriver les Français, ses compagnons, criant : « France ! France ! Tournez, tournez,
Espagnols ! Ainsi n'emmènerez-vous pas la fleur de chevalerie. »

Auquel cri les Espagnols, combien qu'ils fussent grand
nombre, se trouvèrent étonnés. Néanmoins, d'un visage
assuré reçurent cette lourde charge des Français ; mais ce
ne put si bien être que plusieurs d'entre eux, et des mieux
montés, ne fussent portés par terre.

Quoi voyant, le bon chevalier, qui encore était tout
armé et n'avait fait faute que de cheval, car le sien était
fourbu, mit pied à terre, et, sans le mettre en l'étrier,
remonta sur un gaillard coursier de dessus lequel avait
été jeté par terre, de la main de l'écuyer Le Basco, Sal-
vador de Borgia, lieutenant de la compagnie du marquis
de La Palude, gaillard gentilhomme.

Quand il se vit dessus monté, commença à faire choses
plus que merveilleuses, criant : «France ! France ! Bayard !
Bayard ! que vous avez laissé aller ! »

Quand les Espagnols ouïrent le nom, et la faute qu'ils
avaient faite de lui avoir laissé ses armes après l'avoir
pris, sans dire *recours ou non* [1] (car si une fois eût baillé
la foi, jamais ne l'eût faussée), le cœur leur faillit du
tout, et dirent entre eux : « Tirons outre vers notre camp,
nous ne ferons plus maintenant beau fait. »

Quoi disant, se jetèrent au galop, et les Français, qui
voyaient la nuit approcher, très joyeux d'avoir recouvré
leur vrai guidon d'honneur, s'en retournèrent en liesse

---

1. C'est-à-dire sans lui avoir fait jurer de ne plus combattre, qu'on
vienne ou non pour le délivrer.

en leur camp où, durant huit jours, ne cessèrent de parler de leur belle aventure et mêmement des prouesses du
bon chevalier *.

Le Loyal Serviteur.

*(Traduction Lorédan-Larchey.)*

◦◊◦

## Henri IV.

### PREMIÈRE ÉDUCATION.

Sitôt qu'il fut né, son grand-père, Henri d'Albret, roi
de Navarre, l'emporta dans sa chambre et donna son
testament, qui était dans une boîte d'or, à sa fille en lui
disant : « Ma fille, voilà qui est à vous, et ceci est à moi. »
Quand il tint l'enfant, il frotta ses petites lèvres d'une
gousse d'ail, et lui fit sucer une goutte de vin dans sa
coupe d'or, afin de lui rendre le tempérament plus mâle
et plus vigoureux.

Dans la suite, il ne voulut pas qu'on le nourrît avec
la délicatesse qu'on a d'ordinaire pour les gens de cette
qualité, sachant bien que, dans un corps mou et tendre,
n'habite ordinairement qu'une âme molle et faible.

Il défendit aussi qu'on l'habillât richement, ni qu'on
lui donnât des babioles ; qu'on le flattât et qu'on le traitât
de prince, parce que toutes ces choses ne font que donner
de la vanité, élèvent le cœur des enfants plutôt dans
l'orgueil que dans les sentiments de la générosité. Mais il
ordonna qu'on l'habillât et qu'on le nourrît comme les
autres enfants du pays, et même qu'on l'accoutumât à
courir et à grimper sur les rochers, attendu que, par ce
moyen, on l'habituait à la fatigue, et que, pour ainsi dire,
on donnait une trempe à ce jeune corps pour le rendre
plus dur et plus robuste : ce qui, sans doute, était nécessaire à un prince qui avait à souffrir beaucoup pour recon-
quérir son État.

---

\* **Composition française :** *Raconter la mort de Bayard.*

## SA MORT.

Le lendemain du sacre de la reine, le roi sortit du Louvre, sur les quatre heures du soir, pour aller à l'Arsenal, visiter Sully qui était indisposé, et pour voir, en passant, les apprêts qui se faisaient, sur le pont Notre-Dame et à l'Hôtel de Ville, pour la réception de la reine.

Il était au fond de son carrosse, ayant le duc d'Épernon à son côté ; le duc de Montbazon, le maréchal de Lavardin, Roquelaure, La Force, Mirebeau, et Liancourt, premier écuyer, étaient au devant et aux portières. Son carrosse, entrant de la rue Saint-Honoré dans celle de la Ferronnerie, trouva à la droite une charrette chargée de vin et, à la gauche, une autre chargée de foin, lesquelles faisaient embarras ; il fut contraint de s'arrêter, car la rue est étroite, à cause des boutiques qui sont bâties contre la muraille du cimetière Saint-Innocent.

Le roi Henri II avait, autrefois, ordonné qu'elles fussent abattues pour rendre le passage plus libre ; mais cela ne s'était point exécuté.

Les valets de pied ayant passé sous les charniers Saint-Innocent, pour éviter l'embarras, et n'y ayant personne autour du carrosse, le scélérat qui, depuis longtemps, suivait opiniâtrément le roi pour faire son coup, remarqua le côté où il était, se coula entre les boutiques et le carrosse, se mettant un pied sur un des rayons de la roue et l'autre sur une borne, d'une résolution enragée lui porta un coup de couteau entre la seconde et la troisième côte, un peu au-dessus du cœur.

À ce coup, le roi s'écria : « Je suis blessé ! » Mais le méchant, sans s'effrayer, redoubla et le frappa dans le cœur, dont il mourut tout à l'heure, sans avoir pu jeter qu'un grand soupir. L'assassin était si assuré qu'il donna encore un troisième coup, mais qui ne porta que dans la manche du duc de Montbazon. Après cela il ne se soucia point de s'enfuir, ni de cacher son couteau, mais se

tint là, comme pour se faire voir et pour se glorifier d'un
si bel exploit.

Quand le bruit de cet accident si tragique fut répandu
par tout Paris, et qu'on sut assurément que le roi, qu'on
ne croyait que blessé, était mort, le mélange d'espérance
et de crainte, qui tenait cette grande ville en suspens [1],
éclata tout d'un coup en de hauts cris et en de furieux
gémissements.

Les uns devenaient immobiles et pâmés de douleur ;
les autres couraient les rues tout éperdus ; plusieurs
embrassaient leurs amis sans leur dire chose autre,
sinon : « Ah ! quel malheur ! » Quelques-uns s'enfer-
maient dans leurs maisons ; d'autres se jetaient par terre.

On voyait des femmes échevelées, qui hurlaient et se
lamentaient. Les pères disaient à leurs enfants : « Que de-
viendrez-vous, mes enfants, vous avez perdu votre père! »

Ceux qui avaient plus d'appréhension pour l'avenir, et
qui se souvenaient des horribles calamités des guerres
passées, plaignaient les malheurs de la France et disaient
que le funeste coup qui avait percé le cœur du roi coupait
la gorge à tous les Français. On raconte qu'il y en eut
plusieurs qui en furent si vivement touchés qu'ils en
moururent, quelques-uns sur-le-champ et les autres peu
de jours après.

Enfin, il ne semblait pas que ce fût le deuil de la mort
d'un homme seul, mais de la moitié de tous les hommes.
On eût dit que chacun avait perdu toute sa famille, tout
son bien et toutes ses espérances par la mort de ce grand
roi [*].                                           PÉRÉFIXE.

(*Vie de Henri IV.*)

ᴏ§ᴏ

## Mort de Turenne.

Il monta à cheval le samedi, à deux heures, après avoir
mangé ; et, comme il avait bien des gens avec lui, il les

---

1. *En suspens :* dans l'incertitude.
* **Composition française :** *Rapporter quelqu'une des innombrables
anecdotes concernant le bon roi Henri.*

laissa tous à trente pas de la hauteur où il voulait aller,
et dit au petit d'Elbeuf : « Mon neveu, demeurez là, vous
ne faites que tourner autour de moi, vous me feriez
reconnaître. »

M. d'Hamilton, qui se trouva près de l'endroit où il
allait, lui dit : « Monsieur, venez par ici, on tire du côté
où vous allez. — Monsieur, lui dit-il, vous avez raison, je
ne veux point du tout être tué aujourd'hui, cela sera le
mieux du monde. »

Il eut à peine tourné son cheval qu'il aperçut Saint-
Hilaire, le chapeau à la main, qui lui dit : « Monsieur,
jetez les yeux sur cette batterie que je viens de faire placer là. » M. de Turenne revint, et, dans l'instant, sans
être arrêté, il eut le bras et le corps fracassés du même
coup qui emporta le bras et la main qui tenait le chapeau
de Saint-Hilaire.

Ce gentilhomme, qui le regardait toujours, ne le voit
point tomber ; le cheval l'emporte où il avait laissé le
petit d'Elbeuf ; il n'était point encore tombé ; mais il
était penché, le nez sur l'arçon : dans ce moment, le cheval
s'arrête ; le héros tombe entre les bras de ses gens ; il
ouvre deux fois de grands yeux et la bouche, et demeure
tranquille pour jamais : songez qu'il était mort, et qu'il
avait une partie du cœur emportée.

On crie, on pleure ; M. d'Hamilton fait cesser ce bruit,
et ôter le petit d'Elbeuf qui s'était jeté sur le corps, qui
ne voulait pas le quitter, et qui se pâmait de crier. On
couvre le corps d'un manteau, on le porte dans une haie ;
on le garde à petit bruit ; un carrosse vient, on l'emporte
dans sa tente : ce fut là où M. de Lorges, M. de Roye et
beaucoup d'autres pensèrent mourir de douleur ; mais il
fallut se faire violence, et songer aux grandes affaires qu'on
avait sur les bras.

On lui a fait un service militaire dans le camp, où les
larmes et les cris faisaient le véritable deuil : tous les
officiers pourtant avaient des écharpes de crêpe ; tous les
tambours en étaient couverts ; ils ne battaient qu'un coup ;
les piques traînantes et les mousquets renversés ; mais,

ces cris de toute une armée ne se peuvent pas représenter sans que l'on en soit tout ému.

... On dit que les soldats faisaient des cris qui s'entendaient de deux lieues ; nulle considération ne les pouvait retenir ; ils criaient qu'ils voulaient venger la mort de leur père, de leur général, de leur protecteur, de leur défenseur ; qu'avec lui ils ne craignaient rien, mais qu'ils vengeraient bien sa mort ; qu'on les laissât faire, qu'ils étaient furieux, et qu'on les menât au combat.

M^me DE SÉVIGNÉ.
(*Lettres.*)

∽◊∽

## Bataille de Fontenoy.

L'armée anglo-hollandaise, forte de soixante mille combattants, était sous les ordres du duc de Cumberland. Maurice de Saxe, alors gravement malade, commandait l'armée française et avait la garde du roi et du dauphin.

Les Français, au nombre de quarante-cinq mille hommes, campaient sur la rive droite de l'Escaut ; ils avaient leur centre à Fontenoy, leur droite au village d'Anthouin et leur gauche au bois de Barri. Ce bois, ces villages étaient garnis de canons comme un camp retranché. Le maréchal de Saxe avait établi des redoutes entre Anthouin et Fontenoy ; d'autres redoutes, aux extrémités du bois de Barri, fortifiaient cette enceinte.

On commença à se canonner de part et d'autre à six heures du matin[1]. Les Anglais attaquèrent trois fois Fontenoy, et les Hollandais se présentèrent à deux reprises devant Anthouin. A leur seconde attaque, on vit un escadron hollandais emporté presque tout entier par le canon d'Anthouin : il n'en resta que quinze hommes, et les Hollandais ne se présentèrent plus dès ce moment.

Alors le duc de Cumberland prit une résolution qui pouvait lui assurer le succès de cette journée. Il se détermina à passer entre la redoute du bois de Barri et Fontenoy. Le terrain était escarpé ; il fallait franchir un ravin

1. Le 11 mai 1745.

profond, il fallait essuyer tout le feu de Fontenoy et de la
redoute. L'entreprise était audacieuse ; mais le duc était
réduit alors ou à ne point combattre ou à tenter ce passage.

Les Anglais et les Hanovriens s'avancent avec lui sans
presque déranger leurs rangs, traînant leurs canons à
bras par les sentiers, entre les batteries qui les fou-
droyaient. Des rangs entiers tombaient morts à droite et
à gauche ; ils étaient remplacés aussitôt, et les canons
qu'ils amenaient à bras, vis-à-vis Fontenoy et devant les
redoutes, répondaient à l'artillerie française. En cet état
ils marchaient fièrement, précédés de six pièces d'artillerie et en ayant encore six autres au milieu de leurs
lignes.

Vis-à-vis d'eux se trouvèrent quatre bataillons des
gardes françaises, ayant deux bataillons des gardes
suisses à leur gauche, deux autres régiments à leur droite,
et, plus loin, le régiment du roi qui bordait Fontenoy le
long d'un chemin creux.

On était à cinquante pas de distance. Un régiment des
gardes anglaises et le royal écossais étaient les premiers.
Les officiers anglais saluèrent les Français en ôtant leurs
chapeaux. Le comte de Chabannes, le duc de Biron, qui
s'étaient avancés, et tous les officiers des gardes françaises leur rendirent leur salut. Milord Charles Hay, capitaine aux gardes anglaises, cria : « Messieurs des gardes
françaises, tirez ! »

Le comte d'Auteroche, alors lieutenant des grenadiers
et depuis capitaine, leur dit à voix haute : « Messieurs,
nous ne tirons jamais les premiers : tirez vous-mêmes. »
Les Anglais firent un feu roulant qui renversa cinquante
officiers et huit cent soixante-quatre soldats. Le premier
rang ainsi emporté, les autres se dispersèrent. Les Anglais
avançaient à pas lents, comme faisant l'exercice. On
voyait les majors appuyer leurs cannes sur les fusils des
soldats pour les faire tirer bas et droit. Ils débordèrent le
bois et la redoute. Ce corps, qui auparavant était en trois
divisions, se pressant par la nature du terrain, devint une

colonne longue et épaisse, presque inébranlable par sa masse et plus encore par son courage. Cette colonne avançait lentement, repoussant tous les régiments qui venaient l'un après l'autre se présenter devant elle. Le maréchal de Saxe en vit un, dont les rangs entiers tombaient et qui ne se dérangeait pas. On lui dit que c'était le régiment des vaisseaux, que commandait M. Guerchi. « Comment se peut-il faire, s'écria-t-il, que de telles troupes ne soient pas victorieuses ? »

La bataille paraissait perdue sans ressource ; on conjurait le roi de s'éloigner et on ramenait de tous côtés les canons de campagne. L'intention du maréchal de Saxe était de faire, si l'on pouvait, un dernier effort mieux dirigé et plus plein contre la colonne anglaise. Cette masse d'infanterie avait été endommagée, quoique sa profondeur parût toujours égale ; elle-même était tout étonnée de se trouver au milieu des Français sans avoir de cavalerie ; la colonne était immobile et semblait ne plus recevoir d'ordre ; mais elle gardait une contenance fière et paraissait être maîtresse du champ de bataille. Si les Hollandais avaient passé entre les redoutes qui étaient vers Fontenoy et Anthouin, s'ils étaient venus donner la main aux Anglais, il n'y avait plus de ressource, plus de retraite même pour l'armée française, ni probablement pour le roi et son fils.

Un conseil assez tumultueux se tenait auprès du roi : on le pressait, de la part du général et au nom de la France, de ne pas s'exposer davantage.

Le duc de Richelieu, lieutenant-général, et qui servait en qualité d'aide de camp du roi, arriva en ce moment. Il venait de reconnaître la colonne près de Fontenoy. Ayant ainsi couru de tous côtés sans être blessé, il se présente hors d'haleine, l'épée à la main et couvert de poussière. « Quelle nouvelle apportez-vous ? lui dit le maréchal de Noailles ; quel est votre avis ? — Ma nouvelle, dit le duc de Richelieu, est que la bataille est gagnée si on le veut, et mon avis est qu'on fasse avancer dans l'instant quatre canons contre le front de la colonne ;

pendant que cette artillerie l'ébranlera, la maison du roi
et les autres troupes l'entoureront ; *il faut tomber sur
elle comme des fourrageurs* [1]. »

Le roi et le maréchal de Saxe se rendirent à cette idée.
Quatre pièces sont pointées sur la colonne anglaise ; le
maréchal, malgré sa faiblesse, se transporte sur le champ
de bataille, recommandant à toutes les troupes qu'il rencontre en chemin de ne plus faire de fausses charges et
d'agir de concert.

La colonne ennemie est attaquée à la fois de front
et sur les deux flancs. En sept ou huit minutes,
tout ce corps formidable est ouvert de tous côtés ;
le général Posomby, un nombre prodigieux d'officiers
étaient renversés morts. Les Anglais se rallièrent,
mais ils cédèrent ; ils quittèrent le champ de bataille
sans tumulte, sans confusion, et furent vaincus avec
honneur.

Le roi de France allait de régiment en régiment ; les
cris de victoire et de vive le roi! les chapeaux en l'air, les
étendards et les drapeaux percés de balles, les félicitations réciproques des officiers qui s'embrassaient, formaient un spectacle dont tout le monde jouissait avec
une joie tumultueuse.

Le maréchal de Saxe, au milieu de ce triomphe, se fit
porter vers le roi : il retrouva un reste de force pour
embrasser ses genoux et pour lui dire ces simples paroles :
« Sire, j'ai assez vécu ; je ne souhaitais de vivre aujour-
d'hui que pour voir Votre Majesté victorieuse. Vous
voyez, ajouta-t-il ensuite, à quoi tiennent les batailles. »
Le roi le releva et l'embrassa tendrement.

Cette action décida du sort de la guerre, prépara la
conquête des Pays-Bas, et servit de contrepoids à tous
les événements malheureux. Ce qui rend encore cette
bataille à jamais mémorable, c'est qu'elle fut gagnée lorsque le général, affaibli et presque expirant, ne pouvait

1. Tous ensemble, comme des cavaliers qui fourragent dans un
champ.

plus agir. Le maréchal de Saxe avait fait la disposition et les officiers français remportèrent la victoire *.

VOLTAIRE.

(*Précis du Siècle de Louis XV.*)

о̄ꞁо̄

## Prise de la Bastille.

### (14 JUILLET 1789.)

Depuis neuf heures du matin jusqu'à deux heures, il n'y eut qu'un mot d'ordre, d'un bout de Paris à l'autre : *A la Bastille ! A la Bastille !* Les citoyens s'y rendaient de tous les quartiers par pelotons, armés de fusils, de piques, de sabres. La foule qui l'environnait était déjà considérable ; les sentinelles de la place étaient postées, et les ponts levés comme dans un moment de guerre.

Un député, nommé Thuriot de la Rosière, demanda alors à parler au gouverneur, M. Delaunay. Admis en sa présence, il le somma de changer la direction de ses canons. Le gouverneur répondit que les pièces avaient été de tous temps sur les tours ; qu'il n'était pas en son pouvoir de les faire descendre ; que, du reste, instruit des inquiétudes des Parisiens, il les avait fait retirer de quelques pas et sortir des embrasures.

Thuriot obtint, avec peine, de pénétrer plus avant, et d'examiner si l'état de la forteresse était aussi rassurant pour la ville que le disait le gouverneur. Il trouva, en avançant, trois canons dirigés sur les avenues de la place, et prêts à balayer ceux qui entreprendraient de la forcer. Environ quarante Suisses et quatre-vingts invalides étaient sous les armes. Thuriot les pressa, ainsi que l'état-major de la place, au nom de l'honneur et de la patrie, de ne pas se montrer ennemis du peuple ; les officiers et les

---

* **Composition française :** *Lettre d'un soldat des gardes françaises : il raconte la bataille de Fontenoy et l'épisode du salut échangé entre les Français et les Anglais.*

soldats jurèrent tous de ne pas faire usage de leurs armes s'ils n'étaient point attaqués.

Thuriot monta ensuite sur les tours ; de là, il aperçut une multitude immense qui accourait de toutes parts, et le faubourg Saint-Antoine qui s'avançait en masse. Déjà, au dehors, on était inquiet de ne pas le voir revenir et on le demandait à grands cris. Pour rassurer le peuple, il se montra sur le rebord de la forteresse, et fut salué par des applaudissements qui partirent du jardin de l'Arsenal. Il descendit, rejoignit les siens, leur fit part du résultat de sa mission, et se rendit ensuite au comité [1].

La multitude, impatiente, demandait la reddition de la forteresse. De temps en temps, on entendait s'élever du milieu d'elle ces paroles : *Nous voulons la Bastille ! Nous voulons la Bastille !* Plus résolus que les autres, deux hommes sortirent tout à coup de la foule, s'élancèrent sur un corps de garde, et frappèrent à coups de hache les chaînes du grand pont. Les soldats leur crièrent de se retirer, en les menaçant de faire feu ; mais ils continuèrent à frapper et eurent bientôt brisé les chaînes, abaissé le pont, sur lequel ils se précipitèrent avec la foule. Ils avancèrent vers le second pont pour l'abattre de même. La garnison fit alors une décharge de mousqueterie qui les dispersa. Ils n'en revinrent pas moins à l'attaque, et, pendant plusieurs heures, tous leurs efforts se dirigèrent contre le second pont, dont l'approche était défendue par le feu continuel de la place.

Le peuple, outré de cette résistance opiniâtre, essaya de briser les portes à coups de hache et de mettre le feu au corps de garde ; mais la garnison fit une décharge à mitraille, qui fut meurtrière pour les assiégeants, et qui leur tua ou blessa beaucoup de monde. Ils n'en devinrent que plus ardents ; et, secondés par l'audace et par la constance des braves Hélie et Hulin [2], qui étaient à

1. Réunion d'électeurs parisiens qui, depuis les élections aux États généraux, siégeaient à l'Hôtel de Ville. Après la prise de la Bastille, ils s'emparèrent du pouvoir municipal et nommèrent Bailly maire de Paris.
2. Hulin, sergent dans les gardes françaises, devint plus tard général de division.

leur tête, ils continuèrent le siège avec acharnement.

... Il y avait plus de quatre heures que la Bastille était assiégée, lorsque les gardes françaises survinrent avec du canon. Leur arrivée fit changer le combat de face. La garnison elle-même pressa le gouverneur de se rendre. Le malheureux Delaunay, craignant le sort qui l'attendait, voulut faire sauter la forteresse et s'ensevelir sous ses débris et sous ceux du faubourg. Il s'avança en désespéré, avec une mèche allumée à la main, vers les poudres. La garnison l'arrêta elle-même, arbora le pavillon blanc sur la plate-forme, et renversa ses fusils, canons en bas, en signe de paix.

Mais les assaillants combattaient et s'avançaient toujours en criant : *Abaissez les ponts !* A travers les créneaux, un officier suisse demanda à capituler et à sortir avec les honneurs de la guerre. « Non, non ! » cria la foule. Le même officier proposa de mettre bas les armes si on leur promettait la vie sauve. « Abaissez le pont, lui répondirent les plus avancés des assaillants, il ne vous arrivera rien.» Sur cette assurance, ils ouvrirent la porte, abaissèrent le pont, et les assiégeants se précipitèrent dans la Bastille. Ceux qui étaient à la tête de la multitude voulurent sauver de sa vengeance le gouverneur, les Suisses et les invalides ; mais elle criait : *Livrez-nous-les, livrez-nous-les ; ils ont fait feu sur leurs concitoyens, ils méritent d'être pendus.* Le gouverneur, quelques Suisses et quelques invalides, furent arrachés à la protection de leurs défenseurs et inhumainement mis à mort par la foule implacable.

... Les vainqueurs de la Bastille se dirigèrent ensuite sur l'Hôtel de Ville, en offrant la pompe la plus populaire et la plus effrayante.

Ceux qui s'étaient le plus signalés étaient portés en triomphe et couronnés de lauriers. Ils étaient escortés de plus de quinze cents hommes, les yeux ardents, les cheveux en désordre, ayant toutes sortes d'armes. L'un portait les clefs et le drapeau de la Bastille, l'autre le règlement pendu à la baïonnette de son fusil ; un troisième,

chose horrible, levait, d'une main sanglante, la boucle
du col du gouverneur.

Ce fut dans cet appareil que le cortège des vainqueurs
de la Bastille, suivi d'une foule immense qui inondait la
place et les quais, entra dans la salle de l'Hôtel de Ville,
pour apprendre au comité son triomphe et décider du
sort des prisonniers qui restaient.

MIGNET.

(*Histoire de la Révolution.* — Perrin, édit.)

ⱺ§ⱺ

## Les hommes de quatre-vingt-douze.

La défensive ne va pas à la France. La France n'est
pas un bouclier. La France est une épée vivante. Elle se
portait elle-même à la gorge de l'ennemi.

Chaque jour, mille huit cents volontaires partaient de
Paris, et cela jusqu'à vingt mille ; il y en aurait eu bien
d'autres, si on ne les eût retenus. L'Assemblée fut obligée
d'attacher à leurs ateliers les typographes qui imprimaient
ses séances. Il lui fallut décréter que telles classes
d'ouvriers, les serruriers, par exemple, utiles pour faire
des armes, ne devaient pas partir eux-mêmes. Il ne serait
plus resté personne pour en forger.

Les églises présentaient un spectacle extraordinaire,
tel que, depuis plusieurs siècles, elles n'en offraient plus.
Elles avaient repris le caractère municipal et politique
qu'elles eurent au moyen âge. Les assemblées des sec-
tions[1], qui s'y tenaient, rappelaient celles des anciennes
communes de France ou des municipes[2] italiens, qui
s'assemblaient dans les églises. La cloche, ce grand
instrument populaire, était redevenue ce qu'elle fut alors,
la grande voix de la cité, l'appel au peuple.

---

1. Divisions électorales de la France sous la première République.
2. Nom que les Romains donnaient, dans l'origine, aux villes libres
qui s'étaient adjointes volontairement à la République romaine, tout en
gardant leur liberté, leurs magistrats et leurs lois ; d'où ces magistrats
furent appelés magistrats *municipaux*.

Les églises du moyen âge avaient parfois reçu les foires, les réunions commerciales. En 92, elles offrirent un spectacle analogue (mais moins mercantile [1], plus touchant) : les réunions d'industrie patriotique qui travaillaient pour le salut commun. On y avait rassemblé des milliers de femmes pour préparer les tentes, les habits, les équipements militaires. Elles travaillaient, et elles étaient heureuses, sentant que, dans ce travail, elles couvraient, habillaient leurs pères ou leurs fils. A l'entrée de cette rude campagne d'hiver, qui se préparait pour tant d'hommes jusque-là fixés au foyer, elles réchauffaient d'avance ce pauvre abri du soldat de leur souffle et de leur cœur.

Près de ces ateliers de femmes, les églises mêmes offraient des scènes mystérieuses et terribles, de nombreuses exhumations. Il avait été décidé qu'on emploierait pour l'armée le cuivre et le plomb des cercueils.

Pourquoi non? Et comment a-t-on si cruellement injurié les hommes de 92 pour ce remuement des tombeaux? Quoi donc ! la France des vivants, si près de périr, n'avait pas droit de demander secours à la France des morts et d'en obtenir des armes? S'il faut, pour juger un tel acte, savoir la pensée des morts mêmes, l'historien répondra sans hésiter, au nom de nos pères dont on ouvrit les tombeaux, qu'ils les auraient donnés pour sauver leurs petits-fils. Ah ! si les meilleurs de ces morts avaient été interrogés, si l'on avait pu savoir là-dessus l'avis d'un Vauban, d'un Colbert, d'un Catinat, d'un chancelier L'Hôpital, de tous ces grands citoyens ; si l'on eût consulté l'oracle de celle qui mérite un tombeau, non un autel, la Pucelle d'Orléans,... cette vieille France héroïque aurait répondu : « N'hésitez pas, ouvrez, fouillez ; ce n'est pas assez, nos ossements. Tout ce qui reste de nous, portez-le, sans hésiter, au-devant de l'ennemi. »

... Le sacrifice fut, dans ces jours, véritablement universel, immense et sans bornes. Plusieurs centaines de

---

1. Ce mot a la même origine que marchand, marchandise. Il désigne la tendance à faire argent de tout : *esprit mercantile.*

mille donnèrent leurs corps et leur vie, d'autres leur fortune ; tous, leur cœur, d'un même élan.

Dans les colonnes interminables de ces dons infinis d'un
peuple, relevons telle ligne, au hasard. De pauvres
femmes de la Halle apportent quatre mille francs, le produit apparemment de quelques grossiers joyaux, leur
anneau de mariage?... Plusieurs femmes des départe-
ments, spécialement du Jura, avaient dit que, tous les
hommes partant, elles pourraient monter la garde. C'est
aussi ce qu'offrit, dans l'Assemblée nationale, une mer-
cière de la rue Saint-Martin qui vint avec son enfant. La
mère donne sa croix, un cœur en or et son dé d'argent.
L'enfant, une petite fille, donne ce qu'elle a, une petite
timbale d'argent et une pièce de quinze sols. Ce dé, l'instrument de travail pour la pauvre veuve ; la petite pièce
qui fait toute la fortune de l'enfant !... Ah ! trésor ! Et
comment la France, avec cela, n'aurait-elle pas vaincu ?

Dieu te le rende au ciel, enfant ! C'est avec ton dé
de travail et ta petite pièce d'argent que la France va
lever des armées, gagner des batailles, briser les rois à
Jemmapes... Trésor sans fond... On puisera, et il en restera toujours. Et plus il viendra d'ennemis, plus on en
trouvera encore... Il y en aura, au bout de deux ans,
pour solder nos douze armées.          MICHELET.

(Révolution française.)

✦

## Le vieux sergent.

Près du rouet de sa fille chérie,
Le vieux sergent se distrait de ses maux,
Et, d'une main que la balle a meurtrie,
Berce en riant deux petits-fils jumeaux.
Assis tranquille au seuil du toit champêtre,
Son seul refuge après tant de combats,
Il dit parfois : « Ce n'est pas tout de naître ;
Dieu, mes enfants, vous donne un beau trépas ! »

Mais qu'entend-il? le tambour qui résonne ;
Il voit au loin passer un bataillon.
Le sang remonte à son front qui grisonne :
Le vieux coursier a senti l'aiguillon [1].
Hélas ! soudain tristement il s'écrie :
« C'est un drapeau que je ne connais pas !
Ah ! si jamais vous vengez la patrie,
Dieu, mes enfants, vous donne un beau trépas !

« Qui nous rendra, dit cet homme héroïque,
Aux bords du Rhin, à Jemmapes, à Fleurus,
Ces paysans, fils de la République,
Sur la frontière à sa voix accourus?
Pieds nus, sans pain, sourds aux lâches alarmes,
Tous à la gloire allaient du même pas.
Le Rhin lui seul peut retremper nos armes.
Dieu, mes enfants, vous donne un beau trépas !

« De quel éclat brillaient dans la bataille
Ces habits bleus [2] par la victoire usés !
La liberté mêlait à la mitraille
Des fers rompus et des sceptres brisés [3].
Les nations, reines par nos conquêtes,
Ceignaient de fleurs le front de nos soldats.
Heureux celui qui mourut dans ces fêtes !
Dieu, mes enfants, vous donne un beau trépas !

« Tant de vertu trop tôt fut obscurcie :
Pour s'anoblir nos chefs sortent des rangs ;
Par la cartouche encor toute noircie,
Leur bouche est prête à flatter les tyrans.

1. L'ardeur guerrière du vieux soldat se réveille.
2. A l'époque de la Révolution, on désignait sous le nom de *bleus* les volontaires de la République, à cause de la couleur de leur uniforme. Les royalistes révoltés, qui déployaient le drapeau blanc en Vendée, étaient appelés les *blancs*.
3. Trônes renversés. Le sceptre était un bâton de commandement, marque de la royauté.

La Liberté déserte avec ses armes ;
D'un trône à l'autre ils vont offrir leurs bras ;
A notre gloire on mesure nos larmes [1].
Dieu, mes enfants, vous donne un beau trépas !»

Sa fille alors, interrompant sa plainte,
Tout en filant lui chante à demi-voix
Ces airs proscrits [2] qui, les frappant de crainte,
Ont en sursaut réveillé tous les rois.
« Peuple, à ton tour, que ces chants te réveillent,
Il en est temps ! » dit-il aussi tout bas.
Puis il répète à ses fils qui sommeillent :
« Dieu, mes enfants, vous donne un beau trépas ! »

                                    BÉRANGER.
          (*Chansons.* — Garnier frères, édit.)

∽ ◊ ∽

## Passage du Saint-Bernard par l'armée française.

On se mit en route entre minuit et deux heures du matin, pour devancer l'instant où la chaleur du soleil, faisant
fondre les neiges, précipite des montagnes de glace sur
la tête des voyageurs téméraires qui s'engagent dans
ces gorges affreuses. Il fallait huit heures pour parvenir
au sommet du col, à l'hospice même du Saint-Bernard,
et deux heures seulement pour redescendre à Saint-
Remy. On avait donc le temps de passer avant le moment
du plus grand danger.

Les soldats surmontèrent avec ardeur les difficultés de
cette route. Ils étaient fort chargés, car on les avait
obligés à prendre du biscuit pour plusieurs jours, et, avec
du biscuit, une grande quantité de cartouches. Ils gravissaient ces sentiers escarpés, chantant au milieu des précipices, rêvant la conquête de cette Italie où ils avaient

---

1. Nous payons bien cher la gloire des armes.
2. La *Marseillaise*, les chants révolutionnaires.

goûté tant de fois les jouissances de la victoire, et ayant le noble pressentiment de la gloire immortelle qu'ils allaient acquérir.

Pour les fantassins, la peine était moins grande que pour les cavaliers. Ceux-ci faisaient la route à pied, conduisant leur monture par la bride. C'était sans danger à la montée ; mais, à la descente, le sentier fort étroit les obligeant à marcher devant le cheval, ils étaient exposés, si l'animal faisait un faux pas, à être entraînés avec lui dans les précipices. Il arriva, en effet, quelques accidents de ce genre, mais en petit nombre, et il périt quelques chevaux, mais presque point de cavaliers.

Vers le matin, on parvint à l'hospice, et là une surprise, ménagée par le premier Consul, ranima les forces et la bonne humeur de ces braves troupes. Les religieux, munis d'avance des provisions nécessaires, avaient préparé des tables, et servirent à chaque soldat une ration de pain, de vin et de fromage. Après un moment de repos, on se remit en route, et on se rendit à Saint-Remy sans événement fâcheux.

Chaque jour il devait passer une des divisions de l'armée. L'opération devait donc durer plusieurs jours, surtout à cause du matériel qu'il fallait faire passer avec les divisions. On se mit à l'œuvre pendant que les troupes se succédaient. On fit d'abord voyager les vivres et les munitions. Pour cette partie du matériel qu'on pouvait diviser, placer sur le dos des mulets dans de petites caisses, la difficulté ne fut pas aussi grande que pour le reste.

On s'occupa enfin de l'artillerie. Les affûts et les caissons avaient été démontés et placés sur des mulets. Restaient les pièces de canon elles-mêmes. On imagina de partager par le milieu des troncs de sapin, de les creuser, d'envelopper, avec deux de ces demi-troncs, une pièce d'artillerie, et de la traîner, ainsi enveloppée, le long des ravins. Grâce à ces précautions, aucun choc ne pouvait l'endommager. Des mulets furent attelés à ce singulier fardeau et servirent à élever quelques pièces jusqu'au sommet du col. Mais la descente était plus difficile : on ne pouvait l'opérer qu'à force de bras, et en courant des dangers infinis, parce qu'il fallait retenir la pièce et l'empêcher, en la retenant, de rouler dans les précipices.

Malheureusement les mulets commençaient à manquer. Les muletiers surtout, dont il fallait un grand nombre, étaient épuisés. On songea dès lors à recourir à d'autres moyens. On offrit aux paysans des environs jusqu'à mille francs par pièce de canon qu'ils consentiraient à traîner de Saint-Pierre à Saint-Remy. Il fallait cent hommes pour en traîner une seule, un jour pour la monter, un jour pour la descendre.

Quelques centaines de paysans se présentèrent, et transportèrent en effet quelques pièces de canon, conduits par les artilleurs qui les dirigeaient. Mais l'appât même du gain ne put pas les décider à renouveler cet effort. Ils disparurent tous, et, malgré les officiers envoyés à leur recherche et prodiguant l'argent pour les ramener, il fallut y renoncer et demander aux soldats des divisions de traîner eux-mêmes leur artillerie.

On pouvait tout obtenir de ces soldats dévoués. Pour les encourager, on leur promit l'argent que les paysans épuisés ne voulaient plus gagner ; mais ils refusèrent, disant que c'était un devoir d'honneur pour une troupe que de sauver ses canons, et ils se saisirent des pièces abandonnées. Des troupes de cent hommes, sorties successivement des rangs, les traînaient chacune à son tour. La musique jouait des airs animés dans les passages difficiles, et les encourageait à surmonter ces obstacles d'une nature si nouvelle. Arrivé au faîte des monts, on trouvait les rafraîchissements préparés par les religieux du Saint-Bernard ; on prenait quelque repos, pour recommencer, à la descente, de plus grands et plus périlleux efforts.

On vit même deux divisions, à qui l'heure avancée ne permettait pas de descendre dans la même journée, aimer mieux bivouaquer dans la neige que de se séparer de leurs canons. Heureusement le ciel était serein, et on n'eut pas à braver, outre les difficultés des lieux, les rigueurs du temps.

Bonaparte était encore à Martigny, ne voulant pas traverser le Saint-Bernard qu'il n'eût assisté, de ses propres yeux, à l'expédition des dernières parties du matériel. Il se mit enfin en marche, pour traverser le col, le 20 [1], avant le jour. L'aide de camp Duroc, et son secrétaire, de Bourrienne, l'accompagnaient.

Les arts l'ont dépeint [2] franchissant les neiges des Alpes sur un cheval fougueux ; voici la simple vérité : il gravit le Saint-Bernard monté sur un mulet, revêtu de cette enveloppe grise [3] qu'il a toujours portée, conduit par un guide du pays, montrant dans les passages difficiles la distraction d'un esprit occupé ailleurs, entretenant les officiers répandus sur la route, et puis, par intervalles, interrogeant le conducteur qui l'accompagnait, se faisant conter sa vie, ses plaisirs, ses peines, comme un voyageur oisif qui n'a pas mieux à faire.

Le conducteur, qui était tout jeune, lui exposa naïvement les particularités de son obscure existence, et surtout le chagrin qu'il éprouvait de ne pouvoir, faute d'un peu d'aisance, épouser l'une des filles de cette vallée. Le premier Consul, tantôt l'écoutant, tantôt questionnant les passants dont la montagne était remplie, parvint à l'hospice, où les bons religieux le reçurent avec empressement. A peine descendu de sa monture, il écrivit un billet qu'il confia à son guide, en lui recommandant de le remettre, exactement, à l'administrateur de l'armée resté de l'autre côté du Saint-Bernard. Le soir, le jeune homme, retourné à Saint-Pierre, apprit avec surprise quel puissant voyageur il avait conduit le matin, et sut que le général Bonaparte lui faisait donner un champ, une maison, les moyens de se marier enfin, et de réaliser tous les rêves de sa modeste ambition [4].

Ce montagnard vient de mourir de nos jours, dans son pays, propriétaire du champ que le dominateur du monde

1. Le 20 mai 1800. — 2. Le peintre David a représenté Bonaparte franchissant les Alpes sur un cheval fougueux.
3. La fameuse redingote grise.
4. Le guide se nommait *Pierre Dorsaz* ; il épousa *Eléonore Genoud*, de Saint-Pierre, le 27 novembre 1801.

lui avait donné. Cet acte singulier de bienfaisance, dans un moment de si grande préoccupation, est digne d'attention. Si ce n'est là qu'un pur caprice de conquérant, jetant au hasard le bien ou le mal, tour à tour renversant des empires ou édifiant une chaumière, de tels caprices sont bons à citer, ne serait-ce que pour tenter les maîtres de la terre ; mais un pareil acte révèle autre chose. L'âme humaine, dans ces moments où elle éprouve des désirs ardents, est portée à la bonté : elle fait le bien comme une manière de mériter celui qu'elle sollicite de la Providence*.

A. Thiers.

(Le Consulat et l'Empire. — Jouvet, édit.)

ᴑ◊ᴑ

## L'incendie de Moscou.

Le 14 septembre (1812), Napoléon monta à cheval à quelques lieues de Moscou. Il marchait lentement, avec précaution, faisant sonder devant lui les bois et les ravins, et gagner le sommet de toutes les hauteurs pour découvrir l'armée ennemie. On s'attendait à une bataille : le terrain s'y prêtait ; des ouvrages étaient ébauchés, mais tout avait été abandonné, et l'on n'éprouvait pas la plus légère résistance.

Enfin une dernière hauteur reste à dépasser ; elle touche à Moscou, qu'elle domine : c'est le Mont du Salut. Il s'appelle ainsi parce que, de son sommet, à l'aspect de leur ville sainte, les habitants se signent et se prosternent. Nos éclaireurs l'eurent bientôt couronné.

Il était deux heures ; le soleil faisait étinceler de mille couleurs cette grande cité. A ce spectacle, frappés d'étonnement, ils s'arrêtent ; ils crient : « Moscou ! Moscou ! » Chacun alors presse sa marche ; on accourt en désordre,

---

*Composition française : Le guide de Bonaparte écrit au premier Consul pour le remercier.

et l'armée entière, battant des mains, répète avec transport : « Moscou ! Moscou ! » comme les marins crient
« Terre ! Terre ! » à la fin d'une longue et pénible navi-
gation.

A la vue de cette ville dorée, de ce nœud brillant de
l'Asie et de l'Europe, de ce majestueux rendez-vous où
s'unissaient le luxe, les usages et les arts des deux plus
belles parties du monde, nous nous arrêtâmes, saisis
d'une orgueilleuse contemplation. Quel jour de gloire
était arrivé ! Comme il allait devenir le plus grand, le
plus éclatant souvenir de notre vie entière ! Nous sen-
tions qu'en ce moment toutes nos actions devaient fixer
les yeux de l'univers surpris, et que chacun de nos
moindres mouvements serait historique !

Dans cet instant, dangers, souffrances, tout fut oublié.
Pouvait-on acheter trop cher le superbe bonheur de
pouvoir dire toute sa vie : « J'étais de l'armée de Moscou ! »

Napoléon lui-même était accouru. Il s'arrêta transporté :
une exclamation de bonheur lui échappa ! Mais, chez
l'Empereur, les premiers mouvements étaient courts.
Il avait trop à penser pour se livrer longtemps à ses sen-
sations. Son premier cri avait été : « La voilà donc enfin,
cette ville fameuse ! » et le second fut : « Il était temps ! »

Déjà, depuis une heure, Murat et la colonne longue et
serrée de sa cavalerie envahissaient Moscou ; ils pénétraient
dans ce corps gigantesque, encore intact, mais inanimé [1].
Frappés d'étonnement à la vue de cette grande solitude, ils répondaient à l'imposante taciturnité de cette
Thèbes [2] par un silence aussi solennel. Ces guerriers écou-
taient, avec un secret frémissement, les pas de leurs chevaux retentir, seuls, au milieu de ces palais déserts ;
ils s'étonnaient de n'entendre qu'eux au milieu d'habi-

---

1. Quinze jours avant l'invasion, le départ des archives, des caisses
publiques, du trésor, et celui des nobles et des principaux marchands,
avec ce qu'ils avaient de plus précieux, indiquèrent au reste des habitants
ce qu'ils avaient à faire. Chaque jour le gouverneur Rostopchin, impatient
de voir se vider la capitale, en faisait surveiller l'émigration.

2. *Thèbes* : ville de l'Égypte ancienne, une des cités les plus célèbres
de l'antiquité ; on la surnommait Thèbes aux cent portes.

tations si nombreuses ! Aucun ne songeait à s'arrêter, ni à piller, soit prudence, soit que les grandes nations civilisées se respectent elles-mêmes dans les capitales ennemies, en présence de ces grands centres de civilisation.

On s'avançait ainsi, agité tantôt de surprise, tantôt de pitié, et plus souvent d'un noble enthousiasme.

Napoléon n'entra qu'avec la nuit dans Moscou. Il s'arrêta dans une des premières maisons du faubourg de Dorogomilov. Ce fut là qu'il nomma le maréchal Mortier gouverneur de cette capitale. « Surtout, lui dit-il, point de pillage ! Vous m'en répondez sur votre tête ! Défendez Moscou envers et contre tous ! »

Cette nuit fut triste ; des rapports sinistres se succédaient. Il vint des Français, habitants de ce pays, et même un officier de la police russe, pour dénoncer l'incendie. Il donna tous les détails de ses préparatifs [1]. L'Empereur, ému, chercha vainement quelque repos. A chaque instant il appelait, et se faisait répéter cette fatale nouvelle. Cependant il se retranchait encore dans son incrédulité, quand, vers deux heures du matin, il apprit que le feu éclatait !

C'était au palais marchand, au centre de la ville, dans son plus riche quartier. Aussitôt il donne des ordres ; il les multiplie. Le jour venu, lui-même y court ; il menace la jeune garde et Mortier. Ce maréchal lui montre des maisons couvertes de fer ; elles sont toutes fermées, encore intactes, et sans la moindre effraction ; cependant une fumée noire en sort déjà ! Napoléon, tout pensif, entre dans le Kremlin [2].

A la vue de ce palais, à la fois gothique et moderne, des Romanof et des Rurick, de leur trône encore debout,

---

1. Sur l'ordre de Rostopchin, des fusées et des matières à incendie furent glissées dans toutes les ouvertures favorables, et surtout dans les boutiques couvertes de fer du quartier marchand. On enleva les pompes. Moscou devait être la grande machine infernale dont l'explosion nocturne et subite dévorerait l'Empereur et son armée. Et si l'ennemi échappait à ce danger, du moins n'aurait-il plus d'asile, plus de ressources ; et l'horreur d'un si grand désastre, dont on saurait bien l'accuser, soulèverait toute la Russie.

2. *Le Kremlin* : forteresse et ancienne résidence des tsars.

de cette croix du grand Ivan[1], et de la plus belle partie de la ville que le Kremlin domine, et que les flammes, encore renfermées dans le bazar, semblent devoir respecter, il reprend son premier espoir. Son ambition est flattée de cette conquête ; on l'entend s'écrier : « Je suis donc enfin dans Moscou, dans l'antique palais des Czars ! dans le Kremlin ! » Il en examine tous les détails avec un orgueil curieux et satisfait.

Toutefois il se fait rendre compte des ressources que présente la ville ; et, dans ce court moment, tout à l'espérance, il écrit des paroles de paix à l'empereur Alexandre. Un officier supérieur ennemi venait d'être trouvé dans le grand hôpital ; il fut chargé de cette lettre. Ce fut à la sinistre lueur des flammes du bazar que Napoléon l'acheva et que partit le Russe. Celui-ci dut porter la nouvelle de ce désastre à son souverain, dont cet incendie fut la seule réponse.

Le jour favorisa les efforts du duc de Trévise : il se rendit maître du feu. Les incendiaires se tinrent cachés. On doutait de leur existence. Enfin, des ordres sévères étant donnés, l'ordre rétabli, l'inquiétude suspendue, chacun alla s'emparer d'une maison commode ou d'un palais somptueux, pensant y trouver un bien-être acheté par de si longues et de si excessives privations.

Deux officiers s'étaient établis dans un des bâtiments du Kremlin. De là leur vue pouvait embrasser le nord et l'ouest de la ville. Vers minuit, une clarté extraordinaire les réveille. Ils regardent, et voient des flammes remplir des palais, dont elles illuminent d'abord et font bientôt écrouler l'élégante et noble architecture. Ils remarquent que le vent du nord chasse directement ces flammes sur le Kremlin, et s'inquiètent pour cette enceinte, où reposaient l'élite de l'armée et son chef. Ils craignent aussi pour toutes les maisons environnantes, où nos soldats,

---

1. L'Empire russe eut pour fondateur Rurick, chef des Varègues, au IXe siècle. Ivan IV, le Terrible, prit le premier le titre de tsar et régna de 1533 à 1584 ; Michel Federovitch, premier de cette dynastie des Romanof qui régnèrent si longtemps sur la Russie, naquit en 1613.

nos gens et nos chevaux, fatigués et repus, sont sans
doute ensevelis dans un profond sommeil. Déjà des
flammes et des débris ardents volaient jusque sur les toits
du Kremlin, quand le vent du nord, tournant vers l'ouest,
les chassa dans une autre direction.

Alors, rassuré sur son corps d'armée, l'un de ces officiers se rendormit en s'écriant : « C'est affaire aux autres,
cela ne nous regarde plus ! »

Cependant de vives et nouvelles lueurs réveillent
encore les officiers. Ils voient d'autres flammes s'élever
précisément dans la nouvelle direction que le vent venait
de prendre sur le Kremlin, et ils maudissent l'imprudence
et l'indiscipline françaises qu'ils accusent de ce désastre.
Mais trois fois le vent change ainsi, du nord à l'ouest,
et trois fois ces feux ennemis, vengeurs obstinés, et comme
acharnés contre le quartier impérial, se montrent ardents
à saisir cette nouvelle direction.

A cette vue, un grand soupçon s'empare de leur esprit.
Les Moscovites, connaissant notre téméraire et négligente
insouciance, auraient-ils conçu l'espoir de brûler, avec
Moscou, nos soldats ivres de vin, de fatigue et de sommeil ? Ou plutôt ont-ils osé croire qu'ils envelopperaient
Napoléon dans cette catastrophe ; que la perte de cet
homme valait bien celle de leur capitale ; que c'était un
assez grand résultat pour y sacrifier Moscou tout entière ;
que peut-être le ciel, pour leur accorder une aussi grande
victoire, voulait un aussi grand sacrifice ; et qu'enfin il
fallait, à cet immense colosse, un aussi immense bûcher ?

On ne sait s'ils eurent cette pensée, mais il fallut
l'étoile de l'Empereur pour qu'elle ne se réalisât pas.
En effet, non seulement le Kremlin renfermait, à notre
insu, un magasin à poudre ; mais, cette nuit-là même,
les gardes, endormies et placées négligemment, avaient
laissé tout un parc d'artillerie entrer et s'établir sous les
fenêtres de Napoléon.

C'était l'instant où ces flammes furieuses étaient dar-
dées de toutes parts et avec le plus de violence sur le
Kremlin ; car le vent, sans doute attiré par cette grande

combustion, augmentait à chaque instant d'impétuosité. L'élite de l'armée et l'Empereur étaient perdus, si une seule des flammèches qui volaient sur nos têtes s'était posée sur un seul caisson. C'est ainsi que, pendant plusieurs heures, de chacune des étincelles qui traversaient les airs dépendit le sort de l'armée entière.

Enfin le jour, un jour sombre, parut ; il vint s'ajouter à cette grande horreur, la pâlir, lui ôter son éclat. Beaucoup d'officiers se réfugièrent dans les salles du palais. Les chefs, et Mortier lui-même, vaincus par l'incendie qu'ils combattaient depuis trente-six heures, y vinrent tomber d'épuisement et de désespoir !

Ils se taisaient, et nous nous accusions. Il semblait à la plupart que l'indiscipline et l'ivresse de nos soldats avaient commencé ce désastre, et que la tempête l'achevait. Nous nous regardions nous-mêmes avec une espèce de dégoût. Le cri d'horreur qu'allait jeter l'Europe nous effrayait ! On s'abordait les yeux baissés, consternés d'une si épouvantable catastrophe : elle souillait notre gloire ; elle nous en arrachait le fruit ; elle menaçait notre existence présente et à venir ; nous n'étions plus qu'une armée de criminels dont le ciel et le monde civilisé devaient faire justice ! On ne sortait de cet abîme de pensées, et des accès de fureur qu'on éprouvait contre les incendiaires, que par la recherche avide de nouvelles, qui toutes commençaient à accuser les Russes seuls de ce désastre.

En effet, des officiers arrivaient de toutes parts ; tous s'accordaient. Dès la première nuit, celle du 14 au 15, un globe enflammé s'était abaissé sur le palais du prince Troubetskoï et l'avait consumé ; c'était un signal. Aussitôt le feu avait été mis à la Bourse ; on avait aperçu des soldats de police russe l'attiser avec des lances goudronnées. Ici des obus, perfidement placés, venaient d'éclater dans les poêles de plusieurs maisons ; ils avaient blessé les militaires qui se pressaient autour. Alors, se retirant dans des quartiers encore debout, ils étaient allés se choisir d'autres asiles ; mais, près d'entrer dans ces maisons, toutes closes et inhabitées, ils avaient entendu en sortir une faible explosion ; elle avait été suivie d'une légère fumée, qui aussitôt était devenue épaisse et noire, puis rougeâtre, enfin couleur de feu, et bientôt l'édifice entier s'était abîmé dans un gouffre de flammes !

Tous avaient vu des hommes d'une figure atroce, couverts de lambeaux, et des femmes furieuses errer dans ces flammes, et compléter une épouvantable image de l'enfer ! Ces misérables, enivrés de vin et du succès de leurs crimes, ne daignaient plus se cacher ; ils parcouraient triomphalement ces rues embrasées ; on les surprenait armés de torches, s'acharnant à propager l'incendie ; il fallait leur abattre les mains à coups de sabre pour leur faire lâcher prise. On se disait que ces bandits avaient été déchaînés par les chefs russes pour brûler Moscou ; et qu'en effet, une si grande, une si extrême résolution n'avait pu être prise que par le patriotisme, et exécutée par le crime.

Aussitôt l'ordre fut donné de juger et de fusiller sur place tous les incendiaires. L'armée était sur pied. La vieille garde, qui tout entière occupait une partie du Kremlin, avait pris les armes ; les bagages, les chevaux tout chargés, remplissaient les cours ; nous étions mornes d'étonnement, de fatigue et du désespoir de voir périr un si riche cantonnement. Maîtres de Moscou, il fallait donc aller bivouaquer, sans vivres, à ses portes !

Pendant que nos soldats luttaient encore avec l'incendie, et que l'armée disputait au feu cette proie, Napoléon, dont on n'avait pas osé troubler le sommeil pendant la nuit, s'était éveillé à la double clarté du jour et des flammes. Dans son premier mouvement, il s'irrita, et voulut commander à cet élément ; mais bientôt il fléchit et s'arrêta devant l'impossibilité. Surpris, quand il a frappé au cœur d'un empire, d'y trouver un autre sentiment que celui de la soumission et de la terreur, il se sent vaincu et surpassé en détermination !

Cette conquête, pour laquelle il a tout sacrifié, c'est comme un fantôme qu'il a poursuivi, qu'il a cru saisir,

et qu'il voit s'évanouir dans les airs en tourbillons de
fumée et de flammes ! Alors une extrême agitation
s'empare de lui ; on le croirait dévoré des feux qui l'environnent. A chaque instant il se lève, marche, se rassied
brusquement. Il parcourt ses appartements d'un pas
rapide ; ses gestes courts et véhéments décèlent un trouble
cruel ; il quitte, reprend, et quitte encore un travail pressé,
pour se précipiter à ses fenêtres et contempler les progrès de l'incendie. De brusques et brèves exclamations
s'échappent de sa poitrine oppressée : « Quel effroyable
spectacle ! Ce sont eux-mêmes ! Tant de palais ! Quelle
résolution extraordinaire ! Quels hommes ! Ce sont des
Scythes ! [1] »

Comte DE SÉGUR.<br>(La campagne de Russie.)

◦§◦

## Mil huit cent quatorze.

C'était en 1814 ; c'était le commencement de l'année
et la fin de cette sombre guerre, où notre pauvre armée
défendait l'Empire et l'Empereur, et où la France regardait le combat avec découragement. Soissons venait de se
rendre au Prussien Bulow. Les armées de Silésie et du
Nord y avaient fait leur jonction. Macdonald avait quitté
Troyes et abandonné le bassin de l'Yonne, pour établir sa
ligne de défense de Nogent à Montereau avec trente mille
hommes.

Nous devions attaquer Reims, que l'Empereur voulait
reprendre. Le temps était sombre et la pluie continuelle.
Nous avions perdu, la veille, un officier supérieur qui conduisait des prisonniers. Les Russes l'avaient surpris et
tué dans la nuit précédente, et ils avaient délivré leurs
camarades. Notre colonel, qui était ce qu'on nomme un

---

1. *Scythes :* anciens peuples barbares, pour la plupart nomades, et
cantonnés entre la mer Noire et la mer Caspienne.

*dur à cuire* [1], voulut prendre sa revanche. Nous étions près d'Épernay et nous tournions les hauteurs qui l'environnent. Le soir venait, et, après avoir occupé le jour entier à nous refaire, nous passions près d'un joli château blanc à tourelles, nommé Boursault, lorsque le colonel m'appela. Il m'emmena à part, pendant qu'on formait les faisceaux, et me dit de sa vieille voix enrouée :

« Vous voyez bien là-haut une grange, sur cette colline coupée à pic ; là où se promène ce grand nigaud de factionnaire russe avec son bonnet d'évêque [2] ?

— Oui, oui, dis-je ; je vois parfaitement le grenadier et la grange.

— Eh bien, vous qui êtes un ancien, il faut que vous sachiez que c'est là le point que les Russes ont pris, avant-hier, et qui occupe le plus l'Empereur pour le quart d'heure. Il dit que c'est la clef de Reims, et ça pourrait bien être. En tout cas, nous allons jouer un tour à Woronsoff. A onze heures du soir, vous prendrez deux cents de vos lapins [3], vous surprendrez le corps de garde qu'ils ont établi dans cette grange. Mais, de peur de donner l'alarme, vous enlèverez ça à la baïonnette. »

Il prit et m'offrit une prise de tabac, et, jetant le reste peu à peu, il me dit, en prononçant un mot à chaque grain semé au vent :

« Vous sentez bien que je serai par là, derrière vous, avec ma colonne. Vous n'aurez guère perdu que soixante hommes, vous aurez les six pièces qu'ils ont placées là... Vous les tournerez du côté de Reims... A onze heures... onze heures et demie, la position sera à nous. Et nous dormirons jusqu'à trois heures, pour nous reposer un peu... de la petite affaire de Craonne, qui n'était pas, comme on dit, piquée des vers [4].

— Ça suffit », lui dis-je ; et je m'en allai, avec mon

---

1. Locution familière : vieux soldat qui ne redoute rien. Vulgairement : qui n'a pas froid aux yeux.
2. Sorte de shako ou bonnet qui ressemblait à une mitre d'évêque.
3. Locution familière : hommes braves et vigoureux.
4. Qui n'était pas de mince importance ; qui offrait de sérieuses difficultés.

lieutenant en second, préparer un peu notre soirée. L'essentiel était de ne pas faire de bruit. Je passai l'inspection des armes et je fis enlever, avec le tire-bourre, les cartouches de toutes celles qui étaient chargées. Ensuite, je me promenai quelque temps avec mes sergents, en attendant l'heure.

A dix heures et demie, je leur fis mettre leur capote sur l'habit et le fusil caché sous la capote ; car, quelque chose qu'on fasse, la baïonnette se voit toujours, et, quoiqu'il fît bien sombre, je ne m'y fiais pas. J'avais observé les petits sentiers bordés de haies qui conduisaient au corps de garde russe, et j'y fis monter les plus déterminés gaillards que j'aie jamais commandés. Ils avaient l'habitude des Russes et savaient comment les prendre. Les factionnaires que nous rencontrâmes, en montant, disparurent sans bruit, comme des roseaux que l'on couche par terre avec la main. Celui qui était devant les armes demandait plus de soin. Il était immobile, l'arme au pied et le menton sur son fusil ; le pauvre diable se balançait comme un homme qui s'endort de fatigue et va tomber. Un de mes grenadiers le prit dans ses bras, en le serrant à l'étouffer, et deux autres, l'ayant bâillonné, le jetèrent dans les broussailles.

J'arrivai lentement, et je ne pus me défendre, je l'avoue, d'une certaine émotion que je n'avais jamais éprouvée au moment des autres combats. C'était la honte d'attaquer des gens couchés. Je les voyais, roulés dans leurs manteaux, éclairés par une lanterne sourde, et le cœur me battit violemment. Mais tout à coup, au moment d'agir, je craignis que ce ne fût une faiblesse qui ressemblât à celle des lâches ; j'eus peur d'avoir senti la peur une fois, et, prenant mon sabre caché sous mon bras, j'entrai le premier, brusquement, donnant l'exemple à mes grenadiers.

Je leur fis un geste qu'ils comprirent ; ils se jetèrent d'abord sur les armes, puis sur les hommes, comme des loups sur un troupeau. Oh ! ce fut une boucherie sourde et horrible ! la baïonnette perçait, la crosse assommait, le

genou étouffait, la main étranglait. Tous les cris, à peine
poussés, étaient éteints sous les pieds de nos soldats, et
nulle tête ne se soulevait sans recevoir le coup mortel.

En entrant, j'avais frappé au hasard un coup terrible,
devant moi, sur quelque chose de noir que j'avais traversé d'outre en outre ; un vieil officier, homme grand
et fort, la tête chargée de cheveux blancs, se leva comme
un fantôme, jeta un cri affreux en voyant ce que j'avais
fait, me frappa à la figure d'un coup d'épée violent, et
tomba mort, à l'instant, sous les baïonnettes. Moi, je tombai assis à côté de lui, étourdi du coup porté entre les
yeux, et j'entendis sous moi la voix mourante et tendre
d'un enfant qui disait : « Papa... »

Je compris alors mon œuvre, et j'y regardai avec un
empressement frénétique. Je vis un de ces officiers de
quatorze ans, si nombreux dans les armées russes qui
nous envahirent à cette époque, et que l'on traînait à
cette terrible école. Ses longs cheveux bouclés tombaient
sur sa poitrine, aussi blonds, aussi soyeux que ceux
d'une femme, et sa tête s'était penchée comme s'il n'eût
fait que s'endormir une seconde fois. Ses lèvres roses,
épanouies comme celles d'un nouveau-né, semblaient
encore engraissées par le lait de la nourrice, et ses grands
yeux bleus, entr'ouverts, avaient une beauté de forme
candide, féminine et caressante. Je le soulevai sur un
bras, et sa joue tomba sur ma joue ensanglantée, comme
s'il allait cacher sa tête entre le menton et l'épaule de
sa mère pour se réchauffer. Il semblait se blottir sous
ma poitrine pour fuir ses meurtriers. La tendresse
filiale, la confiance et le repos d'un sommeil délicieux
reposaient sur sa figure morte, et il paraissait me dire :
« Dormons en paix ».

« Est-ce là un ennemi ? » m'écriai-je. — Et ce que Dieu
a mis de paternel, dans les entrailles de tout homme,
s'émut et tressaillit en moi ; je le serrais contre ma poitrine, lorsque je sentis que j'appuyais sur moi la garde
de mon sabre, qui traversait son cœur, et qui avait tué cet
ange endormi. Je voulus pencher ma tête sur sa tête,

mais mon sang le couvrit de larges taches ; je sentis la blessure de mon front, et je me souvins qu'elle m'avait été faite par son père. Je regardai honteusement de côté, et je ne vis qu'un amas de corps, que mes grenadiers tiraient par les pieds et jetaient dehors, ne leur prenant que les cartouches.

En ce moment, le colonel entra, suivi de la colonne dont j'entendis les pas et les armes.

« Bravo ! mon cher, me dit-il, vous avez enlevé ça lestement. Mais vous êtes blessé ?

— Regardez cela, dis-je ; quelle différence y a-t-il entre moi et un assassin ?

— Eh ! mon cher, que voulez-vous ? C'est le métier.

— C'est juste », répondis-je, et je me levai pour aller reprendre mon commandement. L'enfant retomba dans les plis de son manteau, dont je l'enveloppai, et sa petite main, ornée de grosses bagues, laissa échapper une canne de jonc, qui tomba sur ma main comme s'il me l'eût donnée. Je la pris ; je résolus, quels que fussent mes périls à venir, de n'avoir plus d'autre arme, et je n'eus pas l'audace de retirer de sa poitrine mon sabre d'égorgeur.

Je sortis à la hâte de cet antre qui puait le sang, et, quand je me trouvai au grand air, j'eus la force d'essuyer mon front rouge et mouillé. Mes grenadiers étaient à leurs rangs ; chacun essuyait froidement sa baïonnette dans le gazon, et raffermissait sa pierre à feu [1] dans la batterie. Mon sergent-major, suivi du fourrier, marchait devant les rangs, tenant sa liste à la main, et, lisant à la lueur d'un bout de chandelle, planté dans le canon de son fusil comme dans un flambeau, il faisait paisiblement l'appel. Je m'appuyai contre un arbre, et le chirurgien-major vint me bander le front. Une large pluie de mars tombait sur ma tête et me faisait quelque bien. Je ne pus m'empêcher de pousser un profond soupir :

« Je suis las de la guerre, dis-je au chirurgien.

— Et moi aussi », dit une voix grave que je connaissais.

---

1. C'était encore du temps des fusils à pierre.

Je soulevai le bandage de mes sourcils, et je vis, non
pas Napoléon empereur, mais Bonaparte soldat [1]. Il était
seul, triste, à pied, debout devant moi, ses bottes enfoncées dans la boue, son habit déchiré, son chapeau ruisse-
lant par les bords ; il sentait ses derniers jours venus et
regardait autour de lui ses derniers soldats.

Il me considérait attentivement.

« Je t'ai vu quelque part, dit-il, grognard [2] ? »

A ce dernier mot, je sentis qu'il ne me disait là qu'une
phrase banale ; je savais que j'avais vieilli de visage plus
que d'années, et que fatigues, moustaches et blessures
me déguisaient assez.

« Je vous ai vu partout sans être vu, répondis-je.

— Veux-tu de l'avancement ? »

Je dis :

« Il est bien tard. »

Il croisa les bras un moment, sans répondre, puis :

« Tu as raison, va ; dans trois jours, toi et moi nous
quitterons le service. »

Il me tourna le dos et remonta sur son cheval, tenu
à quelques pas. En ce moment, notre tête de colonne
avait attaqué et l'on nous lançait des obus. Il en tomba
un devant le front de ma compagnie, et quelques hommes
se jetèrent en arrière, par un premier mouvement dont
ils eurent honte. Bonaparte s'avança seul, sur l'obus
qui brûlait et fumait devant son cheval, et lui fit flairer
cette fumée. Tout se tut et resta sans mouvement ; l'obus
éclata et n'atteignit personne.

Les grenadiers sentirent la leçon terrible qu'il leur
donnait ; moi, j'y sentis de plus quelque chose qui tenait
du désespoir. La France lui manquait, et il avait douté un
instant de ses vieux braves. Je me trouvai trop vengé, et
lui trop puni de ses fautes par un si grand abandon. Je
me levai avec effort, et, m'approchant de lui, je pris

---

1. Napoléon, dépouillé du prestige impérial, et tel que lorsqu'il n'était
encore qu'un simple lieutenant d'artillerie.

2. Appellation familière que Napoléon appliquait à ses vieux grenadiers. « Ils grognaient, mais ils le suivaient toujours. »

et serrai la main qu'il tendait à plusieurs d'entre nous. —
On battit la charge, et, le lendemain, au jour, Reims fut
repris par nous. Mais, quelques jours après, Paris l'était
par d'autres.                    ALFRED DE VIGNY.

                                 (*La Canne de jonc.*)

❧

## Bugeaud et Abd-el-Kader.

### ENTREVUE DE LA TAFNA.

A neuf heures du matin, on fit halte dans un vallon du
plus riant aspect que baignaient les eaux de la Tafna :
là était le lieu du rendez-vous. Mais on n'y rencontrait
que la solitude, le silence ; pas un cavalier arabe ne se
dessinait à l'horizon. Le soldat se sentit humilié. Il fallut
attendre et l'on attendit longtemps. Les vedettes revenaient sans nouvelles. Habile à s'entourer de prestige,
Abd-el-Kader avait voulu se donner, auprès des siens,
l'avantage d'une supériorité apparente, et le dédain qu'il
affectait, à l'égard du chef des infidèles [1], était un calcul de
sa politique musulmane. Le jour commençait à baisser,
l'émir [2] ne paraissait pas ; et, pendant que, tourné en
gaieté, le mécontentement des troupes s'évaporait de
toutes parts en vives saillies, le général Bugeaud avait
peine à dissimuler sa colère.

Enfin l'approche des Arabes est annoncée. A l'instant
même, les tambours rappellent, les faisceaux se rompent,
chacun court à son poste. Mais, à une lieue de notre
avant-garde, Abd-el-Kader s'était arrêté. Ce fut alors, auprès du général, une succession de messages ayant pour
but de lui apprendre que l'émir était malade, qu'il n'avait
pu se mettre en route que fort tard ; qu'il serait bon, peut-

---

1. Le général Bugeaud, commandant en chef de l'armée française.
2. Mot arabe qui signifie prince, descendant de Mahomet.

être, de renvoyer l'entrevue au lendemain... A bout de patience, et oubliant la dignité de son rang pour n'obéir qu'aux impétueux conseils de son dépit et de son courage, le général Bugeaud laisse au général Laidet le commandement des troupes, et, suivi de son état-major, il se porte en avant.

Presque entièrement composée de cavalerie, l'armée d'Abd-el-Kader figurait un immense triangle dont les angles mouvants s'appuyaient à trois collines. Arrivé au milieu des avant-postes, le général français vit venir à lui un chef de tribu, qui lui montra un coteau sur lequel était l'émir. « Je trouve indécent de la part de ton chef, dit le général Bugeaud à l'Arabe, de me faire attendre si longtemps et venir de si loin. » Et il s'avança résolument.

Alors parut l'escorte de l'émir. Jeunes et beaux, pour la plupart, les chefs arabes étalaient avec faste leurs riches costumes et montaient des chevaux magnifiques. Bien différente était celle du général Bugeaud, à laquelle s'étaient réunis plusieurs membres de l'administration civile, coiffés de la casquette modèle et dans une tenue fort peu militaire.

Un cavalier sortit des rangs. Il portait un burnous grossier, la corde de chameau ; il ne se distinguait point par son costume du dernier des cavaliers ennemis, mais autour de son cheval noir, qu'il enlevait avec beaucoup d'élégance, des Arabes marchaient, tenant le mors de bride et les étriers. C'était Abd-el-Kader. Le général français lui ayant tendu la main, il la lui serra par deux fois, sauta rapidement à terre, et s'assit. Le général prit place près de lui et l'entretien commença.

L'émir était de petite taille. Il avait le visage sérieux et pâle, les traits délicats et légèrement altérés, l'œil ardent. Ses mains, qui jouaient avec un chapelet [1] suspendu à son cou, étaient fines et d'une distinction parfaite. Il parlait avec douceur ; mais il y avait sur ses lèvres

---

[1]. L'éternel chapelet à gros grains d'ambre, dont les Orientaux amusent leur solennelle oisiveté.

et dans l'expression de sa physionomie une certaine affectation de dédain.

La conversation porta naturellement sur la paix qui venait d'être conclue ; et Abd-el-Kader parla de la cessation des hostilités avec une mensongère et fastueuse indifférence. Le général français lui faisait observer que le traité ne pourrait être mis à exécution qu'après avoir été approuvé, mais que la trêve était favorable aux Arabes, puisque, tant qu'elle durerait, on ne toucherait pas à leurs moissons : « Tu peux[1] , dès à présent, les détruire, répondit-il, et je t'en donnerai par écrit, si tu veux, l'autorisation. Les Arabes ne manquent pas de grain. »

L'entretien fini, le général Bugeaud s'était levé et l'émir restait assis. Blessé au vif, le général français le prit alors par la main, et, l'attirant à lui d'un mouvement brusque : « Mais relevez-vous donc ! » Les Français furent charmés de cette inspiration d'une âme impérieuse et intrépide, et les Arabes laissèrent percer leur étonnement. Quant à l'émir, saisi d'un trouble involontaire, il se retourna sans proférer une parole, sauta sur son cheval et regagna les siens.

En même temps, on entendit une puissante clameur que les échos prolongèrent de colline en colline. « Vive le sultan ! » criaient avec enthousiasme les tribus. Un violent coup de tonnerre vint ajouter à l'effet de cette étrange scène, et, se glissant entre les gorges des montagnes, les Arabes disparurent.                LOUIS BLANC.

*(Histoire de dix ans.)*

ᵒ◊ᵒ

### Le clairon.

L'air est pur, la route est large,
Le clairon sonne la charge,

----

1. En Orient, l'usage est de tutoyer tout le monde.

Les zouaves vont chantant,
Et là-haut sur la colline,
Dans la forêt qui domine,
Le Prussien les attend.

Le clairon est un vieux brave,
Et lorsque la lutte est grave,
C'est un rude compagnon ;
Il a vu mainte bataille
Et porte plus d'une entaille,
Depuis les pieds jusqu'au front.

C'est lui qui guide la fête.
Jamais sa fière trompette
N'eut un accent plus vainqueur.
Et de son souffle de flamme,
L'espérance vient à l'âme,
Le courage monte au cœur.

On grimpe, on court, on arrive,
Et la fusillade est vive,
Et les Prussiens sont adroits ;
Quand enfin le cri se jette :
« En marche ! A la baïonnette ! »
Et l'on entre sous le bois.

A la première décharge,
Le clairon sonnant la charge
Tombe frappé sans recours [1] ;
Mais, par un effort suprême,
Menant le combat quand même,
Le clairon sonne toujours.

Et cependant le sang coule ;
Mais sa main, qui le refoule,

---

1. Sans ressource possible, sans espoir de guérison : frappé à mort.

Suspend un instant la mort,
Et de sa note affolée
Précipitant la mêlée,
Le vieux clairon sonne encor.

Il est là, couché sur l'herbe,
Dédaignant, blessé superbe,
Tout espoir et tout secours ;
Et sur sa lèvre sanglante,
Gardant sa trompette ardente,
Il sonne, il sonne toujours.

Puis, dans la forêt pressée,
Voyant la charge lancée,
Et les zouaves bondir,
Alors, le clairon s'arrête...
Sa dernière tâche est faite,
Il achève de mourir.

PAUL DÉROULÈDE.
(*Chants du soldat.* — Calmann-Lévy, édit.)

∽§∾

## Un petit soldat de la grande guerre.

Heureux ceux qui sont morts dans une juste guerre.
Heureux les épis mûrs et les blés moissonnés !
CHARLES PÉGUY.

C'était un enfant comme vous, ardent au travail, ardent au jeu. Doué d'un esprit fin, pénétrant, rapide, s'appliquant avec un égal bonheur aux lettres et aux sciences, toujours au premier rang, mais jamais satisfait de lui-même, il se montrait, à l'époque heureuse des vacances, un cycliste infatigable, un nageur hors de pair, un alpiniste audacieux. Il réalisait un de ces êtres harmonieux qui sont l'élite de notre beau pays: corps solides, riches d'une force élégante et mesurée, intelligences profondes et lumineuses, âmes scrupuleuses et fières, avec la droiture et la rigidité d'une épée.

Quand éclata la guerre, il fut irrésistiblement emporté par un désir passionné : servir... Il voulait servir ! Son père, capitaine de réserve, partait ; son frère aîné partait, son second frère allait partir : lui faudrait-il demeurer, lointain spectateur du drame, penché sur l'humble tâche scolaire? Il sentit qu'il ne le pourrait pas, tout son être se révoltait à la pensée de cette inaction. Mais comment réaliser son rêve? Il atteignait seize ans à peine : il fallait attendre douze longs mois avant de s'engager. Que faire?

Avec une volonté calme, mais inébranlable, il se mit à l'œuvre, ne tenant compte d'aucun obstacle, les yeux uniquement fixés sur le but qu'il voulait atteindre. Puisqu'il ne pouvait rejoindre les armées comme soldat, il les rejoindrait comme boy-scout ! Une fois au front, qui pourrait l'empêcher de se battre? Mais il fallait parvenir au front : dur problème !... Il le résolut. Accumulant supplications, lettres, démarches, il obtint enfin de gagner, dans la région de l'Yser, le régiment où servait son père : minutes d'enthousiasme et de folle ivresse ! Il partit, puéril encore en son costume de boy-scout, blond et fin comme une fillette déguisée, ses yeux clairs tout illuminés d'héroïsme,... il partit, tout seul, le cœur un peu lourd peut-être à la minute suprême, mais soutenu par la plus noble pensée : celle d'accomplir un impérieux devoir.

Et le petit Fernand, l'écolier d'hier, abandonnant versions et théorèmes, fut admis, en qualité de boy-scout, à servir comme agent cycliste de liaison dans le régiment qui là-bas, sur ces immenses plaines boueuses et plates, parmi les brumes du ciel et la vase des marais, opposait un vivant obstacle à la fureur de l'ennemi. Quatre mois durant, de janvier à mai 1915, le petit boy-scout partagea le sort des soldats.

Après cette longue campagne, le régiment fut envoyé dans un autre secteur, et le petit boy-scout dut le quitter. Il avait obtenu la citation suivante, qui lui donna le droit d'arborer la croix de guerre sur sa blouse kaki :

« A été cité à l'ordre du régiment :

« De Rohden, Fernand-Henri, jeune volontaire, a suivi

dès le début, dans sa campagne de Belgique et de France, le 90e territorial, qui s'est trouvé constamment en première ligne. Très ardent, très discipliné, d'une bravoure au-dessus de tout éloge. A su, aux côtés de son père, alors commandant une compagnie du régiment, très vite s'attirer l'estime des officiers et les sympathies des hommes, tout en rendant à son bataillon des services signalés. »

Et, tout aussitôt, obéissant aux désirs de ses parents et de ses maîtres, il se remit au travail, au calme et quotidien travail scolaire : le baccalauréat approchait, il fallait le passer. Avec la même volonté tenace, la même intensité de pensée, le même souci du devoir, il se contraignit aux besognes oubliées, doublant son effort pour regagner le temps passé, et il fut reçu, brillamment reçu... Il avait maintenant dix-sept ans, il allait pouvoir s'engager !...

Une fois, une dernière fois, il alla revoir les contrées qu'il aimait : les religieux déserts des Alpes glacées, l'ombre frissonnante des forêts jurassiennes. Puis il s'engagea, et, selon son vœu, le petit boy-scout fut incorporé au 28e alpins : il rêvait de combattre sur la terre d'Alsace, et de verser son sang pour aider à la revanche.

En septembre 1916, nommé caporal malgré sa jeunesse, il partit enfin pour le front. Ses lettres, ses dernières lettres ne sont plus qu'un chant de triomphe, où s'exalte l'âme la plus joyeusement, la plus héroïquement française.

Puis ce fut le silence, l'écrasant silence qui glace le cœur et remplit l'âme d'épouvante... La France avait perdu un de ses meilleurs fils, cet enfant qui la chérissait d'un si pur et si fervent amour, et qui s'en allait aux combats avec toute sa jeunesse héroïque chantant dans sa voix puérile encore...

Quelques instants avant de tomber, foudroyé par une balle allemande, voici les paroles qu'il prononçait telles que les a transmises son voisin de tranchée :

« Il me confiait ses espérances, et ce qui l'avait poussé à s'engager ; c'était un noble cœur qui mettait l'amour de la patrie au-dessus de l'amour filial, me disant que

*la famille ne pouvait exister sans la patrie, et que pour
sauver l'une il fallait sacrifier l'autre.* »

Comme une couronne orne une tombe, un ordre du
jour salua et glorifia cette mort en ces mots :

« Est cité à l'ordre de la brigade :

« Le caporal de Rohden, très brave gradé qui a été tué
en procédant, sous un feu violent d'artillerie ennemie, à
des préparatifs d'attaque. »

Voilà comment a vécu, comment est mort pour la
France un enfant semblable à vous.

Donnez-lui votre souvenir, votre admiration, votre
tendresse. Ne versez pas de larmes : il ne l'eût pas voulu.
Mais gardez, à jamais imprimés dans vos cœurs, les mots
qu'il prononçait à la minute suprême :

« La famille ne peut exister sans la patrie, et pour
sauver l'une il faut sacrifier l'autre. »

Auguste Bailly.

(*Mon journal.* — Hachette et C<sup>ie</sup>.)

ᵒᐟᵒ

## Morts pour la patrie.

Ceux qui pieusement sont morts pour la patrie
Ont droit qu'à leur cercueil la foule vienne et prie.
Entre les plus beaux noms leur nom est le plus beau.
Toute gloire près d'eux passe et tombe éphémère :
　　　　Et, comme ferait une mère,
La voix d'un peuple entier les berce en leur tombeau.

　　　　Gloire à notre France éternelle !
　　　　Gloire à ceux qui sont morts pour elle !
　　　　Aux martyrs ! aux vaillants ! aux forts !
　　　　A ceux qu'enflamme leur exemple,
　　　　Qui veulent place dans le temple,
　　　　Et qui mourront comme ils sont morts !

Victor Hugo.

(*Les Chants du crépuscule.*)

# QUATRIÈME PARTIE

# PORTRAITS ET CARACTÈRES

Connais-toi toi-même.

ᴏᴊᴏ

## Le Bourgeois gentilhomme.

LE MAITRE DE PHILOSOPHIE — MONSIEUR JOURDAIN.

## I

### LES LETTRES.

LE MAITRE DE PHILOSOPHIE. — Que voulez-vous que je vous apprenne?

M. JOURDAIN. — Apprenez-moi l'orthographe.

LE MAITRE DE PHILOSOPHIE. — Très volontiers.

M. JOURDAIN. — Après, vous m'apprendrez l'almanach, pour savoir quand il y a de la lune et quand il n'y en a point.

LE MAITRE DE PHILOSOPHIE. — Soit. Pour bien suivre votre pensée, et traiter cette matière en philosophe, il faut commencer, selon l'ordre des choses, par une exacte connaissance de la nature des lettres et de la différente manière de les prononcer toutes. Et, là-dessus, j'ai à vous dire que les lettres sont divisées en voyelles, ainsi dites voyelles parce qu'elles expriment les voix ; et en consonnes, ainsi appelées consonnes parce qu'elles sonnent avec les voyelles, et ne font que marquer les diverses articulations des voix. Il y a cinq voyelles ou voix : A, E, I, O, U.

M. JOURDAIN. — J'entends tout cela.

LE MAITRE DE PHILOSOPHIE. — La voix A se forme en ouvrant fort la bouche : A.

M. JOURDAIN. — A, A. Oui.

LE MAITRE DE PHILOSOPHIE. — La voix E se forme en rapprochant la mâchoire d'en bas de celle d'en haut : A, E.

M. JOURDAIN. — A, E ; A, E. Ma foi, oui. Ah ! que cela est beau !

LE MAITRE DE PHILOSOPHIE. — Et la voix I, en rapprochant encore davantage les mâchoires l'une de l'autre, et écartant les deux coins de la bouche vers les oreilles : A, E, I.

M. JOURDAIN. — A, E, I, I, I. Cela est vrai. Vive la science !

LE MAITRE DE PHILOSOPHIE. — La voix O se forme en rouvrant les mâchoires, et rapprochant les lèvres par les deux coins, le haut et le bas : O.

M. JOURDAIN. — O, O. Il n'y a rien de plus juste. A, E, I, O, I, O. Cela est admirable ! I, O ; I, O.

LE MAITRE DE PHILOSOPHIE. — L'ouverture de la bouche fait justement comme un petit rond qui représente un O.

M. JOURDAIN. — O, O, O. Vous avez raison. O. Ah ! la belle chose que de savoir quelque chose !

LE MAITRE DE PHILOSOPHIE. — La voix U se forme en rapprochant les dents sans les joindre entièrement, et allongeant les deux lèvres en dehors, les approchant aussi l'une de l'autre sans les joindre tout à fait : U.

M. JOURDAIN. — U, U. Il n'y a rien de plus véritable : U.

LE MAITRE DE PHILOSOPHIE. — Vos deux lèvres s'allongent comme si vous faisiez la moue : d'où vient que, si vous la voulez faire à quelqu'un et vous moquer de lui, vous ne sauriez lui dire que U.

M. JOURDAIN. — U, U. Cela est vrai. Ah ! que n'ai-je étudié plus tôt pour savoir tout cela !

LE MAITRE DE PHILOSOPHIE. — Demain, nous verrons les autres lettres qui sont les consonnes.

M. JOURDAIN. — Est-ce qu'il y a des choses aussi curieuses qu'à celles-ci ?

LE MAITRE DE PHILOSOPHIE. — Sans doute. La consonne D, par exemple, se prononce en donnant du bout de la langue au-dessus des dents d'en haut : DA.

M. JOURDAIN. — DA, DA. Oui. Ah ! les belles choses ! les belles choses !

LE MAITRE DE PHILOSOPHIE. — L'F, en appuyant les dents d'en haut sur la lèvre de dessous : FA.

M. JOURDAIN. — FA, FA. C'est la vérité. Ah ! mon père et ma mère, que je vous veux de mal !

LE MAITRE DE PHILOSOPHIE. — Et l'R, en portant le bout de la langue jusqu'au haut du palais ; de sorte qu'étant frôlée par l'air qui sort avec force, elle lui cède, et revient toujours au même endroit, faisant une manière de tremblement : R, RA.

M. JOURDAIN. — R, R, RA ; R, R, R, R, R, RA. Cela est vrai. Ah ! l'habile homme que vous êtes, et que j'ai perdu de temps ! R, R, R, RA.

LE MAITRE DE PHILOSOPHIE. — Je vous expliquerai à fond toutes ces curiosités.

## II

### LA PROSE ET LES VERS.

M. JOURDAIN. — Il faut que je vous fasse une confidence. Je suis amoureux d'une personne de grande qualité, et je souhaiterais que vous m'aidassiez à lui écrire quelque chose dans un petit billet que je veux laisser tomber à ses pieds.

LE MAITRE DE PHILOSOPHIE. — Fort bien !

M. JOURDAIN. — Cela sera galant, oui.

LE MAITRE DE PHILOSOPHIE. — Sans doute. Sont-ce de vers que vous lui voulez écrire?

M. JOURDAIN. — Non, non, point de vers.

LE MAITRE DE PHILOSOPHIE. — Vous ne voulez que de la prose?

M. JOURDAIN. — Non, je ne veux ni prose ni vers.

LE MAITRE DE PHILOSOPHIE. — Il faut bien que ce soit l'un ou l'autre.

M. JOURDAIN. — Pourquoi ?

LE MAITRE DE PHILOSOPHIE. — Par la raison, monsieur, qu'il n'y a pour s'exprimer que la prose ou les vers.

M. JOURDAIN. — Il n'y a que la prose ou les vers?

LE MAITRE DE PHILOSOPHIE. — Non, monsieur. Tout ce qui n'est point prose est vers ; et tout ce qui n'est point vers est prose.

M. JOURDAIN. — Et comme l'on parle, qu'est-ce que c'est donc que cela?

LE MAITRE DE PHILOSOPHIE. — De la prose.

M. JOURDAIN. — Quoi ! quand je dis : « Nicole, apportez-moi mes pantoufles et me donnez mon bonnet de nuit », c'est de la prose?

LE MAITRE DE PHILOSOPHIE. — Oui, monsieur.

M. JOURDAIN. — Par ma foi, il y a plus de quarante ans que je dis de la prose sans que j'en susse rien ; et je vous suis le plus obligé du monde de m'avoir appris cela. Je voudrais donc lui mettre dans un billet : *Belle marquise, vos beaux yeux me font mourir d'amour* ; mais je voudrais que cela fût mis d'une manière galante, que cela fût tourné gentiment.

LE MAITRE DE PHILOSOPHIE. — Mettre que les feux de ses yeux réduisent votre cœur en cendres ; que vous souffrez nuit et jour pour elle les violences d'un...

M. JOURDAIN. — Non, non, non ; je ne veux point tout cela. Je ne veux que ce que je vous ai dit : *Belle marquise, vos beaux yeux me font mourir d'amour*.

LE MAITRE DE PHILOSOPHIE. — Il faut bien étendre un peu la chose.

M. JOURDAIN. — Non, vous dis-je. Je ne veux que ces seules paroles-là dans le billet, mais tournées à la mode, bien arrangées comme il faut. Je vous prie de me dire un peu, pour voir, les diverses manières dont on les peut mettre.

LE MAITRE DE PHILOSOPHIE. — On peut les mettre, premièrement, comme vous avez dit : *Belle marquise, vos beaux yeux me font mourir d'amour.* Ou bien : *D'amour mourir me font, belle marquise, vos beaux yeux.* Ou bien : *Vos yeux beaux d'amour me font, belle marquise, mourir.* Ou bien : *Me font vos yeux beaux mourir, belle marquise, d'amour.*

M. JOURDAIN. — Mais, de toutes ces façons-là, laquelle est la meilleure?

LE MAITRE DE PHILOSOPHIE. — Celle que vous avez dite : *Belle marquise, vos beaux yeux me font mourir d'amour.*

M. JOURDAIN. — Cependant je n'ai point étudié, et j'ai fait cela tout du premier coup. Je vous remercie de tout mon cœur, et je vous prie de venir, demain, de bonne heure.

LE MAITRE DE PHILOSOPHIE. — Je n'y manquerai pas.

MOLIÈRE.
(*Le Bourgeois gentilhomme.*)

ంశం

## Le distrait.

Ménalque descend son escalier, ouvre sa porte pour sortir ; il la referme. Il s'aperçoit qu'il est en bonnet de nuit, et, venant à mieux s'examiner, il se trouve rasé à moitié ; il voit que son épée est mise du côté droit, que ses bas sont rabattus sur ses talons, et que sa chemise est par-dessus ses chausses [1].

S'il marche dans les places, il se sent tout d'un coup rudement frapper à l'estomac ou au visage ; il ne soupçonne point ce que ce peut être, jusqu'à ce que, ouvrant les yeux et se réveillant, il se trouve ou devant un limon

---

[1]. *Chausses :* vêtement qui couvrait les cuisses et les jambes ; on distinguait le haut-de-chausses et le bas-de-chausses.

de charrette, ou derrière un long ais de menuiserie que porte un ouvrier sur ses épaules.

On l'a vu, une fois, heurter du front contre celui d'un aveugle, s'embarrasser dans ses jambes, et tomber avec lui, chacun de son côté, à la renverse.

Il entre à l'appartement, et passe sous un lustre, où sa perruque [1] s'accroche et demeure suspendue : tous les courtisans regardent et rient. Ménalque regarde aussi, et rit plus haut que les autres ; il cherche des yeux, dans toute l'assemblée, où est celui qui montre ses oreilles, et à qui il manque une perruque.

S'il y a par la ville, après avoir fait quelque chemin, il se croit égaré ; il s'émeut, et il demande où il est à des passants qui lui disent précisément le nom de sa rue. Il entre ensuite dans sa maison, d'où il sort précipitamment, croyant qu'il s'est trompé.

Il descend du Palais, et, trouvant au bas du grand degré [2] un carrosse qu'il prend pour le sien, il se met dedans : le cocher touche, et croit ramener son maître dans sa maison. Ménalque se jette hors de la portière, traverse la cour, monte l'escalier, parcourt l'antichambre, la chambre, le cabinet. Tout lui est familier, rien ne lui est nouveau ; il s'assied, il se repose, il est chez soi. Le maître arrive : celui-ci se lève pour le recevoir, il le traite fort civilement, le prie de s'asseoir, et croit faire les honneurs de sa chambre ; il parle, il rêve, il reprend la parole. Le maître de la maison s'ennuie, et demeure étonné ; Ménalque ne l'est pas moins, et ne dit pas ce qu'il en pense ; il a affaire à un fâcheux, à un homme oisif, qui se retirera à la fin, il l'espère, et il prend patience. La nuit arrive, qu'il est à peine détrompé.

Une autre fois, il rend visite à une femme ; et, se persuadant bientôt que c'est lui qui la reçoit, il s'établit dans son fauteuil, et ne songe nullement à l'abandonner. Il trouve ensuite que cette dame fait ses visites longues ; il attend à tout moment qu'elle se lève et le laisse en liberté ;

---

1. L'usage de porter perruque était général du temps de Louis XIV.
2. Le grand escalier du Palais : ici le Palais de justice.

mais, comme cela tire en longueur, qu'il a faim, et que la nuit est déjà avancée, il la prie à souper ; elle rit, et si haut, qu'elle le réveille.

Il a une fois perdu au jeu tout l'argent qui est dans sa bourse ; et, voulant continuer de jouer, il entre dans son cabinet, ouvre une armoire, y prend sa cassette, en tire ce qu'il lui plaît, croit la remettre où il l'a prise. Il entend aboyer dans son armoire qu'il vient de fermer ; étonné de ce prodige, il l'ouvre une seconde fois, et il éclate de rire d'y voir son chien qu'il a serré pour sa cassette.

Il joue au trictrac[1], il demande à boire, on lui en apporte ; c'est à lui de jouer : il tient le cornet d'une main et un verre de l'autre ; et, comme il a une grande soif, il avale les dés et presque le cornet, jette le verre d'eau dans le trictrac, et inonde celui contre qui il joue.

Il se promène sur l'eau, et il demande quelle heure il est. On lui présente une montre ; à peine l'a-t-il reçue, que, ne songeant plus ni à l'heure ni à la montre, il la jette dans la rivière, comme une chose qui l'embarrasse.

Lui-même écrit une longue lettre, met de la poudre dessus à plusieurs reprises, et jette toujours la poudre dans l'encrier.

Ce n'est pas tout : il écrit une seconde lettre ; et, après les avoir cachetées toutes deux, il se trompe à l'adresse ; un duc et pair reçoit l'une de ces deux lettres, et en l'ouvrant y lit ces mots : *Maître Olivier, ne manquez, sitôt la présente reçue, de m'envoyer ma provision de foin...* Son fermier reçoit l'autre ; il l'ouvre, et se la fait lire. On y trouve : *Monseigneur, j'ai reçu avec une soumission aveugle les ordres qu'il a plu à Votre Grandeur...*

Lui-même encore écrit une lettre pendant la nuit, et, après l'avoir cachetée, il éteint sa bougie ; il ne laisse pas d'être surpris de ne voir goutte, et il sait à peine comment cela est arrivé.

LA BRUYÈRE.

(*Les Caractères.*)

---

1. Jeu alors très à la mode : on y jouait avec deux dés et trente dames.

☙

### Le grondeur.

## M. GRICHARD. — ARISTE. — LOLIVE.

M. GRICHARD. — Bourreau ! me feras-tu toujou⁻⁻ frapper deux heures à la porte?...

LOLIVE (*arrivant tout essouflé*).—Monsieur, je travaillais au jardin ; au premier coup de marteau, j'ai couru si vite que je suis tombé en chemin.

M. GRICHARD. — Je voudrais que tu te fusses rompu le cou, double chien ! Que ne laisses-tu la porte ouverte ?

LOLIVE. — Eh ! monsieur, vous me grondâtes hier, à cause qu'elle l'était. Quand elle est ouverte, vous vous fâchez ; quand elle est fermée, vous vous fâchez aussi. Je ne sais plus comment faire?

M. GRICHARD. — Comment faire !

ARISTE. — Mon frère, voulez-vous bien...

M. GRICHARD, *l'interrompant.* — Oh ! donnez-vous patience. (*A Lolive.*) Comment faire? coquin !

ARISTE. — Eh ! mon frère, laissez là ce valet, et souffrez que je vous parle de...

M. GRICHARD, *l'interrompant.* — Monsieur mon frère, quand vous grondez vos valets, on vous les laisse gronder en repos.

ARISTE, *à part.* — Il faut lui laisser passer sa fougue.

M. GRICHARD. — Comment faire? infâme !

LOLIVE. — Oh çà ! monsieur, quand vous serez sorti, voulez-vous que je laisse la porte ouverte?

M. GRICHARD. — Non.

LOLIVE. — Voulez-vous que je la tienne fermée?

M. GRICHARD. — Non.

LOLIVE. — Si faut-il [1], monsieur...

M. GRICHARD. — Encore ! tu raisonneras, ivrogne?

ARISTE. — Il me semble, après tout, mon frère, qu'il ne

---

[1] Néanmoins faut-il.

raisonne pas mal ; et l'on doit être bien aise d'avoir un valet raisonnable.

M. GRICHARD. — Et il me semble, à moi, monsieur mon frère, que vous raisonnez fort mal. Oui, l'on doit être bien aise d'avoir un valet raisonnable, mais non pas un valet raisonneur.

LOLIVE, *à part.* — Morbleu ! j'enrage d'avoir raison.

M. GRICHARD. — Te tairas-tu ?

LOLIVE. — Monsieur, je me ferais hacher : il faut qu'une porte soit ouverte ou fermée. Choisissez ; comment la voulez-vous ?

M. GRICHARD. — Je te l'ai dit mille fois, coquin ! Je la veux... je la... Mais voyez ce maraud-là. Est-ce à un valet à me venir faire des questions ? Si je te prends, traître, je te montrerai bien comment je la veux. — (*A Ariste.*) Vous riez, je pense, monsieur le juris-consulte ?

ARISTE. — Moi ? Point. Je sais que les valets ne font jamais les choses comme on leur dit.

M. GRICHARD (*montrant Lolive*). — Vous m'avez pour-tant donné ce coquin-là !

ARISTE. — Je croyais bien faire...

M. GRICHARD. — Je croyais... Sachez, monsieur le rieur, que je croyais n'est pas le langage d'un homme bien sensé.

ARISTE. — Eh ! laissons cela, mon frère, et permettez que je vous parle d'une affaire plus importante, dont je serais bien aise...

M. GRICHARD, *l'interrompant.* — Non, je veux aupara-vant vous faire voir à vous-même comment je suis servi par ce pendard-là, afin que vous ne veniez pas après me dire que je me fâche sans sujet. Vous allez voir, vous allez voir... (*A Lolive.*) As-tu balayé l'escalier ?

LOLIVE. — Oui, monsieur, depuis le haut jusqu'en bas.

M. GRICHARD. — Et la cour ?

LOLIVE. — Si vous y trouvez une ordure comme cela, je veux perdre mes gages.

M. GRICHARD. — Tu n'as pas fait boire la mule ?

LOLIVE. — Ah ! monsieur, demandez-le aux voisins, qui m'ont vu passer.

M. GRICHARD. — Lui as-tu donné l'avoine?

LOLIVE. — Oui, monsieur ; Guillaume y était présent.

M. GRICHARD. — Mais tu n'as point porté ces bouteilles de quinquina où je t'ai dit?

LOLIVE. — Pardonnez-moi, monsieur, et j'ai rapporté les vides.

M. GRICHARD. — Et mes lettres, les as-tu portées à la poste? Hein?...

LOLIVE. — Peste ! monsieur, je n'ai eu garde d'y manquer.

M. GRICHARD. — Je t'ai défendu cent fois de racler ton maudit violon ; cependant j'ai entendu ce matin...

LOLIVE, *l'interrompant*. — Ce matin? Ne vous souvient-il plus que vous me le mîtes hier en mille pièces?

M. GRICHARD. — Je gagerais que ces deux voies de bois sont encore...

LOLIVE, *l'interrompant*. — Elles sont logées, monsieur. Vraiment, depuis cela, j'ai aidé Guillaume à mettre dans le grenier une charretée de foin, j'ai arrosé tous les arbres du jardin, j'ai nettoyé les allées, j'ai bêché trois planches, et j'achevais l'autre quand vous avez frappé.

M. GRICHARD, *à part*. — Oh ! il faut que je chasse ce coquin-là... Jamais valet ne m'a fait enrager comme celui-ci. Il me ferait mourir de chagrin... (*A Lolive.*) Hors d'ici !

LOLIVE, *à Ariste*. — Que diable a-t-il mangé [1]?

ARISTE, *avec douceur*. — Retire-toi *.

BRUEYS et PALAPRAT.
(*Comédies.*)

---

1. Que diable a-t-il mangé? Sur quelle herbe a-t-il marché? En un mot, d'où vient cette humeur bizarre?
* **Composition française :** *Maîtresse et servante. Petite comédie dialoguée.*

## L'avare.

## I

### HARPAGON, LA FLÈCHE.

HARPAGON. — Hors d'ici tout à l'heure, et qu'on ne réplique pas. Allons, que l'on détale de chez moi, maître juré filou, vrai gibier de potence.

LA FLÈCHE, *à part.* — Je n'ai jamais rien vu de si méchant que ce maudit vieillard ; et je pense, sauf correction[1], qu'il a le diable au corps.

HARPAGON. — Tu murmures entre tes dents?

LA FLÈCHE. — Pourquoi me chassez-vous?

HARPAGON. — C'est bien à toi, pendard, à me demander des raisons ! Sors vite, que je ne t'assomme.

LA FLÈCHE. — Qu'est-ce que je vous ai fait?

HARPAGON. — Tu m'as fait que je veux que tu sortes.

LA FLÈCHE. — Votre fils m'a donné ordre de l'attendre.

HARPAGON. — Va-t'en l'attendre dans la rue, et ne sois point dans ma maison, planté tout droit comme un piquet, à observer ce qui se passe et à faire ton profit de tout. Je ne veux point avoir sans cesse devant moi un espion de mes affaires, un traître, dont les yeux maudits assiègent toutes mes actions, dévorent ce que je possède, et furettent de tous côtés pour voir s'il n'y a rien à voler.

LA FLÈCHE. — Comment diantre voulez-vous qu'on fasse pour vous voler? Êtes-vous un homme volable, quand vous renfermez toutes choses, et faites sentinelle jour et nuit?

HARPAGON. — Je veux renfermer ce que bon me semble, et faire sentinelle comme il me plaît. Ne voilà-t-il pas de mes mouchards qui prennent garde à ce qu'on fait? (*Bas, à part.*) Je tremble qu'il n'ait soupçonné quelque chose

---

1. Locution adverbiale, dont on se sert pour adoucir ce qui peut déplaire à ceux devant qui l'on parle et auxquels on veut témoigner du respect, de la déférence. Ainsi emploie-t-on encore, dans nos campagnes, la locution : *sauf votre respect.*

de mon argent. (*Haut.*) Ne serais-tu point homme à faire courir le bruit que j'ai chez moi de l'argent caché?

LA FLÈCHE. — Vous avez de l'argent caché?

HARPAGON. — Non, coquin, je ne dis pas cela. (*Bas.*) J'enrage. (*Haut.*) Je demande si, malicieusement, tu n'irais point faire courir le bruit que j'en ai.

LA FLÈCHE. — Hé! que nous importe que vous en ayez, ou que vous n'en ayez pas, si c'est pour nous la même chose?

HARPAGON, *levant la main pour lui donner un soufflet.* — Tu fais le raisonneur! Je te baillerai [1] de ce raisonnement-ci par les oreilles. Sors d'ici, encore une fois.

LA FLÈCHE. — Eh bien, je sors.

HARPAGON. — Attends : ne m'emportes-tu rien?

LA FLÈCHE. — Que vous emporterais-je?

HARPAGON. — Tiens, viens çà, que je voie. Montre-moi tes mains.

LA FLÈCHE. — Les voilà.

HARPAGON. — Les autres.

LA FLÈCHE. — Les autres?

HARPAGON. — Oui.

LA FLÈCHE. — Les voilà.

HARPAGON, *montrant les hauts-de-chausses de La Flèche.* — N'as-tu rien mis ici dedans?

LA FLÈCHE. — Voyez vous-même.

HARPAGON, *tâtant les hauts-de-chausses.* — Ces grands hauts-de-chausses sont propres à devenir les recéleurs des choses qu'on dérobe ; et je voudrais qu'on en eût fait pendre quelqu'un.

LA FLÈCHE, *à part.* — Ah! qu'un homme comme cela mériterait bien ce qu'il craint, et que j'aurais de joie à le voler !

HARPAGON. — Qu'est-ce que tu parles de voler?

LA FLÈCHE. — Je dis que vous fouilliez bien partout pour voir si je vous ai volé.

HARPAGON. — C'est ce que je veux faire. (*Harpagon fouille dans les poches de la Flèche.*)

---

1. Je te donnerai. Le verbe *bailler* a vieilli.

LA FLÈCHE, *à part.* — La peste soit de l'avarice et des avaricieux !

HARPAGON. — De qui veux-tu parler?

LA FLÈCHE. — Des avaricieux.

HARPAGON. — Et qui sont-ils, ces avaricieux?

LA FLÈCHE. — Des vilains et des ladres.

HARPAGON. — Mais qui est-ce que tu entends par là?

LA FLÈCHE. — Est-ce que vous croyez que je veux parler de vous?

HARPAGON. — Je crois ce que je crois ; mais je veux que tu me dises à qui tu parles quand tu dis cela.

LA FLÈCHE. — Je parle... je parle à mon bonnet.

HARPAGON. — Et moi, je pourrais bien parler à ta barrette [1].

LA FLÈCHE. — Je ne nomme personne.

HARPAGON. — Je te rosserai si tu parles.

LA FLÈCHE. — Qui se sent morveux, qu'il se mouche.

HARPAGON. — Te tairas-tu?

LA FLÈCHE. — Oui, malgré moi. Tenez, voilà encore une poche. Êtes-vous satisfait?

HARPAGON. — Allons, rends-le-moi sans te fouiller.

LA FLÈCHE. — Quoi?

HARPAGON. — Ce que tu m'as pris.

LA FLÈCHE. — Je ne vous ai rien pris du tout.

HARPAGON. — Assurément?

LA FLÈCHE. — Assurément.

HARPAGON. — Adieu. Va-t'en à tous les diables !

LA FLÈCHE, *à part.* — Me voilà bien congédié.

HARPAGON. — Je te le mets sur ta conscience, au moins.

## II

### HARPAGON, VALÈRE, MAITRE JACQUES.

HARPAGON. — Or çà, maître Jacques, approchez-vous ; je vous ai gardé pour le dernier.

---

1. Te souffleter. La barrette était une espèce de petit bonnet plat à l'usage des laquais.

MÁITRE JACQUES. — Est-ce à votre cocher, monsieur, ou bien à votre cuisinier que vous voulez parler? car je suis l'un et l'autre.

HARPAGON. — C'est à tous les deux.

MAITRE JACQUES. — Mais à qui des deux le premier?

HARPAGON. — Au cuisinier.

MAITRE JACQUES. — Attendez donc, s'il vous plaît. (*Maître Jacques ôte sa casaque de cocher et paraît vêtu en cuisinier.*)

HARPAGON. — Quelle diantre de cérémonie est-ce là?

MAITRE JACQUES. — Vous n'avez qu'à parler.

HARPAGON. — Je me suis engagé, maître Jacques, à donner ce soir à souper.

MAITRE JACQUES, *à part.* — Grande merveille!

HARPAGON. — Dis-moi un peu : nous feras-tu bonne chère?

MAITRE JACQUES. — Oui, si vous me donnez bien de l'argent.

HARPAGON. — Que diable, toujours de l'argent! Il semble qu'ils n'aient autre chose à dire : de l'argent, de l'argent, de l'argent! Ah! ils n'ont que ce mot à la bouche : de l'argent! Toujours parler d'argent! Voilà leur épée de chevet [1], de l'argent!

VALÈRE. — Je n'ai jamais vu de réponse plus impertinente que celle-là. Voilà une belle merveille de faire bonne chère avec bien de l'argent! C'est une chose la plus aisée du monde, et il n'y a si pauvre esprit qui n'en fît bien autant ; mais, pour agir en habile homme, il faut parler de faire bonne chère avec peu d'argent.

MAITRE JACQUES. — Bonne chère avec peu d'argent!

VALÈRE. — Oui.

MAITRE JACQUES, *à Valère.* — Par ma foi, monsieur l'intendant, vous nous obligerez de nous faire voir ce secret, et de prendre mon office de cuisinier ; aussi bien vous mêlez-vous céans d'être le factotum [2]!

---

1. Au sens propre : épée qu'on mettait sous son chevet pour se défendre en cas d'attaque nocturne. Au figuré : la chose indispensable, la réponse que l'on fait à toutes les questions, l'arme dont on se sert à tout propos.

2. *Factotum :* celui qui fait, qui dirige tout dans une maison.

HARPAGON. — Taisez-vous. Qu'est-ce qu'il nous faudra ?

MAITRE JACQUES. — Voilà monsieur votre intendant qui vous fera bonne chère pour peu d'argent.

HARPAGON. — Aïe ! je veux que tu me répondes.

MAITRE JACQUES. — Combien serez-vous de gens à table ?

HARPAGON. — Nous serons huit ou dix ; mais il ne faut prendre que huit. Quand il y a à manger pour huit, il y en a bien pour dix.

VALÈRE. — Cela s'entend.

MAITRE JACQUES. — Eh bien, il faudra quatre grands potages et cinq assiettes... Potages... Entrées...

HARPAGON. — Que diable ! voilà pour traiter toute une ville entière.

MAITRE JACQUES. — Rôt...

HARPAGON, *mettant la main sur la bouche de maître Jacques.* — Ah ! traître, tu manges tout mon bien.

MAITRE JACQUES. — Entremets...

HARPAGON, *mettant encore la main sur la bouche de maître Jacques.* — Encore !

VALÈRE, *à maître Jacques.* — Est-ce que vous avez envie de faire crever tout le monde ? Et monsieur a-t-il invité des gens pour les assassiner à force de mangeaille ? Allez-vous-en lire un peu les préceptes de la santé, et demander aux médecins s'il y a rien de plus préjudiciable à l'homme que de manger avec excès.

HARPAGON. — Il a raison.

VALÈRE. — Apprenez, maître Jacques, vous et vos pareils, que c'est un coupe-gorge [1] qu'une table remplie de trop de viandes ; que, pour bien se montrer ami de ceux que l'on invite, il faut que la frugalité règne dans les repas qu'on donne ; et que, suivant le dire d'un ancien : *Il faut manger pour vivre et non pas vivre pour manger* [2].

HARPAGON. — Ah ! que cela est bien dit ! Approche, que

---

1. *Coupe-gorge :* lieu écarté et mal fréquenté où l'on court risque d'être volé ou assassiné.

2. Maxime attribuée à Cicéron : *esse opportet ut vivas, non vivere ut edas.*

je t'embrasse pour ce mot. Voilà la plus belle sentence que j'aie entendue de ma vie : *Il faut vivre pour manger, et non pas manger pour vi...* Non, ce n'est pas cela. Comment est-ce que tu dis ?

VALÈRE. — *Qu'il faut manger pour vivre, et non pas vivre pour manger.*

HARPAGON, *à maître Jacques.* — Oui, entends-tu ? (*A Valère.*) Qui est le grand homme qui a dit cela ?

VALÈRE. — Je ne me souviens pas maintenant de son nom.

HARPAGON. — Souviens-toi de m'écrire ces mots : je les veux faire graver en lettres d'or sur la cheminée de ma salle.

VALÈRE. — Je n'y manquerai pas. Et pour vôtre souper, vous n'avez qu'à me laisser faire ; je réglerai tout cela comme il faut.

HARPAGON. — Fais donc.

MAITRE JACQUES. — Tant mieux ! j'en aurai moins de peine.

HARPAGON, *à Valère.* — Il faudra de ces choses dont on ne mange guère, et qui rassasient d'abord ; quelque bon haricot bien gras, avec quelque pâté en pot bien garni de marrons.

VALÈRE. — Reposez-vous sur moi.

## III

### HARPAGON, MAITRE JACQUES, VALÈRE.

HARPAGON. — Maintenant, maître Jacques, il faut nettoyer mon carrosse.

MAITRE JACQUES. — Attendez ; ceci s'adresse au cocher. (*Maître Jacques remet sa casaque.*) Vous dites...

HARPAGON. — Qu'il faut nettoyer mon carrosse, et tenir mes chevaux tout prêts pour me conduire à la foire...

MAITRE JACQUES. — Vos chevaux, monsieur ! Ma foi, ils ne sont point du tout en état de marcher. Je ne vous dirai point qu'ils sont sur la litière : les pauvres bêtes n'en ont point, et ce serait mal parler ; mais vous leur faites observer des jeûnes si austères que ce ne sont plus rien que des idées ou des fantômes, des façons de chevaux.

HARPAGON. — Les voilà bien malades ! Ils ne font rien.

MAITRE JACQUES. — Et pour ne faire rien, monsieur, est-ce qu'il ne faut rien manger ? Il leur vaudrait bien mieux, les pauvres animaux, de travailler beaucoup, de manger de même. Cela me fend le cœur de les voir ainsi exténués. Car, enfin, j'ai une tendresse pour mes chevaux, qu'il me semble que c'est moi-même quand je les vois pâtir. Je m'ôte tous les jours pour eux les choses de la bouche ; et c'est être, monsieur, d'un naturel trop dur que de n'avoir nulle pitié de son prochain.

HARPAGON. — Le travail ne sera pas grand d'aller jusqu'à la foire.

MAITRE JACQUES. — Non, je n'ai pas le courage de les mener, et je ferais conscience de leur donner des coups de fouet, en l'état où ils sont. Comment voudriez-vous qu'ils traînassent un carrosse ? ils ne peuvent pas se traîner eux-mêmes.

VALÈRE. — Monsieur, j'obligerai le voisin Picard à se charger de les conduire ; aussi bien nous fera-t-il ici besoin pour apprêter le souper.

MAITRE JACQUES. — Soit. J'aime mieux encore qu'ils meurent sous la main d'un autre que sous la mienne.

VALÈRE. — Maître Jacques fait bien le raisonnable !

MAITRE JACQUES. — Monsieur l'intendant fait bien le nécessaire !

HARPAGON. — Paix !

MAITRE JACQUES. — Monsieur, je ne saurais souffrir les flatteurs ; et je vois que ce qu'il en fait, que ses contrôles perpétuels sur le pain et le vin, le bois, le sel et la chandelle, ne sont rien que pour vous gratter [1] et vous faire sa cour. J'enrage de cela, et je suis fâché tous les jours d'entendre ce qu'on dit de vous : car enfin, je me sens

---

1. *Gratter quelqu'un* : dire quelque chose qui lui plaît et à quoi il est fort sensible.

pour vous de la tendresse, en dépit que j'en aie [1] ; et, après mes chevaux, vous êtes la personne que j'aime le plus.

HARPAGON. — Pourrais-je savoir de vous, maître Jacques, ce que l'on dit de moi?

MAITRE JACQUES. — Oui, monsieur, si j'étais assuré que cela ne vous fâchât point.

HARPAGON. — Non, en aucune façon.

MAITRE JACQUES. — Pardonnez-moi ; je sais fort bien que je vous mettrais en colère.

HARPAGON. — Point du tout. Au contraire, c'est me faire plaisir, et je suis bien aise d'apprendre comme on parle de moi.

MAITRE JACQUES. — Monsieur, puisque vous le voulez, je vous dirai franchement qu'on se moque partout de vous, qu'on nous jette de tous côtés cent brocards [2] à votre sujet, et que l'on n'est point plus ravi que de faire sans cesse des contes de votre lésine [3]. L'un dit que vous faites imprimer des almanachs particuliers, où vous faites doubler les quatre-temps [4] et les vigiles, afin de profiter des jeûnes où vous obligez votre monde ; l'autre, que vous avez toujours une querelle toute prête à faire à vos valets, dans le temps des étrennes ou de leur sortie d'avec vous, pour trouver une raison de ne leur donner rien. Celui-là conte qu'une fois vous fîtes assigner [5] le chat d'un de vos voisins pour avoir mangé un reste de gigot de mouton ; celui-ci, que l'on vous surprit, une nuit, en venant dérober vous-même l'avoine de vos chevaux ; et que votre cocher, qui était celui d'avant moi, vous donna, dans l'obscurité, je ne sais combien de coups de bâton dont vous ne voulûtes rien dire. Enfin, voulez-vous que je vous dise? on ne saurait aller nulle part,

1. Quoi que je fasse.
2. Paroles moqueuses et blessantes.
3. Extrême avarice, épargne sordide jusque dans les moindres choses.
4. *Quatre-Temps :* les trois jours où l'Église ordonne de jeûner en chacune des *quatre saisons* de l'année. *Vigiles : veilles* de certaines fêtes de l'Église où l'on doit observer le jeûne.
5. *Assigner :* appeler à comparaître devant le juge.

où l'on ne vous entende accommoder de toutes pièces [1].
Vous êtes la fable et la risée de tout le monde ; et jamais
on ne parle de vous que sous les noms d'avare, de ladre,
de vilain et de fesse-mathieu [2].

HARPAGON, *le battant.* — Vous êtes un sot, un maraud,
un coquin et un impudent.

MAITRE JACQUES. — Eh bien, ne l'avais-je pas deviné?
Vous ne m'avez pas voulu croire. Je vous avais bien dit
que je vous fâcherais de vous dire la vérité.

HARPAGON. — Apprenez à parler.

MOLIÈRE.
(*L'Avare.*)

ᴏᶳᴏ

## Don Juan et son créancier.

DON JUAN ; SGANARELLE ; LA VIOLETTE, *valet
de Don Juan.*

LA VIOLETTE. — Monsieur, voilà votre marchand,
M. Dimanche, qui demande à vous parler.

SGANARELLE. — Bon. Voilà ce qu'il nous faut, qu'un
compliment de créancier [3]. De quoi s'avise-t-il de nous
venir demander de l'argent ; et que ne lui disais-tu que
monsieur n'y est pas?

LA VIOLETTE. — Il y a trois quarts d'heure que je lui
dis ; mais il ne veut pas le croire, et s'est assis là dedans
pour attendre.

SGANARELLE. — Qu'il attende tant qu'il voudra.

DON JUAN. — Non, au contraire, faites-le entrer. C'est
une fort mauvaise politique que de se faire celer [4] aux
créanciers. Il est bon de les payer de quelque chose ; et

---

1. Arranger de la belle façon.
2. Usurier sordide, homme qui prête sur gage.
3. *Compliment de créancier :* par antiphrase, parole désobligeante,
mauvaise nouvelle.
4. Se dérober, se cacher.

j'ai le secret de les renvoyer satisfaits sans leur donner un double [1].

(*Entre M. Dimanche.*)

DON JUAN. — Ah ! monsieur Dimanche, approchez. Que je suis ravi de vous voir ! et que je veux de mal à mes gens de ne vous pas faire entrer d'abord ! J'avais donné ordre qu'on ne me fît parler à personne : mais cet ordre n'est pas pour vous, et vous êtes en droit de ne trouver jamais de porte fermée chez moi.

M. DIMANCHE. — Monsieur, je vous suis fort obligé.

DON JUAN, *à ses laquais.* — Parbleu ! coquins, je vous apprendrai à laisser M. Dimanche dans une antichambre, et je vous ferai connaître les gens.

M. DIMANCHE. — Monsieur, cela n'est rien.

DON JUAN. — Comment ! vous dire que je n'y suis pas, à M. Dimanche, au meilleur de mes amis !

M. DIMANCHE. — Monsieur, je suis votre serviteur. J'étais venu...

DON JUAN. — Allons vite, un siège pour M. Dimanche.

M. DIMANCHE. — Monsieur, je suis bien comme cela.

DON JUAN. — Point, point, je veux que vous soyez assis comme moi.

M. DIMANCHE. — Cela n'est pas nécessaire.

DON JUAN. — Otez ce pliant et apportez un fauteuil.

M. DIMANCHE. — Monsieur, vous vous moquez, et...

DON JUAN. — Non, non, je sais ce que je vous dois ; et je ne veux point qu'on mette de différence entre nous deux.

M. DIMANCHE. — Monsieur...

DON JUAN. — Allons, asseyez-vous.

M. DIMANCHE. — Il n'est pas besoin, monsieur, et je n'ai qu'un mot à vous dire. J'étais...

DON JUAN. — Mettez-vous là, vous dis-je.

M. DIMANCHE. — Non, monsieur, je suis bien. Je viens pour...

---

1. *Double :* petite pièce ronde, de cuivre, qui portait d'un côté la figure du roi et de l'autre trois fleurs de lis. Elle faisait la sixième partie du sou ou *deux deniers.*

DON JUAN. — Non, je ne vous écoute point si vous n'êtes assis.

M. DIMANCHE. — Monsieur, je fais ce que vous voulez. Je...

DON JUAN. — Parbleu, monsieur Dimanche, vous vous portez bien.

M. DIMANCHE. — Oui, monsieur, pour vous rendre service. Je suis venu...

DON JUAN. — Vous avez un fonds de santé admirable, des lèvres fraîches, un teint vermeil et des yeux vifs.

M. DIMANCHE. — Je voudrais bien...

DON JUAN. — Comment se porte M^{me} Dimanche, votre épouse?

M. DIMANCHE. — Fort bien, monsieur, Dieu merci !

DON JUAN. — C'est une brave femme.

M. DIMANCHE. — Elle est votre servante, monsieur. Je venais...

DON JUAN. — Et votre petite fille Claudine, comment se porte-t-elle?

M. DIMANCHE. — Le mieux du monde.

DON JUAN. — La jolie petite fille que c'est ! Je l'aime de tout mon cœur.

M. DIMANCHE. — C'est trop d'honneur que vous lui faites, monsieur. Je vous...

DON JUAN. — Et le petit Colin, fait-il toujours bien du bruit avec son tambour?

M. DIMANCHE. — Toujours de même, monsieur. Je...

DON JUAN. — Et votre petit chien Brusquet, gronde-t-il toujours aussi fort, et mord-il toujours bien aux jambes des gens qui vont chez vous?

M. DIMANCHE. — Plus que jamais, monsieur, et nous ne saurions en chevir [1].

DON JUAN. — Ne vous étonnez pas si je m'informe des nouvelles de toute la famille ; car j'y prends beaucoup d'intérêt.

---

1. *Chevir*, vieux mot : en venir à bout. Ce verbe ne s'emploie plus.

M. DIMANCHE. — Nous vous sommes, monsieur, infiniment obligés. Je...

DON JUAN, *lui tendant la main.* — Touchez donc là, monsieur Dimanche. Êtes-vous bien de mes amis?

M. DIMANCHE. — Monsieur, je suis votre serviteur.

DON JUAN. — Parbleu! je suis à vous de tout mon cœur.

M. DIMANCHE. — Vous m'honorez trop. Je...

DON JUAN. — Il n'y a rien que je ne fasse pour vous.

M. DIMANCHE. — Monsieur, vous avez trop de bonté pour moi.

DON JUAN. — Et cela, sans intérêt, je vous prie de le croire.

M. DIMANCHE. — Je n'ai point mérité cette grâce, assurément. Mais, monsieur...

DON JUAN. — Oh çà, monsieur Dimanche, sans façon, voulez-vous souper avec moi?

M. DIMANCHE. — Non, monsieur, il faut que je m'en retourne tout à l'heure. Je...

DON JUAN, *se levant.* — Allons, vite un flambeau pour conduire M. Dimanche, et que quatre ou cinq de mes gens prennent des mousquetons pour l'escorter.

M. DIMANCHE, *se levant aussi.* — Monsieur, il n'est pas nécessaire, et je m'en irai bien tout seul. Mais...

DON JUAN. — Comment! je veux qu'on vous escorte, et je m'intéresse trop à votre personne. Je suis votre serviteur, et, de plus, votre débiteur.

M. DIMANCHE. — Ah! monsieur...

DON JUAN. — C'est une chose que je ne cache pas, et je le dis à tout le monde.

M. DIMANCHE. — Si...

DON JUAN. — Voulez-vous que je vous reconduise?

M. DIMANCHE. — Ah! monsieur, vous vous moquez! Monsieur...

DON JUAN. — Embrassez-moi donc, s'il vous plaît. Je vous prie encore une fois d'être persuadé que je suis tout à vous, et qu'il n'y a rien au monde que je ne fasse pour votre service.

                                        (*Il sort.*)

SGANARELLE. — Il faut avouer que vous avez en Monsieur un homme qui vous aime bien.

M. DIMANCHE. — Il est vrai ; il me fait tant de civilités et tant de compliments que je ne saurais jamais lui demander de l'argent.

MOLIÈRE.
(*Don Juan.*)

∘◊∘

## Un bon domestique.

C'est un parfait honnête homme que M. Joannetti.

« Morbleu ! lui dis-je un jour, c'est pour la troisième fois que je vous ordonne de m'acheter une brosse ! Quelle tête ! quel animal ! » Il ne répondit pas un mot : il n'avait rien répondu la veille à une pareille incartade. « Il est si exact », disais-je ; je n'y concevais rien. « Allez chercher un linge pour nettoyer mes souliers », lui dis-je en colère.

Pendant qu'il allait, je me repentais de l'avoir ainsi brusqué. Mon courroux passa tout à fait, lorsque je vis le soin avec lequel il tâchait d'ôter la poussière de mes souliers sans toucher à mes bas : j'appuyai ma main sur lui en signe de réconciliation. — « Quoi ! dis-je alors en moi-même, il y a donc des hommes qui décrottent les souliers des autres pour de l'argent ? »

Ce mot d'argent fut un trait de lumière qui vint m'éclairer. Je me ressouvins tout à coup qu'il y avait longtemps que je n'en avais point donné à mon domestique. « Joannetti, lui dis-je en retirant mon pied, avez-vous de l'argent ? » Un demi-sourire de justification parut sur ses lèvres à cette demande. « Non, monsieur, il y a huit jours que je n'ai pas un sou ; j'ai dépensé tout ce qui m'appartenait pour vos petites emplettes. — Et la brosse ? C'est sans doute pour cela ?... » Il sourit encore.

Il aurait pu dire à son maître : « Non, je ne suis point une tête vide, un animal, comme vous avez eu la cruauté de le dire à votre fidèle serviteur. Payez-moi 23 livre-

10 sous 4 deniers que vous me devez, et je vous achèterai
votre brosse. » Il se laissa maltraiter injustement plutôt
que d'exposer son maître à rougir de sa colère.

Que le ciel le bénisse ! Philosophes ! chrétiens ! avez-
vous lu ?

« Tiens, Joannetti, tiens, lui dis-je, cours acheter la
brosse. — Mais, monsieur, voulez-vous rester ainsi avec
un soulier blanc et l'autre noir ? — Va, te dis-je acheter
la brosse ; laisse, laisse cette poussière sur mon soulier. »

Il sortit ; je pris le linge, et je nettoyai délicieusement
mon soulier gauche, sur lequel je laissai tomber une larme
de repentir.

XAVIER DE MAISTRE.
(*Voyage autour de ma chambre.*)

ఠ§౿

## Le carrosse versé.

L'archevêque de Reims [1] revenait hier, fort vite, de
Saint-Germain, c'était comme un tourbillon : il croit bien
être un grand seigneur ; mais ses gens le croient encore
plus que lui.

Ils passaient au travers de Nanterre, tra, tra, tra ; ils
rencontrent un homme à cheval, gare ! gare ! Ce pauvre
homme veut se ranger ; son cheval ne le veut pas ; et
enfin le carrosse et les six chevaux renversent le pauvre
homme et le cheval et passent par-dessus, et si bien par-
dessus que le carrosse en fut versé et renversé.

En même temps, l'homme et le cheval, au lieu de s'amuser à être roués [2] et estropiés, se relèvent miraculeuse-
ment, remontent l'un sur l'autre, et s'enfuient et courent
encore, pendant que les laquais de l'archevêque, et le

---

1. Le Tellier-Louvois. Voir le récit suivant.
2. Ici, écrasés par les roues du carrosse. S'emploie plus communé-
ment pour désigner le supplice de la roue, lequel consistait à attacher
le criminel sur une roue, après lui avoir rompu les bras, les jambes et
les reins.

cocher, et l'archevêque même, se mettent à crier :
« Arrête ! arrête ce coquin ! qu'on lui donne cent coups. »

L'archevêque, en racontant ceci, disait : « Si j'avais
tenu ce maraud-là, je lui aurais rompu les bras et coupé
les oreilles. »

Mme DE SÉVIGNÉ.<br>(Lettres.)

ᴏᵔᴏ

## Un grand seigneur.

On se souvient de la ridicule et excessive vanité de
l'archevêque de Reims, Le Tellier-Louvois, sur son rang
et sa naissance. On sait combien, de son temps, elle était
célèbre dans toute la France ; voici une des occasions où
elle se montra tout entière le plus plaisamment.

Le duc d'A..., absent de la cour depuis plusieurs années,
revenu de son gouvernement du Berri, allait à Versailles. Sa voiture versa et se rompit. Il faisait un froid
très aigu. On lui dit qu'il fallait deux heures pour la
remettre en état. Il vit un relais et demanda pour qui
c'était : on lui dit que c'était pour l'archevêque de Reims
qui allait à Versailles. Il envoya ses gens devant lui, n'en
réservant qu'un auquel il recommanda de ne pas paraître
sans son ordre.

L'archevêque arriva. Pendant qu'on attelait, le duc
charge un des gens de l'archevêque de lui demander une
place pour un honnête homme [1], dont la voiture vient de
se briser, et qui est condamné à attendre deux heures
qu'elle soit rétablie.

Le domestique va et fait la commission. « Quel homme
est-ce ? dit l'archevêque. Est-ce quelqu'un comme il
faut ? — Je le crois, monseigneur, il a un air bien honnête.
— Qu'appelles-tu un air bien honnête ? Est-il bien mis ? —

---

1. Au XVIIe siècle, se disait de celui qui a toutes les qualités propres
à se rendre agréable dans la société. « L'honnête homme est un homme
poli et qui sait vivre. » (BUSSY.)
Ne s'emploie plus guère dans ce sens aujourd'hui.

Monseigneur, simplement, mais bien. — A-t-il des gens ?
— Monseigneur, je l'imagine. — Va-t'en le savoir ! »

Le domestique va et revient : « Monseigneur, il les
a envoyés devant, à Versailles. — Ah ! c'est quelque
chose, mais ce n'est pas tout. Demande-lui s'il est gentilhomme. »

Le laquais va et revient : « Oui, monseigneur, il est
gentilhomme. — A la bonne heure ; qu'il vienne, nous
verrons ce que c'est ? »

Le duc arrive, salue. L'archevêque fait un signe de
tête, se range à peine pour faire une petite place dans
la voiture. Il voit une croix de Saint-Louis [1] : « Monsieur, dit-il au duc, je suis fâché de vous avoir fait attendre,
mais je ne pouvais donner une place dans ma voiture
à un homme de rien, vous en conviendrez. Je sais que
vous êtes gentilhomme. Vous avez servi, à ce que je vois ?
— Oui, monseigneur. — Et vous allez à Versailles ? —
Oui, monseigneur. — Dans les bureaux, apparemment ?
— Non, je n'ai rien à faire dans les bureaux, je vais remercier... — Qui ? M. de Louvois ? — Non, monseigneur, le
roi. — Le roi ! (Ici l'archevêque se recule et fait un peu de
place.) — Le roi vient donc de vous faire quelque grâce
toute récente ? — Non, monseigneur, c'est une longue
histoire. — Contez toujours. — C'est qu'il y a deux ans
j'ai marié ma fille à un homme peu riche (l'archevêque
reprend un peu de l'espace qu'il a cédé dans sa voiture),
mais d'un très grand nom (l'archevêque recède sa place). »

Le duc continue : « Sa Majesté avait bien voulu s'intéresser à ce mariage (l'archevêque fait beaucoup de
place), et avait même promis à mon gendre le premier
gouvernement qui vaquerait. — Comment donc ? Un
petit gouvernement, sans doute ? De quelle ville ? —
Ce n'est pas seulement d'une ville, monseigneur, c'est
d'une province ! — Ouais ! dit l'archevêque en reculant
dans l'angle de la voiture ; d'une province ! — Oui,
et il va y en avoir un de vacant. — Lequel donc ? —

---

1. Ordre de chevalerie, décoration militaire accordée sous l'ancienne
monarchie.

Le mien, celui du Berri que je veux faire passer à mon gendre. — Quoi ! monsieur, vous êtes gouverneur... Vous êtes donc le duc de... » Et il veut descendre de voiture.

« Mais, monsieur le duc, que ne parliez-vous ? Mais cela est incroyable ; mais à quoi m'exposiez-vous ? Pardon de vous avoir fait attendre... Ce maraud de laquais qui ne me dit pas... Je suis bien heureux encore d'avoir cru, sur votre parole, que vous étiez gentilhomme : tant de gens se disent l'être ! et puis ce d'Hozier [1] est un fripon ! Ah ! monsieur le duc, je suis confus. — Remettez-vous, monseigneur. Pardonnez à votre laquais, qui s'est contenté de vous dire que j'étais un honnête homme ; pardonnez à d'Hozier qui vous exposait à recevoir, dans votre voiture, un vieux militaire non titré ; pardonnez-moi aussi de n'avoir pas commencé par faire mes preuves pour monter dans votre carrosse. »

CHAMFORT.<br>(Caractères et anecdotes.)

ఌ

## Le médecin malgré lui.

VALÈRE, *domestique chez Géronte* ; SGANARELLE [2], *bûcheron* ; LUCAS, *mari de la nourrice*.

VALÈRE. — Monsieur, n'est-ce pas vous qui vous appelez Sganarelle ?

---

1. D'Hozier (Pierre), né à Marseille en 1592, l'un des cent gentils-hommes de la maison du roi, fut le créateur de la science généalogique.
Son fils, Charles-René, a été généalogiste de la maison du roi Louis XIV et garde de l'armorial de France. Ce nom est devenu d'un usage courant pour désigner ceux qui s'occupent de recherches généalogiques.
2. Sganarelle est un bûcheron qui volontiers s'enivre et bat sa femme. Celle-ci se venge des mauvais traitements de son mari en lui adressant Valère et Lucas qui sont à la recherche d'un médecin. « C'est un homme extraordinaire, leur dit-elle, qui tient sa science renfermée ; et sa bizarrerie est parfois si grande que ce n'est qu'à force de coups qu'il consent à être médecin. » Valère et Lucas ajoutent foi à ces paroles et vont trouver Sganarelle dans les bois.

SGANARELLE. — Eh quoi?

VALÈRE. — Je vous demande si **ce** n'est pas vous. qui vous nommez Sganarelle?

SGANARELLE. — Oui et non, selon ce que vous lui voulez.

VALÈRE. — Nous ne voulons que lui faire toutes les civilités que nous pourrons.

SGANARELLE. — En ce cas, c'est moi qui me nomme Sganarelle.

VALÈRE. — Monsieur, nous sommes ravis de vous voir. On nous a adressés à vous pour ce que nous cherchons, et nous venons implorer votre aide dont nous avons besoin.

SGANARELLE. — Si c'est quelque chose, messieurs, qui dépende de mon petit négoce, je suis tout prêt à vous rendre service.

VALÈRE. — Monsieur, c'est trop de grâce que vous nous faites. Mais, monsieur, couvrez-vous, s'il vous plaît, le soleil pourrait vous incommoder.

LUCAS. — Monsieur, boutez dessus **1**.

SGANARELLE, *bas*. — Voici des gens bien pleins de cérémonies.

(*Il se couvre.*)

VALÈRE. — Monsieur, il ne faut pas trouver étrange que nous venions à vous ; les habiles gens sont toujours recherchés, et nous sommes instruits de votre capacité.

SGANARELLE. — Il est vrai, messieurs, je suis le premier homme du monde pour faire des fagots.

VALÈRE. — Ah ! monsieur...

SGANARELLE. — Je n'y épargne aucune chose, et les fais d'une façon qu'il n'y a rien à dire.

VALÈRE. — Monsieur, ce n'est pas cela dont il est question.

SGANARELLE. — Mais aussi, je les vends cent dix sols le cent.

VALÈRE. — Ne parlons point de cela, s'il vous plaît.

---

.1. *Boutez dessus :* mettez votre chapeau ; couvrez-vous. Bouter n'est plus employé dans ce sens.

SGANARELLE. — Je vous promets que je ne saurais les donner à moins.

VALÈRE. — Monsieur, nous savons les choses.

SGANARELLE. — Si vous savez les choses, vous savez que je les vends cela.

VALÈRE. — Faut-il, monsieur, qu'une personne comme vous s'amuse à ces grossières feintes [1], s'abaisse à parler de la sorte? qu'un homme si savant, un fameux médecin comme vous êtes, veuille se déguiser aux yeux du monde, et tenir enterrés les beaux talents qu'il a?

SGANARELLE, *à part.* — Il est fou.

VALÈRE. — De grâce, monsieur, ne dissimulez point avec nous.

SGANARELLE. — Comment?

LUCAS. — Tout ce tripotage ne sart de rian ; je savons çen que je savons.

SGANARELLE. — Quoi donc ! que me voulez-vous dire? Pour qui me prenez-vous?

VALÈRE. — Pour ce que vous êtes, pour un grand médecin.

SGANARELLE. — Médecin vous-même ; je ne le suis point, et ne l'ai jamais été.

VALÈRE, *bas.* — Voilà sa folie qui le tient. (*Haut.*) Monsieur, ne veuillez point nier les choses davantage, et n'en venons point, s'il vous plaît, à de fâcheuses extrémités.

SGANARELLE. — A quoi donc?

VALÈRE. — A de certaines choses dont nous serions marris.

SGANARELLE. — Parbleu ! venez-en à tout ce qu'il vous plaira ; je ne suis point médecin, et ne sais ce que vous me voulez dire.

VALÈRE, *bas.* — Je vois bien qu'il faut se servir du remède. (*Haut.*) Monsieur, encore un coup, je vous prie d'avouer ce que vous êtes.

LUCAS. — Et ! tètigué ! ne lantiponez [2] point davan-

---

1. *Feinte :* déguisement, artifice ; *parler sans feinte.*
2. Ne lanternez pas davantage.

tage, et confessez à la tranquette que v's'êtes médecin !

SGANARELLE, *à part.* — J'enrage.

VALÈRE. — A quoi bon nier ce qu'on sait?

LUCAS. — Pourquoi toutes ces fraimes-là[1] ? A quoi est-ce que ça vous sart?

SGANARELLE. — Messieurs, en un mot, autant qu'en deux mille, je vous dis que je ne suis point médecin.

VALÈRE. — Vous n'êtes point médecin?

SGANARELLE. — Non.

LUCAS. — V'n'êtes pas médecin?

SGANARELLE. — Non, vous dis-je.

VALÈRE. — Puisque vous le voulez, il faut s'y résoudre.

(*Ils prennent un bâton, et le frappent.*)

SGANARELLE. — Ah ! ah ! ah ! messieurs, je suis tout ce qu'il vous plaira.                         MOLIÈRE.

(*Le médecin malgré lui.*)

oᐧ◊ᐧo

## Les petits oiseaux.

### I

BLANDINET, *son frère* FRANÇOIS.

FRANÇOIS. — Oui, imbécile ! Tu crois tout ! tu gobes[2] tout ! tu te laisses gruger[3] par un tas de mendiants !

BLANDINET. — Je ne me laisse gruger par personne... et, quand il le faut, je suis aussi ferme que toi... Ce matin encore, j'ai secoué un locataire !...

FRANÇOIS. — Oui, comme tu secouais les ouvriers, quand nous étions associés à Elbeuf.

BLANDINET. — Eh bien, mais... il me semble que...

---

1. Fraime, frime ; mot populaire signifiant façon, cérémonie.
2. *Gober :* croire légèrement et sottement. Familièrement : *un gobeur.*
3. Tu te laisses voler, dépouiller de ton bien. Familièrement : *manger la laine sur le dos.*

FRANÇOIS. — J'avais placé sous ta surveillance l'atelier des enfants... comme étant le plus facile à conduire...

BLANDINET. — Eh ! qu'est-ce que tu veux ! ça m'attristait de voir ces pauvres petits travailler dix heures par jour à dévider des bobines...

FRANÇOIS. — Et alors, tu leur disais : « Reposez-vous, mes enfants ! ne travaillez pas tant !... la santé avant tout ! »

BLANDINET. — C'est possible !... mais je savais me faire écouter.

FRANÇOIS. — Parbleu !... on t'écoutait tellement... que nous perdions deux cents francs par jour.

BLANDINET. — Tu exagères...

FRANÇOIS. — Et j'ai été obligé de te renvoyer à Paris... toi et ton bon cœur !

BLANDINET. — Tu as beau dire... les ouvriers m'ont regretté là-bas...

FRANÇOIS. — Oui... comme l'âne regrette sa litière !

BLANDINET. — L'âne !... François !...

FRANÇOIS. — Et une fois revenu à Paris... monsieur a pris la mouche [1] ! monsieur s'est retiré de l'association !

BLANDINET. — Du tout ! je n'ai pas pris la mouche ! mais j'ai réfléchi, je suis rentré en moi-même... et j'ai reconnu que je ne pouvais pas continuer à m'engraisser de la sueur...

FRANÇOIS. — Ah! très joli! Tu fais des phrases, maintenant... comme tous les gens retirés des affaires !... Eh bien, moi, j'ai continué à m'engraisser tout seul... et, au lieu de vivoter comme toi avec vingt-cinq pauvres petites mille livres de rentes...

BLANDINET. — Si j'en trouve assez !...

FRANÇOIS. — Oui, tu iras loin .. avec un cœur qui fuit de tous les côtés... comme un panier percé !

BLANDINET. — Chacun son goût ... mais je ne dîne pas avec plaisir quand je sais qu'il y a près de moi des gens qui ont faim !

---

1. *Prendre la mouche :* se piquer, se fâcher mal à propos.

FRANÇOIS. — Allons donc ! est-ce qu'on a faim? qui est-ce qui a faim?

BLANDINET. — Ceux qui n'ont pas de quoi manger !... Mais hier... pas plus tard qu'hier... car vous ne savez pas ça, à Elbeuf... j'ai rencontré, rue de Trévise, un pauvre diable qui n'avait pas mangé depuis cinq jours...

FRANÇOIS. — Il te l'a dit?

BLANDINET. — Il me l'a dit... non ! il me l'a avoué péniblement.

FRANÇOIS. — Et tu lui as donné?

BLANDINET. — Probablement !...

FRANÇOIS. — Eh bien, tu as été refait [1]... D'abord, on ne peut pas vivre cinq jours sans manger...

BLANDINET. — Qu'en sais-tu? l'as-tu essayé ?

FRANÇOIS. — Non.

BLANDINET. — Eh bien, essaye-le !

FRANÇOIS. — Il fallait lui acheter une livre de pain, à ton petit ami... et tu aurais vu !...

BLANDINET. — Quoi?

FRANÇOIS. — Il t'aurait envoyé promener... Je la connais [2], celle-là !

BLANDINET. — Oh ! tu les connais toutes, toi !... Il a tout dit quand il a dit ça !... Qu'un ami... un vieil ami de quarante ans, vienne vous confier ses embarras,... ses chagrins,... au lieu de lui tendre la main, de le sauver,... on lui répond : « Je la connais, celle-là !... » Un malheureux vous accoste dans la rue : « Je la connais, celle-là !... » Enfin on n'a qu'un enfant,... un fils,... on le lance sans ressources sur le pavé de Paris,... et quand le pauvre petit diable, humilié, râpé, affamé peut-être,... obéissant à son instinct d'enfant,... se tourne vers son père,... on lui écrit : « Je la connais, celle-là !... » et on porte vingt centimes à son compte [3] !... Ce n'est pas cher,... mais c'est

---

1. Populairement : trompé, dupé.

2. On ne m'en fait pas accroire. — *Connaître* : savoir ce qu'est une personne ou une chose. « *Le loup, qui la connaît, malin et défiant* » (RÉGNIER, sat. III).

3. Le prix du timbre-poste. Le port des lettres coûtait 20 centimes récemment encore.

vilain ! c'est laid !... et tu me ferais croire à la fin que tu n'es qu'un...

FRANÇOIS. — Un quoi? va donc?

BLANDINET. — Non !... je ne veux pas le dire,... parce que ça te ferait de la peine !...

FRANÇOIS. — As-tu fini?

BLANDINET. — Oui.

FRANÇOIS. — Pour moi, le monde se divise en deux : côté des gens qu'on attrape,... côté de ceux qu'on n'attrape pas... Nous n'habitons pas le même compartiment,... voilà tout !

BLANDINET. — Je m'en flatte !

FRANÇOIS. — Mais j'en suis pour ce que j'ai dit... Avec tes grands mots et ta sensiblerie,... tu ne seras jamais qu'un imbécile. (*Il sort.*)

## II

BLANDINET, LAURE, *fille d'un ami de Blandinet.*

BLANDINET. — Un imbécile !

LAURE, *allant à lui.* — Et moi, je vous dis que vous êtes... et que vous serez toujours un brave homme ! (*Se jetant dans ses bras.*) Oh ! tenez, embrassez-moi !

BLANDINET, *l'embrassant.* — Chère petite !... tu as entendu?...

LAURE. — Oui... Continuez à croire le bien,... continuez à le faire... Soyez du côté de ceux qu'on attrape... c'est le bon, quoi qu'on en dise...

BLANDINET. — A la bonne heure.

LAURE. — Que vous importe la reconnaissance ?... le bienfait n'est pas un placement...

BLANDINET. — Parbleu ! (*A part.*) Je suis fâché que François soit parti.

LAURE. — Tenez, moi,... je nourris tous les petits oiseaux de mon quartier.

BLANDINET. — Vraiment ?

LAURE. — Oui,... je leur jette du pain tous les matins

sur mon balcon... L'hiver, j'écarte avec soin la neige
pour les préserver du froid ;... l'été, je dispose des arbustes
qui les protègent contre le soleil... Eh bien, vous croyez
qu'ils m'en savent gré?... Du tout !... Dès que j'ouvre ma
fenêtre, les ingrats s'envolent ;... quelques-uns même me
donnent des coups de bec...

BLANDINET, *révolté.* — Ah !

LAURE. — Mais je ne leur demande pas de reconnaissance,... ils ne m'en doivent pas... Ce sont des créatures
de Dieu qui ont faim, et je suis trop heureuse de pouvoir
les nourrir... Vous avez vos petits oiseaux,... chacun a les
siens...

BLANDINET. — Oh ! cher petit ange !... que je t'embrasse encore !          (*Il l'embrasse et s'essuie les yeux.*)

FRANÇOIS, *entrant (à part).* — Le voilà qui pleure à
présent ! (*Toussant très fort.*) Hum !

LAURE, *le voyant.* — Oh !... adieu, monsieur Blandinet !... Continuez à aimer les petits oiseaux,... continuez !
continuez* !                              (*Elle sort.*)

E. LABICHE.

(*Les petits oiseaux.* — Calmann-Lévy, édit.)

* **Composition française** : *Devons-nous ressembler à François, dur
et égoïste, ou à Blandinet, généreux et naïf à l'excès ? N'y a-t-il pas un
juste milieu à garder ?*

# CINQUIÈME PARTIE

# SCÈNES ET TABLEAUX
# DE LA NATURE

> Enfants, aimez les champs, les vallons, les fontaines,
> Les chemins que le soir emplit de voix lointaines.
>                                           V. HUGO.

❧

### L'aube.

L'aube pointait, la terre était humide et blanche,
La sève en fermentant sortait de chaque branche,
L'araignée étendait ses fils dans les sentiers
Et ses toiles d'argent au-dessus des landiers[1].
Première heure du jour, lorsque, sur la colline,
La fleur lève vers toi sa tige verte et fine,
Que mille bruits confus se répandent dans l'air,
Et que vers l'orient le ciel devient plus clair,
Heure mélodieuse, odorante et vermeille,
Première heure du jour, tu n'as point ta pareille !

                          A. BRIZEUX.
                    (*Les Bretons.* — Lemerre.)

❧

### Un lever de soleil.

J'ai quitté ma chambre au jour naissant... Me voici
sur la hauteur culminante. La matinée est délicieuse, l'air
est rempli du parfum des jeunes pommiers. Les prairies,

---

1. *Landiers* : ajoncs. Arbustes épineux, à belles fleurs jaunes, qui
poussent dans les terrains incultes ou *landes*.

rapidement inclinées sous mes pieds, se déroulent là-bas avec mollesse ; elles étendent dans le vallon leurs tapis que blanchit encore la rosée glacée du matin. Les arbres, qui pressent les rives de l'Indre, dessinent sur les prés des méandres[1] d'un vert éclatant que le soleil commence à dorer au faîte.

Je me suis assis sur la dernière pierre de la colline, et j'ai salué en face de moi, au revers du ravin, ta blanche maisonnette, ta pépinière et le toit moussu de ton ajoupa[2].

... On vient d'ouvrir l'écluse de la rivière. Un bruit de cascade, qui me rappelle la continuelle harmonie des Alpes, s'élève dans le silence. Mille voix d'oiseaux s'éveillent à leur tour. Voici la cadence voluptueuse du rossignol ; là, dans le buisson, le trille moqueur de la fauvette ; là-haut, dans les airs, l'hymne de l'alouette ravie qui monte avec le soleil.

L'astre magnifique boit les vapeurs de la vallée et plonge son rayon dans la rivière, dont il écarte le voile brumeux. Le voilà qui s'empare de moi, de ma tête humide, de mon papier. Il me semble que j'écris sur une table de métal ardent ;... tout s'embrase, tout chante. Les coqs s'éveillent mutuellement et s'appellent d'une chaumière à l'autre ; la cloche du village sonne l'angélus[3] ; un paysan, qui recèpe[4] sa vigne au-dessous de moi, pose ses outils et fait le signe de la croix...

A genoux, mon ami ! où que tu sois, à genoux ! prie pour ton frère qui prie pour toi *.    GEORGE SAND.

(*Lettres d'un voyageur*. — Calmann-Lévy, édit.)

---

1. Le Méandre, rivière de l'Asie Mineure, arrosait la Lydie et la Phrygie. Il est célèbre par les sinuosités de son cours ; d'où le nom de *méandres* donné aux circuits d'un fleuve.

2. Hutte couverte de branchages, telle qu'en construisent les sauvages. — George Sand écrit à un ami qui voyage.

3. Signal que donne, trois fois par jour, la cloche d'une église, au moment où se fait la prière de l'angélus. Cette coutume a été introduite en France, au XVe siècle, par Louis XI.

4. Qui taille sa vigne, coupe les sarments en ne conservant que le cep.

* **Composition française** : *Impressions que vous éprouvez devant un beau coucher de soleil, en mer, à la montagne, etc.*

☙

## Premier sourire du printemps.

Tandis qu'à leurs œuvres perverses
Les hommes courent, haletants,
Mars qui rit, malgré les averses,
Prépare en secret le printemps.

Pour les petites pâquerettes,
Sournoisement, lorsque tout dort,
Il repasse des collerettes
Et cisèle [1] des boutons d'or.

Dans le verger et dans la vigne
Il s'en va, furtif perruquier,
Avec une houppe de cygne,
Poudrer à frimas l'amandier.

La Nature au lit se repose ;
Lui, descend au jardin désert
Et lace les boutons de rose
Dans leur corset de velours vert.

Tout en composant des solfèges,
Qu'aux merles il siffle à mi-voix,
Il sème aux prés les perce-neiges
Et les violettes aux bois.

Sur le cresson de la fontaine
Où le cerf boit, l'oreille au guet,
De sa main cachée, il égrène
Les grelots d'argent du muguet.

Sous l'herbe, pour que tu la cueilles,
Il met la fraise au teint vermeil,
Et te tresse un chapeau de feuilles
Pour te garantir du soleil.

---

1. *Ciseler* prend habituellement deux *l* devant une syllabe muette : il ciselle. Nous avons conservé l'orthographe du poète comme plus élégante.

Puis, lorsque sa besogne est faite
Et que son règne va finir,
Au seuil d'avril tournant la tête,
Il dit : « Printemps, tu peux venir ! »

THÉOPHILE GAUTIER.

(Émaux et Camées. — Charpentier, édit.)

⚬◊⚬

## Le printemps en Bresse.

Mon Dieu, que l'hiver est loin !
Dans la fraîcheur matinale,
Quelle bonne odeur du foin
    S'exhale !

La Bresse [1] n'a plus sommeil ;
La Bresse ressuscitée
Rit gaîment, au grand soleil
    Plantée.

En sa robe de gala
Voyez-la toute fleurie.
Un souffle ondule sur la
    Prairie.

Et soudain tout reverdit,
Tout sent l'iris et la fraise.
Chaque vivant s'ébaudit [2]
    A l'aise.

L'eau murmure dans les bois,
Le blé nouveau pousse, pousse.
Gai loriot, que ta voix
    Est douce !

---

1. Ancien pays de France ; capitale *Bourg* (département de l'Ain).
2. *S'ébaudir :* se mettre en joie, en allégresse. Vieux mot.

Dans le matin rose et bleu,
Radieux et plein de grâce,
C'est le printemps du bon Dieu
    Qui passe.

GABRIEL VICAIRE.
(*Émaux bressans.* — Charpentier, édit.)

ఠ◊ఠ

## Le calendrier d'un aveugle.

Jamais le temps ne me dure. Quand il fait beau, hors
de la maison, je m'assois à une bonne place au soleil,
contre un mur, contre une ruche, contre un châtaignier ;
et je vois en idée la vallée, le château, le clocher, les
maisons qui fument, les bœufs qui pâturent, les voyageurs qui passent et qui devisent en passant sur la route,
comme je les voyais autrefois des yeux.

Je connais les saisons tout comme dans le temps où
je voyais verdir les avoines, faucher les prés, mûrir les
froments, jaunir les feuilles du châtaignier, et rougir les
prunes des oiseaux sur les buissons. J'ai des yeux dans
les oreilles ; j'en ai sur les mains, j'en ai sous les pieds.

Je passe des heures entières à écouter, près des ruches,
les mouches à miel qui commencent à bourdonner sous
la paille, et qui sortent une à une en s'éveillant, par
leur porte, pour savoir si le vent est doux et si le trèfle
commence à fleurir. J'entends les lézards glisser dans
les pierres sèches, je connais le vol de toutes les mouches
et de tous les papillons dans l'air autour de moi, la marche
de toutes les *petites bêtes du bon Dieu* sur les herbes ou
sur les feuilles sèches au soleil.

C'est mon almanach et mon horloge à moi, voyez-vous.
Je me dis : « Voilà le coucou qui chante : c'est le mois
de mars, et nous allons avoir du chaud ; voilà le merle
qui siffle : c'est le mois d'avril ; voilà le rossignol : c'est
le mois de mai ; voilà le hanneton : c'est la Saint-Jean ;
voilà la cigale : c'est le mois d'août ; voilà la grive : c'est

la vendange, le raisin est mûr ; voilà la bergeronnette, voilà les corneilles : c'est l'hiver. »

Il en est de même pour les heures du jour. Je me dis parfaitement l'heure qu'il est à l'observation des chants d'oiseaux, du bourdonnement des insectes et des bruits de feuilles qui s'élèvent ou qui s'éteignent dans la campagne, selon que le soleil monte, s'arrête ou descend dans le ciel. Le matin, tout est vif et gai ; à midi, tout baisse ; au soir, tout recommence un moment, mais plus triste et plus court ; puis tout tombe et tout finit. Oh ! jamais je ne m'ennuie*.          LAMARTINE.

(*Harmonies poétiques.* — Hachette, édit.)

ⴰ◊ⴰ

## L'été et l'hiver.

### L'ÉTÉ.

Quand l'été vient, le pauvre adore !
L'été, c'est la saison de feu,
C'est l'air tiède et la fraîche aurore :
L'été, c'est le regard de Dieu.

L'été, la nuit bleue et profonde
S'accouple au jour limpide et clair ;
Le soir est d'or, la plaine est blonde ;
On entend des chansons dans l'air.

L'été, la nature éveillée
Partout se répand en tous sens,
Sur l'arbre en épaisse feuillée,
Sur l'homme en bienfaits caressants.

### L'HIVER.

Mais, hélas ! juillet fait sa gerbe ;
L'été, lentement effacé,
Tombe feuille à feuille dans l'herbe,
Et jour à jour dans le passé.

* **Composition française :** *Un chien d'aveugle raconte sa journée.*

Puis octobre perd sa dorure,
Et les bois, dans les lointains bleus,
Couvrent de leur rousse fourrure [1]
L'épaule des coteaux frileux.

L'hiver des nuages sans nombre
Sort, et chasse l'été du ciel,
Pareil au Temps [2], ce faucheur sombre,
Qui suit le semeur éternel !

VICTOR HUGO.
(*Les voix intérieures.*)

❧

## Le vieux laboureur.

Le semoir, la charrue, un joug, des socs luisants,
La herse, l'aiguillon, et la faux acérée
Qui fauchait en un jour les épis d'une airée [3],
Et la fourche qui tend la gerbe aux paysans ;

Ces outils familiers, aujourd'hui trop pesants,
Le vieux Parmis les voue à l'immortelle Rhée [4]
Par qui le germe éclôt sous la terre sacrée.
Pour lui, sa tâche est faite ; il a quatre-vingts ans.

Près d'un siècle, au soleil, sans en être plus riche,
Il a poussé le coutre [5] au travers de la friche ;
Ayant vécu sans joie, il vieillit sans remords.

1. Les feuilles mortes, qui jonchent la terre, sont comparées à un manteau de fourrure jeté sur des épaules frileuses.
2. *Temps* : divinité païenne, qu'on représente sous la figure d'un vieillard ailé, tenant une faux à la main.
3. *Airée* : quantité de gerbes que l'on met en une fois sur l'*aire* d'une grange.
4. *Rhée* ou *Cybèle* : déesse de la Terre et de la Fécondité. Elle était femme de Saturne, mère de Jupiter, Neptune, Pluton, Vesta et Cérès.
5. *Coutre* : sorte de couteau en fer qui s'adapte, en avant du soc, à la flèche de la charrue. Il sert à fendre la terre.

Mais il est las d'avoir tant peiné sur la glèbe [1]
Et songe que, peut-être, il faudra, chez les morts,
Labourer des champs d'ombre arrosés par l'Érèbe [2].

J.-M. DE HÉRÉDIA.

(*Les Trophées.* — Lemerre, édit.)

༺༻

### Les laboureurs.

A l'extrémité de la plaine labourable, un jeune homme de bonne mine conduisait un attelage magnifique : quatre paires de jeunes animaux à robe sombre, mêlée de noir fauve à reflets de feu, avec ces têtes courtes et frisées qui sentent encore le taureau sauvage, ces gros yeux farouches, ces mouvements brusques, ce travail nerveux et saccadé qui s'irrite encore du joug et de l'aiguillon, et n'obéit qu'en frémissant de colère à la domination nouvellement imposée. C'est ce qu'on appelle des bœufs *fraîchement liés.* L'homme qui les gouvernait avait à défricher un coin naguère abandonné au pâturage et rempli de souches [3] séculaires, travail d'athlète auquel suffisaient à peine son énergie, sa jeunesse et ses huit animaux quasi indomptés.

Un enfant de six à sept ans, beau comme un ange, et les épaules couvertes, sur sa blouse, d'une peau d'agneau qui le faisait ressembler au petit saint Jean-Baptiste des peintres de la Renaissance, marchait dans le sillon parallèle à la charrue, et piquait le flanc des bœufs avec une gaule longue et légère, armée d'un aiguillon peu acéré. Les fiers animaux frémissaient sous la petite main de l'enfant, et faisaient grincer les jougs et les courroies liés à leur front, en imprimant au timon de violentes secousses.

---

1. *Glèbe :* terme emprunté à la féodalité ; la terre, le champ que l'on cultive.

2. *Érèbe* (en grec : *ténèbres*), fils du Chaos, époux de la Nuit, fut métamorphosé en fleuve et précipité dans les Enfers. — Désigne généralement l'endroit le plus ténébreux des Enfers.

3 *Souche :* partie du tronc de l'arbre qui reste dans la terre où elle pourrit après que l'arbre a été coupé.

Lorsqu'une racine arrêtait le soc, le laboureur criait d'une voix puissante, appelant chaque bête par son nom, mais plutôt pour calmer que pour exciter ; car les bœufs, irrités par cette brusque résistance, bondissaient, creusaient la terre de leurs larges pieds fourchus, et se seraient jetés de côté, emportant l'areau [1] à travers champs, si, de la voix et de l'aiguillon, le jeune homme n'eût maintenu les quatre premiers, tandis que l'enfant gouvernait les quatre autres. Il criait aussi, le pauvret, d'une voix qu'il voulait rendre terrible et qui restait douce comme sa figure angélique.

Tout cela était beau de force et de grâce : le paysage, l'homme, l'enfant, les taureaux sous le joug ; et, malgré cette lutte puissante, où la terre était vaincue, il y avait un sentiment de douceur et de calme profond qui planait sur toutes choses*.                     GEORGE SAND.

          (*La Mare au Diable*. — Calmann-Lévy, édit.)

*◦⟨◦*

## Le dimanche au village.

> Le samedi dit au dimanche :
> « Tout le village est endormi,
> L'aiguille vers minuit se penche,
> C'est maintenant ton tour, ami ;
> Moi, je suis las de ma journée,
> Je veux aller dormir aussi.
> Viens vite, ton heure est sonnée. »
> — Le dimanche dit : « Me voici ».
>
> Il s'éveille en bâillant, derrière
> La nuit aux étincelles d'or,
> Et frotte des mains sa paupière,
> Et s'habille en bâillant encor.

1. *Areau* : charrue de forme antique.

* **Composition française :** *Comparer la vie de l'homme des champs à celle de l'ouvrier de l'usine. Conclusion.*

Puis, quand il a fait sa toilette,
Pour aller lui donner l'éveil,
Il frappe à l'huis de la chambrette
Où dort son ami le Soleil.

« De votre alcôve orientale
Sortez, dit-il, grand paresseux.
Stella[1], votre sœur matinale,
A l'horizon ferme les yeux.
Pour vous saluer, l'alouette
Chante déjà dans les sillons ;
Venez, venez ; c'est jour de fête,
Choisissez vos plus beaux rayons ! »

Le dimanche sur la montagne
Monte et regarde autour de lui.
« Ils dorment tous dans la campagne,
Dit-il ; ne faisons pas de bruit. »
Et doucement vers le village
Il redescend à petits pas,
Et dit au coq : « Par ton ramage,
Mon ami, ne me trahis pas. »

C'est lui, le voilà, le dimanche,
Avec le mois de mai nouveau ;
L'amandier met sa robe blanche,
Le bleu du ciel azure l'eau.
Les fleurs du jardin sont écloses,
On croirait voir le paradis ;
La violette parle aux roses,
Le chêne orgueilleux parle au buis.

Au bord du nid, battant des ailes,
L'oiseau chante en se réveillant,
Et dit bonjour aux hirondelles
Qui reviennent de l'Orient.

---

1. *Stella* : la planète Vénus, appelée aussi l'étoile du berger, l'étoile
du soir et aussi l'étoile du matin, suivant le moment où elle paraît
dans le ciel.

Dans son bel habit du dimanche
Le chardonneret marche fier,
Il vole aussi de branche en branche,
Et jette sa chanson dans l'air.

Après la bonne nuit passée,
Pour vous accueillir au réveil,
On voit sourire, à la croisée,
Le dimanche, assis au soleil ;
Et, si quelque enfant paresseuse
Rêve un peu tard sur l'oreiller,
Il lui laisse finir, heureuse,
Son rêve avant de l'éveiller.

Il apporte dans les familles
A chacun ses petits cadeaux :
Des rubans pour les jeunes filles,
Et pour les enfants des gâteaux.
Il ne sait que chanter et rire,
Il débouche de vieux flacons,
Et, le soir, de sa poche il tire
Des flûtes et des violons.

Voyez combien l'on est tranquille
Dans tout le village aujourd'hui :
Le moulin à la roue agile
Et l'enclume ont cessé leur bruit ;
Les bœufs ruminent à la crèche,
Libres du joug et du brancard,
Et la charrue, avec la bêche,
Se reposent sous le hangar.

Tout le monde paraît à l'aise ;
On s'aborde d'un air content.
« Comment va ton père, Thérèse ?
— Wilhem, comment va votre enfant ?
— Bon temps, voisin, pour la futaille !
— Voisin, bon temps pour le grenier ! »

Personne aujourd'hui ne travaille,
Excepté le ménétrier.

HENRY MURGER.
(*Poésies*.)

◦◊◦

## La moisson dans le Midi.

A Uzès[1], le 13 juin 1662.

Je souhaite que vous ayez une aussi belle récolte à
vos deux fermes que nous en avons en ce pays-ci. La
moisson est déjà fort avancée, et elle se fait plaisamment
ici au prix de la coutume de France [2], car on lie les gerbes
à mesure qu'on les coupe ; on ne laisse point sécher le
blé sur terre, car il n'est déjà que trop sec, et dès le même
jour on le porte à l'aire, où on le bat aussitôt. Ainsi le
blé est aussitôt coupé, lié et battu.

Vous verriez un tas de moissonneurs rôtis du soleil,
qui travaillent comme des démons ; et, quand ils sont
hors d'haleine, ils se jettent à terre au soleil même,
dorment un *Miserere* [3] et se relèvent aussitôt.

Pour moi, je ne vois cela que de mes fenêtres ; je ne
pourrais être un moment dehors sans mourir : l'air est
aussi chaud que dans un four allumé, et cette chaleur
continue autant la nuit que le jour ; enfin, il faudrait se
résoudre à fondre comme du beurre, n'était un petit vent
frais qui a la charité de souffler de temps en temps ; et,
pour m'achever, je suis tout le jour étourdi d'une infinité de cigales qui ne font que chanter de tous côtés,
mais d'un chant le plus perçant et le plus importun du
monde.

Si j'avais autant d'autorité sur elles qu'en avait le bon

---

1. Fragment d'une lettre écrite par Racine à son cousin M. Vitart.
2. *Au prix de* signifie *en comparaison de*. — France, au XVIIe siècle,
désigne toujours la province de l'Ile-de-France.
3. Le temps de dire un Miséréré, de réciter le psaume cinquantième,
qui commence en latin par ces mots : *Miserere mei, Domine* ; ayez pitié
de moi, Seigneur.

saint François [1], je ne leur dirais pas, comme il faisait :
*Chantez, ma sœur la cigale* [2] ; mais je les prierais bien
fort de s'en aller faire un tour jusqu'à Paris, ou à La
Ferté-Milon, si vous y êtes encore, pour vous faire part
d'une si belle harmonie *.                    RACINE.

                                             (*Lettres.*)

ᴐ◊ᴐ

### Midi au village.

> Nul troupeau n'erre ni ne broute,
> Le berger s'allonge à l'écart ;
> La poussière dort sur la route,
> Le charretier sur le brancard.
>
> Le forgeron dort dans la forge ;
> Le maçon s'étend sur un banc ;
> Le boucher ronfle à pleine gorge,
> Les bras rouges encor de sang.
>
> La guêpe rôde au bord des jattes ;
> Les ramiers couvrent les pignons ;
> Et, la gueule entre les deux pattes,
> Le dogue a des rêves grognons.
>
> Un vent chaud traîne ses écharpes [3]
> Sur les grands blés lourds de sommeil,
> Et les mouches se font des harpes
> Avec des rayons de soleil.

                        SULLY-PRUDHOMME.
                (*Les Solitudes.* — Lemerre, édit.)

---

1. Saint François d'Assise, fondateur de l'ordre des Franciscains.
2. « Ung oyseau qui se nomme cigale estoit en un figuier, et François
tendit sa main et appela celluy oiseau, et tantost il obeyt et vint sur
sa main. Et il luy deist : Chante ma sœur, et loue nostre Seigneur. Et
adoncques chanta incontinent, et ne s'en alla devant qu'elle eust
congé. » (*La Légende dorée.* Paris, 1549.)
3. Le vent tiède, qui fait onduler les moissons, est doux et cares-
sant comme des écharpes de soie.
* **Composition française :** *Décrire soit la fenaison, soit la moisson,
soit la vendange, suivant le pays et la saison.*

## Le chemin des bois.

En mars, quand le soleil lance ses jeunes flèches,
Tout un peuple de fleurs perce les feuilles sèches ;
Dans l'onde des ruisseaux tremblent les boutons d'or,
Les narcisses rêveurs se penchent sur le bord,
Et les taillis sont pleins de jaunes primevères.

Avril, avril commence ! Un bruit d'ailes légères
Frémit dans les rameaux des arbres reverdis.
Voici les doux chanteurs des bois, voici les nids !
Et muguets de fleurir à côté des pervenches ;
Et concerts printaniers d'éclater dans les branches.
Gué ! gué ! soyons joyeux ! dit le merle. — Aimons-nous,
Chante le rossignol. — Hâtez-vous ! hâtez-vous !
Répète le coucou d'un ton mélancolique...

Le printemps fuit, et juin, comme un roi magnifique,
Vêtu de pourpre et d'or, apparaît dans les champs.
Les herbes des fourrés jaunissent, et les chants
S'apaisent ; dans le fond des combes retirées,
Au clair de lune, on voit les biches altérées
Venir avec leurs faons tondre les jeunes brins
Imbibés de rosée. — Aux marges des chemins
Les fraises ont rougi, les framboises sont mûres ;
Parmi les merisiers aux mobiles ramures,
Les loriots gourmands sifflent à plein gosier ;
Leur cri mélodieux clôt le chœur printanier.

La fleur fait place au fruit, l'été place à l'automne.
Salut, maturité, saison puissante et bonne !
Saison où la forêt tient ce qu'elle a promis
Et fait pleuvoir du haut de ses rameaux jaunis
Des trésors à foison ! — Les noisettes sont pleines,
Et l'on entend tomber les glands mûrs et les faînes ;
Mais le taillis s'effeuille, et parmi les buissons
Le rouge-gorge errant dit ses courtes chansons.

Voici l'hiver venu. La neige sur les branches
En silence répand ses touffes de fleurs blanches ;
D'un sommeil éternel les bois semblent dormir,
Et les germes féconds des printemps à venir
Fermentent lourdement sous l'épais nid de neige.

André Theuriet.

(*Sylvine.* — Lemerre, édit.)

⧫

## Le berger et son chien.

J'aime mon chien, un bon gardien,
Qui mange peu, travaille bien,
Plus fin que le garde champêtre.
Quand mes moutons je mène paître,
Du loup je ne redoute rien
Avec mon chien, mon bon gardien...
Prou ! té ! té ! té ! Finaud, mon chien.

Toujours crotté, sans goût ni grâce,
Finaud n'est pas trop déplaisant :
Il a la queue en cor de chasse,
Les yeux brillants du ver luisant ;
Ses crocs sont prêts, son poil de chèvre
Se dresse dru comme des clous,
Dès qu'il sent la trace d'un lièvre,
Dès qu'il sent la trace des loups.

Il entend la brebis qui bêle,
Au loin il court la rallier ;
Il joue avec la blanche agnèle,
Il lutte avec le vieux bélier ;
Quand je siffle ou quand je fais signe,
Il se donne du mouvement,
Comme un sergent qui range en ligne
Les conscrits de son régiment.

Depuis dix ans à mon service,
Finaud est bon ; il est très bon.
Je ne lui connais point de vice :
Il ne prend ni lard ni jambon ;
Il ne touche pas au fromage,
Non plus qu'au lait de mes brebis ;
Il ne dépense à mon ménage
Que de l'eau claire et du pain bis.

Un jour, près de la fondrière,
Jeanne, en conduisant son troupeau,
Dégringola dans la rivière ;
Finaud la repêcha dans l'eau.
Et moi j'aurai la récompense :
Jeanne me prend pour épouseur.
C'est tout de même vrai, j'y pense,
Que les chiens n'ont pas de bonheur !

J'aime mon chien, un bon gardien,
Qui mange peu, travaille bien,
Plus fin que le garde champêtre.
Quand mes moutons je mène paître,
Du loup je ne redoute rien
Avec mon chien, mon bon gardien...
Prou ! té ! té ! té ! Finaud, mon chien !

PIERRE DUPONT.
(*Chansons.*)

◦◊◦

## Les petits bergers.

Il n'est pas bien jour encore dans le village. Je me
lève. Mes habits sont aussi grossiers que ceux des petits
paysans voisins ; ni bas, ni souliers, ni chapeau ; un
pantalon de grosse toile écrue ; une veste de drap bleu
à longs poils ; un bonnet de laine teint en brun, comme
celui que les enfants des montagnes de l'Auvergne
portent encore : voilà mon costume.

Je jette par-dessus un sac de coutil, qui s'entr'ouvre sur

la poitrine comme une besace à grande poche. Cette poche contient, comme celle de mes camarades, un gros morceau de pain noir mêlé de seigle, un fromage de chèvre gros et dur comme un caillou, et un petit couteau d'un sou dont le manche de bois, mal dégrossi, contient en outre une fourchette de fer à deux longues branches. Cette fourchette sert aux paysans, dans mon pays, à puiser le pain, le lard et les choux, dans l'écuelle où ils mangent la soupe.

Ainsi équipé, je sors et je vais sur la place du village, près du portail de l'église, sous deux gros noyers. C'est là que, tous les matins, se rassemblent, autour de leurs moutons, de leurs chèvres et de quelques vaches maigres, les huit ou dix petits bergers de Milly, à peu près du même âge que moi, avant de partir pour les montagnes.

Nous partons, nous chassons devant nous le troupeau commun, dont la longue file suit, à pas inégaux, les sentiers tortueux et arides des premières collines. Chacun de nous, à tour de rôle, va ramener les chèvres à coups de pierres, quand elles s'égarent et franchissent les haies. Après avoir gravi les premières hauteurs nues qui dominent le village, et qu'on n'atteint pas en moins d'une heure au pas des troupeaux, nous entrons dans une gorge haute, très espacée, où l'on n'aperçoit plus ni maison, ni fumée, ni culture.

Les deux flancs de ce bassin solitaire sont tout couverts de bruyères aux petites fleurs violettes, de longs genêts jaunes dont on fait des balais ; çà et là quelques châtaigniers gigantesques étendent leurs longues branches à demi nues. Les feuilles, brunies par les premières gelées, pleuvent autour des arbres au moindre souffle de l'air. Quelques noires corneilles sont perchées sur les rameaux les plus secs et les plus morts de ces vieux arbres ; elles s'envolent en croassant à notre approche. De grands aigles ou éperviers, très élevés dans le firmament, tournent pendant des heures au-dessus de nos têtes, épiant les alouettes dans les genêts ou les petits chevreaux qui se rapprochent de leurs mères. De grandes masses de pierres grises, tachetées et un peu jaunies par les mousses, sortent de terre, par groupes, sur les deux pentes escarpées de la gorge.

Nos troupeaux, devenus libres, se répandent à leur fantaisie dans les genêts. Quant à nous, nous choisissons un de ces gros rochers dont le sommet, un peu recourbé sur lui-même, dessine une demi-voûte et défend de la pluie quelques pieds de sable fin. Nous nous établissons là. Nous allons chercher, à brassées, des fagots de bruyères sèches, et les branches mortes tombées des châtaigniers pendant l'été. Nous battons le briquet. Nous allumons un de ces feux de berger si pittoresques à contempler de loin, du pied des collines ou du pont d'un vaisseau, quand on navigue en vue des terres.

Une petite flamme, claire et ondoyante, jaillit à travers les vagues noires, grises et bleues de la fumée du bois vert, que le vent fouette comme une crinière de cheval échappé. Nous ouvrons nos sacs, nous en tirons le pain, le fromage, quelquefois les œufs durs assaisonnés de gros grains de sel gris. Nous mangeons lentement, comme le troupeau rumine.

Quelquefois l'un d'entre nous découvre, à l'extrémité des branches d'un châtaignier, des gousses de châtaignes oubliées sur l'arbre après la récolte. Nous nous armons tous de nos frondes, nous lançons avec adresse une nuée de pierres, qui détachent le fruit de l'écorce entr'ouverte et le font tomber à nos pieds.

Nous le faisons cuire sous la cendre de notre foyer, et, si quelqu'un de nous vient à déterrer de plus quelques pommes de terre, oubliées dans la glèbe [1] d'un champ retourné, il nous les apporte; nous les recouvrons de cendres et de charbons, et nous les dévorons toutes fumantes*.　　　　　　　　　　　　LAMARTINE.

(*Les Confidences*. — Hachette, édit.)

---

1. Voir p. 304, note 1.

* **Composition française :** *Décrire les jeux des petits bergers, ou encore leur retour, le soir, à la maison.*

☙

## Sur la grand'route.

Les routes, les belles routes aussi unies que la surface d'un fleuve, et sur lesquelles la roue de la voiture et la semelle du soulier trouvent un appui à la fois solide et doux, ce sont les chefs-d'œuvre de nos pères qui sont morts sans laisser leur nom et que nous ne connaissons que par leurs bienfaits. Qu'elles soient bénies, ces routes par lesquelles les fruits de la terre nous viennent abondamment, et qui rapprochent les amis.

C'est pour aller voir un ami, l'ami Jean, que Roger, Marcel, Bernard, Jacques et Étienne ont pris la route nationale qui déroule au soleil, le long des prés et des champs, son joli ruban jaune, traverse les bourgs et les hameaux, et conduit, dit-on, jusqu'à la mer où sont les navires.

Les cinq compagnons ne vont pas si loin. Mais il leur faut faire une belle course d'un kilomètre pour atteindre la maison de l'ami Jean.

Les voilà partis. On les a laissés aller seuls sur la foi de leurs promesses ; ils se sont engagés à marcher sagement, à ne point s'écarter du droit chemin, à éviter les chevaux et les voitures, et à ne point quitter Étienne, le plus petit de la bande.

Les voilà partis. Ils s'avancent en ordre sur une seule ligne. On ne peut mieux partir. Pourtant, il y a un défaut à cette belle ordonnance. Étienne est trop petit.

Un grand courage s'allume en lui. Il s'efforce, il hâte le pas. Il ouvre toutes grandes ses courtes jambes. Il agite ses bras par surcroît. Mais il est trop petit, il ne peut pas suivre ses amis. Il reste en arrière. C'est fatal ; les philosophes savent que les mêmes causes produisent toujours les mêmes effets. Mais Jacques, ni Bernard, ni Marcel, ni même Roger ne sont des philosophes. Ils marchent selon leurs jambes, le pauvre Étienne marche avec les siennes : il n'y a pas de concert possible. Étienne court, souffle, crie, mais il reste en arrière.

Les grands, ses aînés, devraient l'attendre, direz-vous, et régler leur pas sur le sien. Hélas ! ce serait de leur part une haute vertu. Ils sont en cela comme les hommes. En avant ! disent les forts de ce monde, et ils laissent les faibles en arrière. Mais attendez la fin de l'histoire.

Tout à coup, nos grands, nos forts, nos quatre gaillards s'arrêtent. Ils ont vu par terre une bête qui saute. La bête saute parce qu'elle est une grenouille, et qu'elle veut gagner le pré qui longe la route. Ce pré, c'est sa patrie : il lui est cher, elle y a son manoir auprès d'un ruisseau. Elle saute.

C'est une grande curiosité naturelle qu'une grenouille. Celle-ci est verte ; elle a l'air d'une feuille vivante, et cet air lui donne quelque chose de merveilleux. Bernard, Roger, Jacques et Marcel se jettent à sa poursuite. Adieu Étienne, et la belle route toute jaune ! adieu leurs promesses ! Les voilà dans le pré ; bientôt ils sentent leurs pieds s'enfoncer dans la terre grasse qui nourrit une herbe épaisse. Quelques pas encore, et ils s'embourbent jusqu'aux genoux. L'herbe cachait un marécage.

Ils s'en tirent à grand'peine. Leurs souliers, leurs chaussettes, leurs mollets sont noirs. C'est la nymphe du pré vert qui a mis des guêtres de fange aux quatre désobéissants.

Étienne les rejoint essoufflé. Il ne sait, en les voyant ainsi chaussés, s'il doit se réjouir ou s'attrister. Il médite, en son âme innocente, les catastrophes qui frappent les grands et les forts. Quant aux quatre guêtrés, ils retournent piteusement sur leurs pas ; car, le moyen, je vous prie, d'aller voir l'ami Jean en pareil équipage? Quand ils rentreront à la maison, leurs mères liront leur faute sur leurs jambes, tandis que la candeur du petit Étienne reluira sur ses mollets roses.

ANATOLE FRANCE.
(*Fillettes et Garçons.* — Hachette, édit.)

## Le bouc aux enfants.

Sous bois, dans le pré vert dont il a brouté l'herbe,
Un grand bouc est couché, pacifique et superbe.
De ses cornes en pointe, aux nœuds superposés,
La base est forte et large et les bouts sont usés,
Car le combat jadis était son habitude.
Le poil, soyeux à l'œil, mais au toucher plus rude,
Noir tout le long du dos, blanc au ventre, à flots gris
Couvre sans les cacher les deux flancs amaigris.
Et les genoux calleux et la jambe tortue,
La croupe en pente abrupte et l'échine pointue,
La barbe raide et blanche et les grands cils des yeux,
Et le nez long, font voir que ce bouc est très vieux.

Aussi, connaissant bien que la vieillesse est douce,
Deux petits mendiants s'approchent, sur la mousse,
Du dormeur qui, l'œil clos, semble ne pas les voir.
Des cornes doucement ils touchent le bout noir.
Puis, bientôt enhardis et certains qu'il sommeille,
Ils lui tirent la barbe en riant. Lui, s'éveille,
Se dresse lentement sur ses jarrets noueux,
Et les regarde rire, et rit presque avec eux.

De feuilles et de fleurs ornant sa tête blanche,
Ils lui mettent un mors taillé dans une branche,
Et chassent devant eux, à grands coups de rameau,
Le vénérable chef des chèvres du hameau.
Avec les sarments verts d'une vigne sauvage
Ils ajustent au mors des rênes de feuillage.
Puis, non contents, malgré les pointes de ses os,
Ils montent tous les deux à cheval sur son dos,
Et se tiennent aux poils, et de leurs jambes nues
Font sonner les talons sur ses côtes velues.

On entend dans le bois, de plus en plus lointains,
Les voix, les cris peureux, les rires argentins ;

Et l'on voit, quand ils vont passer sous une branche,
Vers la tête du bouc leur tête qui se penche,
Tandis que sous leurs coups et sans presser son pas,
Lui va tout doucement pour qu'ils ne tombent pas.

JEAN RICHEPIN.
(Chanson des gueux.)

∽◊∽

## La grenouille.

En ramassant un fruit dans l'herbe qu'elle fouille,
Chloris vient d'entrevoir la petite grenouille
Qui, peureuse, et craignant justement pour son sort,
Dans l'ombre se détend soudain comme un ressort,
Et, rapide, écartant et rapprochant les pattes,
Saute dans les fraisiers, et, parmi les tomates,
Se hâte vers la mare, où, flairant le danger,
Ses sœurs, l'une après l'autre, à la hâte ont plongé.
Dix fois déjà Chloris, à la chasse animée,
L'a prise sous sa main brusquement refermée ;
Mais plus adroite qu'elle, et plus prompte, dix fois
La petite grenouille a glissé dans ses doigts.

Chloris la tient enfin ; Chloris chante victoire !
Chloris aux yeux d'azur de sa mère est la gloire.
Sa beauté rit au ciel ; sous son large chapeau
Ses cheveux blonds coulant comme un double ruisseau
Couvrent d'un voile d'or les roses de sa joue ;
Et le plus clair sourire à ses lèvres se joue.
Curieuse, elle observe et n'est pas sans émoi
A l'étrange contact du corps vivant et froid.
La petite grenouille en tremblant la regarde,
Et Chloris, dont la main lentement se hasarde,
A pitié de sentir, affolé par la peur,
Si fort entre ses doigts battre le petit cœur.

ALBERT SAMAIN.
(Aux flancs du vase. — Mercure de France.)

## Combat des loups et des taureaux.

L'été, lorsque du ciel tombe enfin la nuit fraîche,
Les bestiaux, tout le jour retenus dans la crèche,
Vont errer librement : au pied des verts coteaux
Ils suivent pas à pas les longs détours des eaux,
S'étendent sur les prés, ou, dans la vapeur brune,
Hennissent bruyamment aux rayons de la lune.
Alors, de sa tanière attiré par leur voix,
Les yeux en feu, le loup, comme un trait, sort du bois,
Tue un jeune poulain, étrangle une génisse.

Mais avant que sur eux l'animal ne bondisse
Souvent tout le troupeau se rassemble, et les bœufs,
Les cornes en avant, se placent devant eux ;
Le loup rôde alentour, ouvrant sa gueule ardente,
Et, hurlant, il se jette à leur gorge pendante ;
Mais il voit de partout les fronts noirs se baisser
Et des cornes toujours prêtes à le percer.
Enfin, lâchant sa proie, il fuit, lorsqu'une balle
L'atteint, et les bergers, en marche triomphale,
De hameaux en hameaux promènent son corps mort.

A. BRIZEUX.
(*Les Bretons.*)

◦◊◦

## Les chèvres dans la montagne.

Souvent, pendant une demi-heure, on entend derrière
la montagne un tintement de clochettes ; ce sont des
troupeaux de chèvres qui changent de pâturage.

Il y en a quelquefois plus de mille. Au passage des ponts,
on se trouve arrêté, jusqu'à ce que toute la caravane ait
défilé. Elles ont de longs poils pendants qui leur font une
fourrure ; avec leur manteau noir et leur grande barbe,
on dirait qu'elles sont habillées pour une mascarade. Leurs

yeux jaunes regardent vaguement, avec une expression de curiosité et de douceur.

Elles semblent étonnées de marcher ainsi, en ordre, sur un terrain uni. A voir cette jambe sèche et ces pieds de corne, on sent qu'elles sont faites pour errer au hasard et pour sauter sur les roches.

De temps en temps, les moins disciplinées s'arrêtent, posent leurs pattes de devant contre la montagne, et broutent une ronce ou la fleur d'une lavande. Les autres arrivent et les poussent ; elles repartent, la bouche pleine d'herbes, et mangent en marchant.

Toutes leurs physionomies sont intelligentes, résignées et tristes, avec des éclairs de caprice et d'originalité. On voit la forêt de cornes s'agiter au-dessus de la masse noire, et les fourrures lisses luire au soleil. Des chiens énormes, à poil laineux, tachés de blanc, marchent gravement sur les côtés, grondant lorsqu'on approche. Le pâtre vient derrière, dans sa cape brune, avec le regard immobile, brillant, vide de pensées, qu'ont ses bêtes ; et toute la bande disparaît dans un nuage de poussière d'où sort un bruit de bêlements grêles.                TAINE.

(*Voyage dans les Pyrénées.* — Hachette, édit.)

◦◊◦

### Le merle à la glu.

Merle, merle, joyeux merle,
Ton bec jaune est une fleur,
Ton œil blanc est une perle,
Merle, merle, oiseau siffleur.

Hier tu vins dans ce chêne,
Parce qu'hier il a plu.
Reste, reste dans la plaine.
Pluie ou vent vaut mieux que glu [1].

---

1. Sorte de colle visqueuse et tenace dont on se sert pour prendre les oiseaux.

Hier vint dans le bocage
Le petit vaurien d'Éloi
Qui voudrait te mettre en cage.
Prends garde, prends garde à toi !

Il va t'attraper peut-être.
Iras-tu dans sa maison,
Prisonnier à sa fenêtre,
Chanter pour lui ta chanson ?

Mais tandis que je m'indigne,
O merle, merle goulu,
Tu mords à ses grains de vigne,
Ses grains de vigne à la glu.

Voici que ton aile est prise,
Voici le petit Éloi !
Siffle, siffle ta bêtise,
Dans ta prison siffle-toi !

Adieu, merle, joyeux merle,
Dont le bec jaune est en fleur,
Dont l'œil blanc est une perle,
Merle, merle, oiseau siffleur *.

Jean RICHEPIN.<br>(La Chanson des gueux.)

## Un nid de bouvreuils.

Je me rappelle avoir trouvé une fois un nid de bouvreuils dans un rosier : il ressemblait à une coque de nacre
contenant quatre perles bleues ; une rose pendait au-
dessus tout humide.

Le bouvreuil se tenait sur un arbuste voisin, comme
une fleur de pourpre et d'azur.

---

* **Composition française** : *Le petit dénicheur. Imaginer une histoire.*

Ces objets étaient répétés dans l'eau d'un étang, avec
l'ombrage d'un noyer qui servait de fond à la scène, et
derrière lequel on voyait se lever l'aurore.

CHATEAUBRIAND.

oϧo

## La mort du bouvreuil.

Le fusil d'un chasseur, un coup parti du bois,
Viennent de réveiller mes remords d'autrefois...
L'aube sur l'herbe tendre avait semé ses perles[1],
Et je courais les prés à la piste des merles,
Écolier en vacance [2] ; et l'air frais du matin,
L'espoir de rapporter un glorieux butin,
Ce bonheur d'être loin des livres et des thèmes,
Enivraient mes quinze ans tout enivrés d'eux-mêmes.

Tel j'allais dans les prés. Or, un joyeux bouvreuil,
Son poitrail rouge au vent, son bec ouvert, et l'œil
En feu, jetait au ciel sa chanson matinale,
Hélas ! qu'interrompit soudain l'arme brutale.
Quand le plomb l'atteignit, tout sautillant et vif,
De son gosier saignant un petit cri plaintif
Sortit ; quelque duvet vola de sa poitrine ;
Puis, fermant ses yeux clairs, quittant la branche fine,
Dans les joncs et les buis de son meurtre souillés,
Lui, si content de vivre, il mourut à mes pieds !

Ah ! d'un bon mouvement qui passe sur notre âme
Pourquoi rougir? la honte est un railleur qui blâme [3].
Oui, sur ce chanteur mort pour mon plaisir d'enfant,
Mon cœur, à moi chanteur, s'attendrit bien souvent.

1. Les perles du matin : la rosée.
2. Ce mot s'écrit généralement au pluriel.
3. Quand on écoute la voix de sa conscience, il ne faut pas craindre
les railleurs et avoir honte de faire le bien.

Frère ailé [1], sur ton corps je versai quelques larmes.
Pensif, et m'accusant, je déposai mes armes.
Ton sang n'est point perdu. Nul ne m'a vu depuis
Rougir l'herbe des prés et profaner les buis.
J'eus pitié des oiseaux, et j'ai pitié des hommes.
Pauvret, tu m'as fait doux au dur siècle où nous sommes.

A. Brizeux.

(Histoires poétiques.)

ᐧᐧᐧ

## Le moineau.

Je revenais de la chasse et je marchais le long d'une allée de mon jardin. Mon chien, Trésor, courait devant moi. Tout à coup il raccourcit son pas et se mit à avancer avec précaution, comme s'il flairait du gibier devant lui. Je regardai le long de l'allée, et je vis un jeune moineau, le jaune au bec, le duvet sur la tête. Il était tombé de son nid (le vent balançait avec force les bouleaux de l'allée) et se tenait tout coi, écartant piteusement ses petites ailes à peine emplumées.

Trésor s'approchait de lui, tous les muscles tendus, quand tout à coup, s'arrachant d'un arbre voisin, un vieux moineau à poitrine noire tomba, comme une pierre, juste devant la gueule du chien; et, tout hérissé, éperdu, pantelant, avec un piaillement plaintif, désespéré, il sauta par deux fois dans la direction de cette gueule ouverte et armée de dents crochues. Il s'était précipité pour sauver son enfant ; il voulait lui servir de rempart. Mais tout son petit corps frémissait de terreur, son cri était rauque et sauvage ; il se mourait, il sacrifiait sa vie.

Quel énorme monstre le chien devait paraître à ses yeux ! Et pourtant il n'avait pas pu rester sur sa branche, si haute et si sûre ; une force plus puissante que sa volonté l'en avait précipité.

---

[1]. L'oiseau aussi est un poète et la poésie est chose ailée :

Les oisillons et les oiselles<br>Te sonnent leur gai carillon.
O frère ailé du papillon,<br>Poète, n'as-tu pas des ailes.

J. Richepin,

Trésor s'arrêta, recula. On eût dit qu'il avait reconnu cette force. Je me hâtai d'appeler mon chien, tout confus, et je m'éloignai plein d'une sorte de saint respect.

Oui, ne riez pas, c'était bien du respect que j'éprouvais devant ce petit oiseau héroïque, devant l'élan de son amour paternel *.

IVAN TOURGUENEF.

*(Petits poèmes en prose.* — Hetzel, édit.)

ఴ

## La bergeronnette.

Dans ton costume, blanc et noir
Comme l'habit d'une nonnette [1],
Sous les saules, de l'aube au soir,
Tu sautilles, leste et jeunette
     Bergeronnette.

Parmi les pierres du lavoir,
Haussant, baissant ta longue queue [2],
Tu rythmes le bruit du battoir,
Qu'on entend claquer d'une lieue
     Sur l'eau bleue.

Aussi mobile qu'un désir,
Tu nargues l'enfant qui te guette ;
Dès que sa main croit te saisir,
Tu rouvres ton aile, ô coquette
     Bergeronnette.

A. THEURIET.

*(Nos Oiseaux.* — Launette, édit.)

---

1. Religieuse, jeune nonne.
2. La bergeronnette est encore appelée hoche-queue ou lavandière.
* **Composition française** : *La poule et le chat ; récit imité du moineau.*

ఴ

## Le départ des hirondelles.

Un après-midi de la fin de septembre, je les vis arriver en grand nombre sur la place. Il faisait beau temps et déjà les vendanges étaient commencées. Un gai soleil baignait les toits humides, et, aux deux extrémités de la rue, j'apercevais, entre nos logis, les coteaux aux pentes drapées de vignes.

De toutes les rues adjacentes des hirondelles débouchaient. Elles tourbillonnaient un moment dans le ciel, puis venaient se poser sur les saillies des fenêtres et les entablements [1] des corniches. Les appuis des balcons et les frises furent bientôt garnis d'un long cordon de petites têtes noires, qui dodelinaient [2] doucement avec de légers gazouillements mélodieux.

De temps en temps, une hirondelle se détachait de la file, et, à tire-d'aile, parcourait le front de bandière [3], comme pour examiner si tout était en ordre et si la troupe était au complet. — Non... — Pas encore... A chaque instant des retardataires arrivaient en hâte ; ils étaient accueillis par les cris animés et impatients du gros de la bande ; puis, toujours avec un peu de tumulte, on se serrait pour leur faire place.

Peu à peu, il y eut un grand silence, un silence quasi solennel. Le soleil, plus bas, jetait d'obliques rayons dans la rue, et l'ombre des coteaux s'allongeait sur la ville. Tout à coup, d'une seule envolée, la troupe des hirondelles s'éleva en l'air, avec un confus frémissement d'ailes agitées. Pendant un moment, le ciel fut obscurci par ce noir bataillon qui planait au-dessus de la place ; puis les hirondelles, se formant en une longue file tourbillonnante, prirent

---

1. *Entablement :* partie d'un édifice qui surmonte ordinairement des colonnes, et qui comprend trois parties : l'architrave, la frise, et la corniche.

2. *Dodeliner :* remuer doucement la tête comme quelqu'un qui dort sur une chaise. Vieux mot qu'on emploie encore dans le langage familier.

3. Ligne des étendards et des drapeaux sur le front d'une armée. Ici, les hirondelles assemblées sont comparées à un corps de troupe.

leur vol vers le sud et disparurent dans les vapeurs qui estompaient [1] l'horizon.

Quand mes yeux s'abaissèrent vers le sol, la ville entière me sembla morne et dépeuplée, et je restai longtemps immobile à la fenêtre, pris de ce sentiment d'isolement et de tristesse qui suit les grands départs *.

A. Theuriet.
(*Nos Oiseaux*. — Launette, édit.)

❧

## L'enterrement d'une fourmi.

Les fourmis sont en grand émoi :
L'âme du nid, la reine est morte !
Au bas d'une très vieille porte,
Sous un chêne, va le convoi.

Le vent cingle, sur le sol froid,
La nombreuse et fragile escorte.
Les fourmis sont en grand émoi :
L'âme du nid, la reine est morte !

Un tout petit je ne sais quoi
Glisse, tiré par la plus forte :
C'est le corbillard qui transporte
La défunte au caveau du roi.
Les fourmis sont en grand émoi !

Maurice Rollinat.
(*Les Refuges*. — Charpentier, édit.)

---

1. Qui jetaient une ombre sur l'horizon. L'estompe est un instrument qui sert à ombrer le dessin.

* **Composition française :** *Raconter un départ d'émigrants au Havre.*

❧

## La biche.

La biche brame au clair de lune
Et pleure à se fondre les yeux :
Son petit faon délicieux
A disparu dans la nuit brune.

Pour raconter son infortune
A la forêt de ses aïeux,
La biche brame au clair de lune
Et pleure à se fondre les yeux.

Mais aucune réponse, aucune,
A ses longs appels anxieux !
Et, le cou tendu vers les cieux,
Folle d'amour et de rancune,
La biche brame au clair de lune.

MAURICE ROLLINAT.<br>(Les Refuges. — Charpentier, édit.)

∽◊∼

## A l'espère !

L'*espère* ! quel joli nom pour désigner l'affût, l'attente du chasseur embusqué, et ces heures indécises où tout attend, *espère,* hésite entre le jour et la nuit. L'affût du matin un peu avant le lever du soleil, l'affût du soir au crépuscule. C'est ce dernier que je préfère, surtout dans ces pays marécageux où l'eau des *clairs* [1] garde si long-temps la lumière...

Quelquefois on tient l'affût dans le *negochin* (le naye-chien), un tout petit bateau sans quille, étroit, roulant au moindre mouvement. Abrité par les roseaux, le chasseur guette les canards du fond de sa barque que dépassent

---

1. Flaques d'eau dans l'herbe.
* **Composition française :** *Histoire d'une vache à qui l'on a pris son veau.*

seulement la visière d'une casquette, le canon du fusil, et
la tête du chien flairant le vent, happant les moustiques,
ou bien, de ses grosses pattes étendues, penchant tout
le bateau d'un côté et le remplissant d'eau.

Cet affût-là est trop compliqué pour mon inexpérience.
Aussi, le plus souvent, je vais à l'*espère* à pied, barbotant
en plein marécage, avec d'énormes bottes taillées dans
toute la longueur du cuir. Je marche lentement, prudem-
ment, de peur de m'envaser. J'écarte les roseaux pleins
d'odeurs saumâtres et de sauts de grenouilles...

Enfin, voici un îlot de tamaris [1], un coin de terre sèche
où je m'installe. Le garde, pour me faire honneur, a laissé
son chien avec moi, un énorme chien des Pyrénées à grande
toison blanche, chasseur et pêcheur de premier ordre, et
dont la présence ne laisse pas de m'intimider un peu.
Quand une poule d'eau passe à ma portée, il a une certaine
façon ironique de me regarder en rejetant en arrière, d'un
coup de tête à l'artiste, deux longues oreilles flasques
qui lui pendent dans les yeux ; puis des poses à l'arrêt,
des frétillements de queue, toute une mimique [2] d'impatience pour me dire : « Tire,... tire donc ! »

Je tire, je manque. Alors, allongé de tout son corps, il
bâille et s'étire, d'un air las, découragé et insolent...

Eh bien oui, j'en conviens, je suis un mauvais chasseur.
L'affût, pour moi, c'est l'heure qui tombe, la lumière
diminuée, réfugiée dans l'eau ; les étangs qui luisent,
polissant jusqu'au ton de l'argent fin la teinte grise du
ciel assombri. J'aime cette odeur d'eau, ce frôlement
mystérieux des insectes dans les roseaux, ce petit murmure
des longues feuilles qui frissonnent. De temps en temps,
une note triste passe, et roule dans le ciel comme un
ronflement de conque [3] marine. C'est le butor, qui plonge
au fond de l'eau son bec immense d'oiseau-pêcheur, et

---

1. **Arbrisseau,** à feuilles très petites et à fleurs en épis, qui croît sur
les côtes de Provence.

2. Art d'exprimer la pensée par les gestes : *mimique expressive.*

3. Coquille en spirale dont, suivant la Fable, les tritons se servaient
comme de trompe.

souffle... rrrououou ! Des vols de grues filent sur ma tête. J'entends le froissement des plumes, l'ébouriffement du duvet dans l'air vif, et jusqu'au craquement de la petite armature [1] surmenée. Puis plus rien. C'est la nuit, la nuit profonde, avec un peu de jour resté sur l'eau...

Tout à coup j'éprouve un tressaillement, une espèce de gêne nerveuse, comme si j'avais quelqu'un derrière moi. Je me retourne, et j'aperçois le compagnon des belles nuits, la lune, une large lune toute ronde, qui se lève doucement, avec un mouvement d'ascension d'abord très sensible, et se ralentissant à mesure qu'elle s'éloigne de l'horizon.

Déjà un premier rayon est distinct près de moi, puis un autre plus loin... Maintenant tout le marécage est allumé. La moindre touffe d'herbe a son ombre. L'affût est fini, les oiseaux nous voient : il faut rentrer. On marche au milieu d'une inondation de lumière bleue, légère, poussiéreuse ; et chacun de nos pas, dans les *clairs*, y remue des tas d'étoiles tombées et des rayons de lune qui traversent l'eau jusqu'au fond

ALPHONSE DAUDET.
*(Lettres de mon moulin*. — Charpentier, édit.)

☙

## La matinée du petit lièvre.

Brusque, avec un frisson
De frayeur et de fièvre,
On voit le petit lièvre
S'échapper du buisson.
Ni mouche ni pinson ;
Ni pâtre avec sa chèvre,
   La chanson
   Sur la lèvre.

[1]. Assemblage des pièces qui soutiennent une charpente. Ici l'ensemble des os qui forment le squelette de l'oiseau.

Tremblant au moindre accroc,
La barbe hérissée
Et l'oreille dressée,
Le timide levraut
Part et se risque au trot,
Car l'aube nuancée
　　N'est pas trop
　　Avancée.


N'entend-il pas quelqu'un?
Non ! ce n'est que la brise
Qui caresse et qui grise
Son petit corps à jeun.
Et, dans le taillis brun,
Le fou s'aromatise
　　Au parfum
　　Du cytise.


Dans le matin pâlot,
Leste et troussant sa queue,
Il fait plus d'une lieue
D'un seul trait, au galop.
Il s'arrête au solo
Du joli hoche-queue,
　　Près de l'eau
　　Verte et bleue.


Terrains mous, terrains durs,
En tout lieu son pied trotte ;
Et poudreux, plein de crotte,
Ce rôdeur des blés mûrs
Hante les trous obscurs
Où la source chevrote,
　　Les vieux murs
　　Et la grotte.

Puis, dans le champ vermeil
Où s'épuise la sève,
Le lièvre blotti rêve
D'un laurier sans pareil ;
Et, toujours en éveil,
Il renifle sans trêve
   Au soleil
   Qui se lève.

Maurice Rollinat.
(*Les Refuges*. — Charpentier, édit.)

ـ◦◊◦ـ

## Automne.

J'avais quitté une campagne touffue, je l'ai retrouvée dégarnie, mais plus verte qu'en octobre, parce que les blés sortent de terre. L'herbe, si longtemps grillée, s'est rafraîchie d'une herbe neuve et courte, que les bœufs ne peuvent pas saisir de leurs grosses lèvres. Il a fallu les rentrer à la ferme. On ne voit plus, dans la campagne, les familles de bœufs qui l'habitaient. Seuls, quelques chevaux restent au pré. Ils savent prendre leur nourriture où le bœuf n'attrapait rien. Ils craignent moins le froid et s'habillent, l'hiver, d'un poil grossier à reflets de velours.

Sauf une espèce de chêne, dont la feuille persiste et ne tombera que pour céder sa place à la feuille nouvelle, tous les arbres ont perdu toutes leurs feuilles.

La haie impénétrable est devenue transparente, et le merle noir ne s'y cache pas sans peine.

Le peuplier porte, à sa pointe, un vieux nid de pie hérissé en tête de loup, comme s'il voulait balayer ces nuages, plus fins que des toiles d'araignées, qui pendent au ciel.

Quant à la pie, elle n'est pas loin. Elle sautille, à pieds joints, par terre ; puis, de son vol droit et mécanique, elle se dirige vers un arbre. Quelquefois elle le manque et ne peut s'arrêter que sur l'arbre voisin. Solitaire et commune, on ne rencontre qu'elle le long de la route. En habit, du matin au soir, c'est notre oiseau le plus français.

Toutes les pommes aigres sont cueillies, toutes les noisettes cassées.

La mûre a disparu des ronces agressives.

Les prunelles flétries achèvent de s'égrainer, et, comme la gelée a passé dessus, celui qui les aime les trouve délicieuses.

Mais le rouge fruit du rosier sauvage se défend, et il mourra le dernier, parce qu'il a un nom rébarbatif[1] et du poil plein le cœur.                    JULES RENARD.

(*Petites gens, petites choses*. — Juven, édit.)

༼ ༽

### Soleil couchant.

Dans les forêts dépouillées,
Déjà les feuilles rouillées
Font un tapis de velours,
Et l'on entend de l'automne
Gémir le chant monotone
Coupé par des sanglots lourds.

Les frileuses hirondelles,
Rasant le sol de coups d'ailes,
Se rassemblent à grands cris,
Et tous les oiseaux sauvages
S'appellent, sur les rivages,
Près des étangs défleuris.

C'est la saison triste et douce
Où l'on rêve, où sur la mousse
En pleurant on vient s'asseoir,
Pour voir le soleil oblique,
Dans le ciel mélancolique,
Verser les joyaux du soir.

JEAN RICHEPIN.
(*La Chanson des gueux.*)

---

1. Le fruit de l'églantier (et aussi l'églantier lui-même) est connu, en botanique, sous le nom de *cynorrhodon* : du grec *kuôn* (chien) et *rhodon* (rose) ; la racine du rosier sauvage passait, en effet, pour guérir la rage.

## Les oiseaux en hiver.

L'automne est venu. Pendant que l'alouette fait, derrière la charrue, sa récolte d'insectes, nous arrivent les hôtes des contrées boréales : la grive exacte à nos vendanges, et, fier sous sa couronne, l'imperceptible roi du Nord. De Norvège, au temps des brouillards, nous vient le roitelet, et, sous un sapin gigantesque, le petit magicien chante sa chanson mystérieuse jusqu'à ce que l'excès du froid le décide à descendre, à se mêler, à se populariser parmi les petits troglodytes [1] qui habitent avec nous et charment nos chaumières de leurs notes limpides.

La saison devient rude : tous se rapprochent de l'homme. Les honnêtes bouvreuils, couples doux et fidèles, viennent, avec un petit ramage mélancolique, solliciter et demander secours. La fauvette d'hiver quitte aussi ses buissons ; craintive, vers le soir elle s'enhardit à faire entendre aux portes une voix tremblotante, monotone et d'accent plaintif.

« Quand, par les premières brumes d'octobre, un peu avant l'hiver, le pauvre prolétaire [2] vient chercher dans la forêt sa chétive provision de bois mort, un petit oiseau s'approche de lui, attiré par le bruit de la cognée ; il circule à ses côtés, et s'ingénie à lui faire fête en lui chantant tout bas ses plus douces chansonnettes. C'est le rouge-gorge, qu'une fée charitable a député vers le travailleur solitaire pour lui dire qu'il y a encore quelqu'un, dans la nature, qui s'intéresse à lui.

« Quand le bûcheron a rapproché l'un de l'autre les tisons de la veille engourdis dans la cendre, quand le copeau et la branche sèche pétillent dans la flamme, le rouge-gorge accourt en chantant pour prendre sa part du feu et des joies du bûcheron.

1. Petits oiseaux insectivores qui font leur nid dans des trous.
2. *Prolétaire* : chez les anciens Romains, citoyen pauvre et appartenant à la dernière classe du peuple. Chez les modernes, membre de la classe la plus indigente.

« Quand la nature s'endort et s'enveloppe de son manteau de neige ; quand on n'entend plus d'autres voix que
celles des oiseaux du Nord, qui dessinent dans l'air leurs
triangles rapides, ou celle de la bise qui mugit et s'en-
gouffre au chaume des cabanes, un petit chant flûté,
modulé à voix basse, vient protester encore, au nom du
travail créateur, contre l'atonie universelle [1], le deuil et le
chômage. » (Toussenel.)

Ouvrez, de grâce ; donnez-lui quelques miettes, un peu
de grain. S'il voit des visages amis, il entrera dans la
chambre ; il n'est pas insensible au feu ; de l'hiver, par
ce court été, le pauvre petit va plus fort rentrer dans
l'hiver *.

MICHELET.
(L'Oiseau.)

 သ၍

### Le roitelet.

Vers les mers lointaines et bleues
Les oiseaux frileux sont partis ;
Loriot d'or et rouges-queues,
Faisant des centaines de lieues,
Ont pris leur vol, loin des pâtis [2],
Vers les mers lointaines et bleues.

Un brave oiseau seul est resté,
Devant la bise qui les fouette
Quand tous les gros ont déserté [3]
Frêle et de taille si fluette,
Dans la forêt blanche et muette
Un brave oiseau seul est resté.

---

1. L'alanguissement, le sommeil de toute la nature.
2. Landes où vont pâturer les bestiaux et où les oiseaux trouvent une
nourriture abondante.
3. Inversion : quand tous les gros ont déserté devant la bise qui les
fouette.
* **Composition française :** *Le rouge-gorge et le bûcheron ; dialogue.*

O roitelet à crête aurore [1] !
C'est toi !... Tu jettes ton chant clair
Aux bois que le givre décore.
Salut, gaîté du vieil hiver,
Oisillon courageux et fier,
O roitelet à crête aurore !

> A. THEURIET.
> (*Nos Oiseaux.*)

❧

## Noël.

Le ciel est noir, la terre est blanche ;
Cloches, carillonnez gaîment !
Jésus est né ; la Vierge penche
Sur lui son visage charmant.

Pas de courtines [2] festonnées
Pour préserver l'enfant du froid,
Rien que des toiles d'araignées
Qui pendent des poutres du toit.

Il tremble sur la paille fraîche,
Ce cher petit enfant Jésus,
Et, pour l'échauffer dans sa crèche,
L'âne et le bœuf soufflent dessus.

La neige au chaume coud ses franges ;
Mais sur le toit s'ouvre le ciel,
Et, tout en blanc, le chœur des anges
Chante aux bergers : « Noël ! Noël ! »

> THÉOPHILE GAUTIER.
> (*Émaux et Camées.* — Charpentier, édit.)

---

1. Couleur aurore : jaune doré. Le roitelet a une crête orangée, une sorte de couronne, d'où son nom.
2. Rideaux de lit. Ne se dit guère qu'en vers.

❧

### La source.

Tout près du lac filtre une source,
Entre deux pierres, dans un coin ;
Allégrement l'eau prend sa course,
Comme pour s'en aller bien loin.

Elle murmure : « Oh ! quelle joie !
Sous la terre il faisait si noir !
Maintenant ma rive verdoie,
Le ciel se mire à mon miroir.

« Les myosotis aux fleurs bleues
Me disent : Ne m'oubliez pas !
Les libellules de leurs queues
M'égratignent dans leurs ébats.

« A ma coupe l'oiseau s'abreuve
Qui sait ? Après quelques détours,
Peut-être deviendrai-je un fleuve
Baignant vallons, rochers et tours.

« Je broderai de mon écume
Ponts de pierre, quais de granit,
Emportant le steamer [1] qui fume
A l'Océan où tout finit. »

Ainsi la jeune source jase,
Formant cent projets d'avenir ;
Comme l'eau qui bout dans un vase,
Son flot ne peut se contenir.

Mais le berceau touche à la tombe ;
Le géant futur meurt petit :

---

1. Mot anglais : bateau à vapeur. Prononcez *stimeur*.

Née à peine, la source tombe
Dans le grand lac qui l'engloutit *.

THÉOPHILE GAUTIER.
(*Émaux et Camées*. — Charpentier, édit.)

꧇

## Le ruisseau.

C'était un heureux ruisseau ; il n'avait absolument rien à faire que couler, rouler, être limpide, murmurer entre des fleurs et des parfums.

Mais les cieux et la terre sont envieux du bonheur et de la douce paresse.

Mon cher frère Eugène, un jour, et l'habile ingénieur Sauvage, l'inventeur des hélices, causaient sur les bords de ce pauvre ruisseau et parlaient assez mal de lui.

« Ne voilà-t-il pas, disait mon frère, un beau fainéant de ruisseau qui se promène, qui flâne sans honte, qui coule au soleil, qui se vautre dans l'herbe, au lieu de travailler et de payer le terrain qu'il occupe, comme le doit tout honnête ruisseau ? Ne pourrait-il pas moudre le café et le poivre ?

— Et aiguiser les outils ? ajouta Sauvage.

— Et scier le bois ? » dit mon frère.

Et je tremblais pour le ruisseau, et je rompis l'entretien en criant très fort, sous prétexte que ses envieux, ses tyrans bientôt peut-être, marchaient sur mes vergiss-meinnicht [1].

Hélas ! je ne pus le protéger que contre eux.

Il ne tarda pas à venir dans le pays un brave homme, que je vis plusieurs fois rôder sur ses rives vertes, du côté où il se jette dans la mer.

Cet homme ne me fit point l'effet d'y rêver, ou d'y

---

1. Ne m'oubliez pas. Nom allemand du myosotis.

* **Composition française :** *Un de nos fleuves de France, la Seine, par exemple, raconte sa naissance et les incidents de sa course vers la mer.*

chercher des rimes ou des souvenirs, ou d'y endormir ses pensées au murmure de l'eau :

« Mon ami, disait-il au ruisseau, tu es là que [1] tu te promènes, que tu te prélasses, que tu chantes à faire envie ; mais moi je travaille, je m'éreinte. Il me semble que tu pourrais bien m'aider un brin ; c'est pour un ouvrage que tu ne connais pas, mais je t'apprendrai ; tu seras bien vite au courant de la besogne ; tu dois t'ennuyer d'être comme cela à ne rien faire ? Ça te distraira de faire des limes et de repasser des couteaux. »

Bientôt une roue, des engrenages, une meule furent apportés au ruisseau.

Depuis longtemps il travaille, il fait tourner une grande roue, qui en fait tourner une petite, qui fait tourner la meule ; il chante encore, mais ce n'est plus cette même chanson monotone et heureusement mélancolique.

Il y a des cris et de la colère dans la chanson d'aujourd'hui ; il bondit, il écume, il travaille, il repasse des couteaux. Il traverse toujours la prairie et mon jardin, puis l'autre prairie ; mais, au bout, l'homme est là qui l'attend et le fait travailler.

Je n'ai pu faire qu'une chose pour lui : je lui ai creusé un nouveau lit dans mon jardin, de sorte qu'il y serpente plus longtemps et en sort plus tard ; mais il n'en faut pas moins qu'il finisse par aller repasser ses couteaux.

Pauvre ruisseau ! tu n'as pas assez caché ton bonheur sous l'herbe ! tu auras murmuré trop haut ta douce chanson !

ALPHONSE KARR.

(*Voyage autour de mon jardin.* — Calmann-Lévy, édit.)

1. *Que :* locution vicieuse employée dans le midi de la France.

## La mer.

La mer ! partout la mer ! des flots, des flots encor !
L'oiseau fatigue en vain son inégal essor.
      Ici les flots, là-bas les ondes ;
Toujours des flots sans fin par des flots repoussés.
L'œil ne voit que des flots dans l'abîme entassés
      Rouler sous les vagues profondes.

Parfois de grands poissons, à fleur d'eau voyageant,
Font reluire au soleil leurs nageoires d'argent
      Ou l'azur de leurs larges queues.
La mer semble un troupeau secouant sa toison ;
Mais un cercle d'airain ferme au loin l'horizon ;
      Le ciel bleu se mêle aux eaux bleues.

VICTOR HUGO.
(*Orientales.*)

## Les pêcheurs bretons.

L'automne n'a pas de plus belles journées. La mer scintillait au soleil ; chaque goutte reflétait, comme une pointe de diamant, une lumière blanche et pure que l'œil supportait à peine. Du village déserté, hommes, femmes, enfants arrivaient en foule sur les dunes, où, mêlé au thym, l'œillet sauvage, aux fleurs violettes, exhalait un parfum de girofle.

Munis de paniers, de légers filets, de pelles et de longs bâtons armés d'un crochet de fer, ils attendaient que la marée laissât à découvert la vaste grève et ses rochers, pour recueillir le riche butin préparé par la Providence : le brochet argenté qui glisse sur le sable humide, les crabes voraces et les homards aux larges pinces, et la crevette, et la moule nacrée, et les coquillages de toutes sortes.

Vers le soir, à l'heure où le flux accourt, comme un fleuve gonflé par les pluies, la troupe joyeuse regagnait le village.                     LAMENNAIS.

*(Une voix de prison.)*

ᴏ ᵟ ᴏ

### En ramant.

Sur la mer qui brame
Le bateau partit,
Tout seul, tout petit,
Sans voile, à la rame.

Si nous chavirons,
Plus ne reviendrons.
Sur les avirons
    Tirons !

Sur la mer qui brame
Il est revenu,
Tout seul et tout nu,
Le bateau sans rame.

Plus ne partirons,
Plus ne reviendrons.
Sous les goémons
    Dormons !

JEAN RICHEPIN.
*(La Mer.* — Charpentier, édit.)

ᴏ ᵟ ᴏ

# Par delà les mers.

## AU PAYS NOIR.

En descendant la côte d'Afrique, quand on a dépassé l'extrémité sud du Maroc, on suit, pendant des jours et des nuits, un interminable pays désolé. C'est le Sahara, la « grande mer sans eau », que les Maures appellent aussi « Bled-el-Atench », le pays de la soif.

Ces plages du désert ont cinq cents lieues de long, sans un point de repère pour le navire qui passe, sans une plante, sans un vestige de vie.

Les solitudes défilent avec une monotonie triste, les dunes mouvantes, les horizons indéfinis, — et la chaleur augmente d'intensité chaque jour.

Et puis enfin apparaît, au-dessus des sables, une vieille cité blanche, plantée de rares palmiers jaunes ; c'est Saint-Louis du Sénégal, la capitale de la Sénégambie.

Une église, une mosquée, une tour, des maisons à la mauresque. Tout cela semble dormir sous l'ardent soleil, comme ces villes portugaises qui fleurissaient jadis sur la côte du Congo, Saint-Paul et Saint-Philippe de Benguéla.

On s'approche, et on s'étonne de voir que cette ville n'est pas bâtie sur la plage, qu'elle n'a même pas de port, pas de communication avec l'extérieur ; la côte, basse et toujours droite, est inhospitalière comme celle du Sahara, et une éternelle ligne de brisants en défend l'abord aux navires.

On aperçoit aussi ce que l'on n'avait pas vu du large : d'immenses fourmilières humaines sur le rivage, des milliers et des milliers de cases de chaume, de huttes lilliputiennes aux toits pointus, où grouille une bizarre population nègre. Ce sont deux grandes villes yolofes, Guet-n'dar et N'dar-Toute, qui séparent Saint-Louis de la mer.

Si l'on s'arrête devant ce pays, on voit bientôt arriver de longues pirogues à éperon, à museau de poisson, à tournure de requin, montées par des hommes noirs qui rament debout. Ces piroguiers sont de grands hercules maigres, admirables de formes et de muscles, avec des faces de gorilles. En passant les brisants, ils ont chaviré dix fois pour le moins. Avec une persévérance nègre, une agilité et une force de clowns, dix fois de suite ils ont relevé leur pirogue et recommencé le passage ; la sueur et l'eau de mer ruissellent sur leur peau nue, pareille à de l'ébène verni.

Ils sont arrivés, cependant, et sourient d'un air de triomphe, en montrant de magnifiques râteliers blancs. Leur costume se compose d'une amulette et d'un collier de verre ; leur chargement, d'une boîte de plomb soigneusement fermée : la boîte aux lettres.

C'est là que se trouvent les ordres du gouverneur pour le navire qui arrive ; c'est là que se mettent les papiers à l'adresse des gens de la colonie.

Lorsqu'on est pressé, on peut sans crainte se confier aux mains de ces hommes, certain d'être repêché toujours avec le plus grand soin, et finalement déposé sur la grève.

Mais il est plus confortable de poursuivre sa route vers le sud, jusqu'à l'embouchure du Sénégal, où des bateaux plats viennent vous prendre et vous mènent tranquillement à Saint-Louis par le fleuve.

Cet isolement de la mer est, pour ce pays, une grande cause de stagnation et de tristesse ; Saint-Louis ne peut servir de point de relâche aux paquebots, ni aux navires marchands qui descendent dans l'autre hémisphère. On y vient quand on est forcé d'y venir ; mais jamais personne n'y *passe*, et il semble qu'on s'y sente prisonnier et absolument séparé du reste du monde.

\*\
\*

La *Falémé*[1] cheminait toujours dans le désert immense ; elle s'enfonçait rapidement dans l'intérieur, en suivant

1. Navire français remontant le Sénégal avec une expédition militaire.

l'étroit fleuve aux eaux jaunes qui sépare le Sahara
maure du grand continent mystérieux habité par les
hommes noirs...

Sur les rives mornes, par-ci par-là, marchaient gravement de grands vautours noirs, ou quelques marabouts
chauves rappelant des silhouettes humaines, — quelquefois un singe curieux écartait des broussailles de palé-
tuviers pour regarder filer le navire ; ou bien encore,
d'une bouillée de roseaux, sortait une fine aigrette
blanche, — un martin-pêcheur nuancé d'émeraude et
de lapis, — dont le vol éveillait un caïman paresseux
endormi sur la vase.

Sur la rive sud, — la rive des fils de Cham, — de loin
en loin passait un village, perdu dans cette désolation.

La présence de ces habitations d'hommes était toujours
annoncée, de fort loin, par deux ou trois gigantesques
palmiers à éventail, sortes de grands arbres-fétiches [1] qui
gardaient les villes.

Au milieu de l'immense platitude nue, ces palmiers
avaient l'air de colosses postés au guet dans le désert.
— Leurs troncs d'un gris rose, bien droits, bien polis,
étaient renflés comme des colonnes byzantines, et portaient, tout en haut, de maigres bouquets de feuilles
aussi raides que des palettes de fer.

Et bientôt, en s'approchant davantage, on distinguait
une fourmilière nègre, des huttes pointues groupées en
masses compactes à leur pied , tout un ensemble gris sur
des sables toujours jaunes.

Elles étaient très grandes quelquefois, ces cités africaines ; toutes étaient entourées tristement de *tatas*
épaisses, de murs de terre et de bois qui les défendaient
contre les ennemis ou les bêtes fauves ; et un lambeau
d'étoffe blanche, flottant sur un toit plus élevé que les
autres, indiquait la demeure de leur roi.

Aux portes de leurs remparts apparaissaient de sombres
figures : de vieux chefs, de vieux prêtres couverts d'amu-

---

1. Arbres sacrés, considérés comme des divinités.

lettes, avec de grands bras noirs qui tranchaient sur la blancheur de leurs longues robes. — Ils regardaient passer la *Falémé*, dont les fusils et l'artillerie étaient prêts, au moindre mouvement hostile, à faire feu sur eux.

On se demandait de quoi vivaient ces hommes au milieu de l'aridité de ce pays, quelles pouvaient bien être leur existence et leurs occupations, derrière ces murailles grises, à ces êtres qui ne connaissaient rien au dehors, rien que les solitudes et l'implacable soleil.

. . . . . . . . . . . . . . . . . . . . . . .

Sur la rive nord, celle du Sahara, — plus de sable encore et une autre physionomie de la désolation.

Au loin, tout au loin, de grands feux d'herbages allumés par les Maures ; des colonnes de fumée s'élevant toutes droites, à d'étonnantes hauteurs, dans l'air immobile. — A l'horizon, des chaînes de collines absolument rouges comme des charbons enflammés, simulant, avec toutes ces fumées, des brasiers sans bornes.

Et, là où il n'y avait que sécheresse et sables brûlants, un mirage continuel faisait apparaître de grands lacs, où tout cet incendie se reflétait la tête en bas.

De petites vapeurs tremblotantes, comme celles qui s'élèvent des fournaises, jetaient sur tout cela leurs réseaux mobiles ; ces paysages trompeurs miroitaient et tremblaient sous la chaleur intense ; puis on les voyait se déformer et changer comme des visions ; l'œil en était ébloui et lassé.

De temps à autre apparaissaient, sur cette rive, des groupes d'hommes de pure race blanche, fauves et bronzés, il est vrai, mais régulièrement beaux, avec de grands cheveux bouclés qui leur donnaient des airs de prophètes bibliques. — Ils allaient tête nue sous ce soleil, vêtus de longues robes d'un bleu sombre, — Maures de la tribu des Braknas ou des Tzarzas, — bandits tous, pillards, détrousseurs de caravanes, la pire de toutes les races africaines. PIERRE LOTI.

(*Le Roman d'un spahi*. — Calmann-Lévy, édit.)

## Vers les ruines d'Angkor.

A trois heures de l'après-midi, je fais appareiller pour continuer mon voyage vers les ruines d'Angkor, en remontant le cours du Mékong.

Aussitôt disparaît Pnom-Penh. Et la grande brousse asiatique recommence de nous envelopper entre ses deux rideaux profonds, en même temps que se révèle, partout alentour, une vie animale d'intensité fougueuse. Sur les rives, que nous frôlons presque, des armées d'oiseaux pêcheurs se tiennent au guet, pélicans, aigrettes et marabouts. Parfois des compagnies de corbeaux noircissent l'air. Dans le lointain, se lèvent des petits nuages de poussière verte, et, quand ils s'approchent, ce sont des vols d'innombrables perruches. Çà et là, des arbres sont pleins de singes, dont on voit les longues queues alignées pendre comme une frange à toutes les branches.

De loin en loin, des habitations humaines, en groupe perdu. Toujours un fuseau d'or les domine, pointant vers le ciel : la pagode.

Mes hommes ayant demandé de s'approvisionner de fruits pour la route, je fais arrêter, à l'heure du crépuscule, contre un grand village bâti sur pilotis tout au bord du fleuve. Des Cambodgiens souriants s'avancent aussitôt, pour offrir des cocos frais, des régimes de bananes. Et, tandis que les marchés se discutent, une énorme lune rouge surgit là-bas, sur l'infini des forêts.

La nuit vient quand nous nous remettons en route. Cris de hiboux, cris de bêtes de proie ; concert infini de toutes sortes d'insectes à musique, qui délirent d'ivresse nocturne dans les inextricables verdures.

Et puis, sur le tard, les eaux s'élargissent tellement que nous ne voyons plus les rives : nous entrons dans le lac immense formé ici, chaque année, après la saison des pluies, par le puissant fleuve qui, périodiquement, inonde les plaines basses du Cambodge et une partie des forêts du Siam. Pas un souffle de brise. Comme sur de l'huile,

nous traçons, en glissant sur ce lac de la fièvre, des plis-
sures molles que la lune argente. Et l'air tiède, que nous
fendons vite, est encombré par des nuées de bestioles
étourdies, qui s'assemblent en tourbillon à l'appel de nos
lanternes, et s'abattent en pluie sur nous : moucherons,
moustiques, éphémères, scarabées ou libellules.

.    .    .    .    .    .    .    .    .    .    .    .    .    .    .    .    .    .

Sur le lac, grand comme une mer, voici le lever du
soleil. Et en quelques minutes tout se colore. A l'horizon
de l'est, l'air limpide devient tout rose, et une ligne d'un
beau vert chinois indique la continuation sans fin de la
forêt noyée.

PIERRE LOTI.

*(Un pèlerin d Angkor.* — Calmann-Lévy, édit.)

o ◊ o

### Gloire à la France !

Gloire à la France au ciel joyeux,
Si douce au cœur, si belle aux yeux,
Sol béni de la Providence.
        Gloire à la France !

PAUL DÉROULÈDE.

# SUJETS
# DE COMPOSITION FRANÇAISE

∽◦∾

# TABLE DES MATIÈRES

## I

## CONTES ET LÉGENDES

## II

## RÉCITS ET FABLES

## III

## PAGES D'HISTOIRE

## IV

# PORTRAITS ET CARACTÈRES

## V

# SCÈNES ET TABLEAUX DE LA NATURE